新疆维吾尔自治区普通高校人文社科重点研究基地“新疆少数民族双语教育研究中心”资助项目
国家社会科学基金“十一五”规划（教育学科）一般课题（标准号：BMA060056）研究成果

双语教师教育研究

方晓华　付东明　著

北京语言大学出版社
BEIJING LANGUAGE AND CULTURE UNIVERSITY PRESS

图书在版编目（CIP）数据

双语教师教育研究 / 方晓华，付东明著．—北京：北京语言大学出版社，2014.7（2017.2 重印）

ISBN 978-7-5619-3895-9

Ⅰ.①双… Ⅱ.①方… ②付… Ⅲ.①少数民族教育—双语教学—师资培养—研究—中国 Ⅳ.①G759.2

中国版本图书馆 CIP 数据核字（2014）第 176159 号

书　　名： 双语教师教育研究
SHUANGYU JIAOSHI JIAOYU YANJIU
责任编辑： 吴　清
封面设计： 冯治才
责任印制： 姜正周

出版发行： 北京语言大学出版社
社　　址： 北京市海淀区学院路 15 号　　**邮政编码：** 100083
网　　址： www.blcup.com
电　　话： 发行部　010-82303650 / 3591 / 3648
编辑部　010-82303390
读者服务部　010-82303653 / 3908
网上订购电话　010-82303668
客户服务信箱　service@blcup.com
印　　刷： 北京京华虎彩印刷有限公司
经　　销： 全国新华书店

版　　次： 2014 年 7 月第 1 版　　2017 年 2 月第 2 次印刷
开　　本： 889 毫米 × 1194 毫米　1/32　**印张：** 12.25
字　　数： 285 千字
书　　号： ISBN 978-7-5619-3895-9/H · 14160
定　　价： 35.00 元

前 言

教师是人类灵魂的工程师，肩负着培养下一代的重任；教师是促进教育平等和教育公平的重要保证，是提高教育质量的关键因素。联合国教科文组织曾经列过一个公式：教学质量=[学生（1分）+教材（2分）+教法（3分）+环境（4分）]×教师。由此可见教师在教育教学中的地位和作用。高素质的教师队伍，是高质量教育的一个基本条件。

教师还是一切重大教育变革的核心力量。在当前新疆少数民族双语教育的实施中，双语教师是双语教育成败的决定因素。双语教师数量不足，语言能力、专业素养和教学能力不强，严重影响到双语教育质量和双语人才的培养。在中央新疆工作座谈会上，与会的国家领导人将"双语教育"作为重要议题，规划了新疆双语教育发展的蓝图；自治区人民政府制定了《新疆维吾尔自治区中长期教育改革和发展规划纲要》，辟专章规划了双语教育。双语教育蓝图的实现，双语教育发展规划的落实，也主要靠双语教师。作为双语教育最直接的实施者和双语教学任务最主要的完成者，双语教师的数量影响着双语教育推行的范围，双语教师的质量对双语教育目标的达成和双语教育质量的提高起到关键作用。

自治区党委制定了双语教育要"从小抓起，从教师抓起"的战略决策，因此，开展双语教师教育研究，摸清现有双语教师的基本情况，确立双语教师素质和能力的评价标准，梳理双语教师培养和培训方面的经验和不足，提出快速解决双语教师问题的对策，有着极其重要的理论意义和现实意义。

本书是在全国教育科学“十一五”规划课题“少数民族双语教师教育研究”的研究成果的基础上修改补充而成。全书分为五章，前两章分别从少数民族双语教育理论、教师教育理论两个方面论证了双语教师教育研究的理论基础和背景。第三章依据双语教育和新课程改革对教师的素质和能力提出的要求，并针对目前新疆双语教师的现状，参照国际流行的《IBSTPI 教师能力标准》和教育部颁发的《教师专业标准》，研制出《双语教师能力标准》及其实施办法，作为双语教师培养和培训的目标；设计了双语教师评价的内容、模式和方法。第四章专论双语教师的培养问题，分析了新疆双语教师的数量结构和质量结构，提出七种双语教师培养模式，强调有计划地培养双语教师是解决目前双语教师数量不足这一问题以及今后长期补充双语教师的主要途径。第五章专论双语教师培训问题，在分析当前双语教师培训现状的基础上，提出双语教师培训模式应该多元化，构建集中脱产培训、校本培训、教师个人研修学习共同体三种培训模式，以个人研修学习共同体为主要模式。

双语教师教育是一项新事物，值得我们深入研究。双语教师教育研究，是保证双语教育顺利实施，培养培训更多合格的双语教师的前提。在研究中我们参阅、借鉴和引用了大量同行的观点和成果，在此深表谢意。由于水平有限，加之时间仓促，本书难免有疏漏之处，敬请读者批评指正。

方晓华

2013 年 9 月于新疆乌鲁木齐

目录

第一章　少数民族双语教育概述

第一节　我国少数民族教育的发展

一、我国少数民族教育的发展成就与问题

中国是一个统一的多民族国家，除汉族外，还有55个少数民族，人口约1.14亿，占全国总人口的8.49%。全国有民族自治地方155个，其中自治区5个，自治州30个，自治县（旗）121个，民族自治地方面积占全国国土总面积的64%左右。我国有9个省、自治区与周边17个国家和地区接壤，有30多个民族是跨境民族。[①] 因此，少数民族教育问题不仅是我国的一个重大教育问题，也是一个重大的政治问题。

新中国成立60多年来，在党和政府的高度重视下，我国少数民族教育事业发生了翻天覆地的变化，取得了举世瞩目的成就。新中国成立以来，共召开五次全国民族教育工作会议，研究发展少数民族教育的问题，为少数民族教育的发展指明了正确方向，并根据各个历史时期的形势和任务，提出了少数民族教育的发展目标和指导方针。在《中华人民共和国宪法》《中华人民共和国民族区域自治法》《中华人民共和国教育法》和《中华人民共和国义务教育法》中都明确规定了支持和帮助少数民族发展教育；在中央和地方各级政府的教育行政部门中专门设

---

① 全书的数据，除注明外，均来自新疆维吾尔自治区双语教学工作领导小组办公室的实名制统计数据。

立了少数民族教育行政管理机构，负责贯彻执行国家的民族教育方针政策，研究处理民族教育的特殊问题；在中央和地方设置少数民族教育专项补助经费，以满足少数民族教育在经费开支上的需要。特别是改革开放以来，我国少数民族教育工作得到前所未有的重视，取得巨大成就，为提高我国少数民族的科学文化素质，改善少数民族的生存生活状况，培养民汉兼通的人才，促进民族地区的经济社会发展，做出了重大贡献。概括来讲，这些成就表现为：

1. 建立了完整的少数民族教育体系

1949 年以前，绝大部分少数民族地区社会经济落后，现代教育几乎是空白。新中国成立以后，国家在少数民族地区大力发展教育，逐步建立并完善从小学到大学的现代学校体系，近几年又大力发展学前教育和职业技术教育，形成了完整的中国少数民族教育体系。在整个教育体系内（包括幼儿教育、基础教育、职业技术教育、成人教育和高等教育），根据我国多民族多语言的特点，分别建立以民族语作为主要教学语言、同时学习汉语和以汉语作为主要教学语言、同时用少数民族语辅助教学两种教学模式，形成具有中国特色的现代民族教育模式。

2. 教育规模不断扩大，教育质量显著提高

少数民族学校和学生规模不断扩大。学前教育加速发展，少数民族在园幼儿人数达到 251 万人，占全国在园幼儿总数的 7.32%；义务教育全面普及，全国 698 个民族自治县级行政区划全面普及九年义务教育。在各级各类学校中，少数民族在校学生总数达到 2 372.12 万人，少数民族在校生占全国在校学生总数的比例，普通小学为 10.52%，普通中学为 8.83%，普通高校

为6.67%。（以上数据截至2011年）[①]

少数民族学校的教学质量不断提高，培养了大批少数民族的各类人才。

3. “两基”目标全面实现

我国的西部地区主要是少数民族地区，截至2002年底，“两基”人口覆盖率仅为77%，还有410个县尚未实现“两基”目标，人均受教育年限仅为6～7年。2004年初，由教育部、发展改革委、财政部、国务院西部开发办等部门联合制定的《国家西部地区“两基”攻坚计划（2004—2007年）》经国务院审议通过，国家举全力决胜“两基”。仅仅4年时间，中国政府向世界庄严宣布，西部地区“两基”攻坚任务如期完成：410个攻坚县中，有368个实现“两基”目标；西部地区“两基”人口覆盖率达98%，比攻坚计划实施前的77%提高了21个百分点，超出计划目标（85%）13个百分点；初中毛入学率达到90%以上；累计扫除600多万名文盲，青壮年文盲率下降到5%以下。这一历史性跨越，引起世界震惊，被认为是奇迹。[②]2012年，我国全面实现“两基”目标。

4. 培养了一大批少数民族高层次人才

少数民族人才培养成效显著。2011年，内地西藏班、内地西藏中职班、内地新疆高中班、内地新疆中职班、高校民族预科班、少数民族高层次骨干人才计划等各类内地民族班招生达到7.2万人。内地西藏班、新疆班在校生人数达4.8万人，累计招生达到12.6万人。全国300多所普通高校开办了少数民族预

① 阿布都.民族教育：科学发展，成就辉煌——回顾十六大以来民族教育发展成就[J].中国民族教育，2012（10）.

② 国家民族事务委员会经济发展司、国家统计局国民经济综合统计司.中国民族统计年鉴2007[C].北京：民族出版社，2008.

科班和民族班，累计招收培养少数民族学生30万余人。从2006年起启动实施的“少数民族高层次骨干人才培养计划”累计招收硕士生9 500名，博士生3 500名。此外，国家每年还通过单独考试、定向就业、定向培养、公派留学等特殊措施，为民族地区培养了一大批专门人才。①

国家不断加强对少数民族干部的教育培训工作。定期选送少数民族干部到各级党校和各类院校培训学习，有计划地组织少数民族干部到沿海发达地区参观考察，不断提高少数民族干部队伍的素质。从2003年起，国家有关部门实施“西部之光”访问学者培养工作，先后从西部地区选拔1 416名西部地区急需的高层次专业技术人才到国内著名高校、科研院所、医疗卫生机构进行为期一年的学习研修，为西部地区培养了一批留得住、用得上的高层次专业技术人才。其中，为少数民族地区培养了553人，占总人数的39.1%。②

5. 师资队伍建设不断加强

教师队伍建设成效显著。2011年，全国各级各类学校中少数民族专任教师达到118万人，比2002年增长了20.4%。党的十六大以来，中央和地方各级政府完善了教师补充机制，实施了“农村学校教育硕士师资培养计划”、教育部直属师范大学师范生免费教育和“农村义务教育阶段学校教师特设岗位计划”，为民族地区输送农村教师近9万人。加强了教师培训，通过实施“农村中小学教师新课程网络培训项目”“西部农村教师远程培训计划”“援助西藏教师培训计划”“援助新疆教师培训计划”“中

① 阿布都.民族教育：科学发展，成就辉煌——回顾十六大以来民族教育发展成就[J].中国民族教育，2012（10）.

② 国务院新闻办公室.中国的民族政策与各民族共同繁荣发展（白皮书）[M].北京：人民出版社，2009：47.

西部农村义务教育学校教师远程培训计划”“援助边境民族地区中小学骨干教师培训项目”和“中小学教师国家级培训计划”，为民族地区培训教师70.8万人。2011年，教育部印发了《关于做好少数民族双语教师培训工作的意见》，进一步加大了双语教师培训力度。同时，在新疆等十省区开展少数民族双语教师普通话专项培训工作。强化了校长培训，通过“中国移动西部农村中小学校长培训项目”等，共培训民族地区中小学校长4 049人，培训少数民族教育干部1 789人次。实施了教师周转宿舍建设项目，2010年，国家启动实施农村贫困边远地区教师周转宿舍试点项目，共安排5个自治区中央专项资金2.5亿元。

近几年，为了扶持少数民族职业技术学校的发展，解决专业教师紧缺的问题，中央财政共安排5个自治区21亿元支持了576所职业学校建设，安排教师培训资金4 329万元培训骨干教师3 047人，特聘紧缺专兼职教师850人。民族地区承担了20项国家级中等职业教育重大试点项目和改革创新试点项目。①

6. 少数民族双语教育不断推进

双语教育是少数民族教育的主要形式和实施途径。各民族聚居地方从实际出发，因地制宜，采用民族语和汉语双语教学，逐步形成了“以民族语授课为主，加授汉语”“以汉语授课为主，加授民族语”以及“以民族语授课为主，逐步过渡到汉语授课为主”三种基本模式。目前，全国开展双语教学的学校共有一万多所，在校学生达500余万人。双语教学逐渐成为民族教育的主要形式，并为培养民汉兼通的人才做出巨大贡献。

各地的双语教学结合本地实际，采用不同的双语教学形式，不断加强和本地区汉语系学校以及其他民族地区学校的交流，

① 阿布都．民族教育：科学发展，成就辉煌——回顾十六大以来民族教育发展成就 [J]. 中国民族教育，2012（10）.

完善双语教学的制度和教学方法，提高教学质量，形成了具有中国特色的少数民族双语教学理论和实践体系。

7. 教育经费投入持续增加

党的十六大以来，中央和地方各级政府不断加大教育投入力度，组织实施的各类教育工程和项目重点向农村地区、贫困地区和民族地区倾斜，并不断提高中央财政和地方财政的分担比例。“十一五”时期，国家实施的各项义务教育专项工程，中央财政累计投入550多亿元，主要投向民族地区。在实施“两免一补”政策的基础上，中央财政还对人口较少民族的农村义务教育阶段寄宿生按每人每年250元的标准予以生活费补助，“十一五”期间，中央累计投入人口较少民族寄宿生生活补助资金1.1亿元。中央财政投入31.84亿元，重点支持内蒙古等边境9省区1 139所中职学校基础能力建设。2011年，中央安排专项资金97亿元，启动实施学前教育4大类7个项目，重点支持民族地区和边境地区。少数民族教育中央补助资金从原来的每年1 000万元增加到1亿元，重点支持双语教师培训。[①]

正是在国家的大力扶持下，我国的少数民族教育事业才有了今天这样持续繁荣的局面。但我们还应该看到，由于民族地区基础薄弱，条件艰苦，情况复杂，和全国教育的总体水平相比，少数民族教育发展相对滞后，不能很好地适应民族地区经济社会发展的需要，存在一些制约其健康快速发展的深层次问题。

1. 民族教育的概念不明，影响到少数民族教育的培养目标、教育内容、课程设置、教学方式的确定

一般认为，民族教育就是针对少数民族的教育。比如权威的《教育大辞典·民族卷》提出：“民族教育就是中国少数民族

① 阿布都．民族教育：科学发展，成就辉煌——回顾十六大以来民族教育发展成就[J]. 中国民族教育，2012（10）.

教育的简称，特指除汉族以外，对其他55个少数民族实施的教育。”《中国大百科全书·教育卷》也认为：“少数民族教育，就是在多民族国家内对人口居于少数的民族实施的教育，简称民族教育。在中国指对汉族以外的其他民族实施的教育。”但仅从民族教育的对象出发下定义有明显的局限性，它没有反映民族教育的本质属性。民族教育不同于一般国民教育的本质属性是什么、为什么要实施民族教育、民族教育的主要内容是什么等问题，这两个概念都没有回答。此外，把民族教育等同于民族地区的教育，也犯了混淆概念的错误，民族地区也有汉族学校，民族地区的教育包括民族地区的各种教育形式，既包括少数民族教育，也包括民族地区的一般国民教育，后者显然不属于少数民族教育的范畴。

滕星把民族教育定义为：“对在一个多民族国家中人口居于少数的民族的成员实施的复合民族教育，即多元文化教育。多元文化教育的目的是，一方面帮助少数民族成员提高适应现代主流社会的能力，以求得个人的最大限度的发展；另一方面继承和发扬少数民族的优秀传统文化遗产，丰富人类文化宝库，为人类做出应有的贡献。”[①]这一定义提出民族教育是多元文化教育，包含主流社会文化和少数民族优秀传统文化的教育，揭示了民族教育的本质特征。陈立鹏具体阐释为：“少数民族教育是指以少数民族为主要对象、以少数民族文化为重要内容、以少数民族语和汉语教学为重要形式，培养受教育者国家认同和民族认同相统一的教育。”[②]这一定义揭示了民族教育的对象、内容、形式、目标等，相对完整，有利于我们概括总结少数民族

① 哈经雄，滕星．民族教育学通论 [M]. 北京：教育科学出版社，2001：9.

② 陈立鹏，李娜.我国少数民族教育60年：回顾与思考[J].民族教育研究，2010（1）.

教育的理论并指导实践。

2. 政策层面，倾斜性优惠政策较多，有针对性的特殊政策不足

多年以来，我们的民族政策主要是全面倾斜的优惠政策，其目标是扶持少数民族教育发展，使少数民族教育能够赶上汉语系教育。这一政策在早期的少数民族教育中起过积极的作用，有利于少数民族教育的奠基和发展。但长期的照顾、优惠政策，使得少数民族教育始终和汉语系教育处在不平等的地位，不利于调动少数民族的积极性，挖掘少数民族教育自身的发展潜力。另外，忽视少数民族教育的特色，一味地追赶汉语系教育，不仅起不到促进少数民族教育的作用，还往往挫伤少数民族教师和学生的积极性，也不利于少数民族教育的发展。在新疆少数民族双语教育的发展中，这一问题越来越突出。各门课程全部采用汉语系学校的课本，考试试卷也原封不动地采用内地汉语系学校的，结果学生的成绩很不理想，及格率很低，这就大大挫伤了学生学习和教师教学的积极性，使他们毫无成就感，甚至质疑双语教育的实施。

现在有学者提出，要把倾斜性优惠政策过渡到有针对性的特殊政策上来，承认和尊重各民族的差异和发展现状，有针对性地解决现实问题，更有利于促进民族教育的持续发展。①

少数民族教育政策转向的根本目标是要保障少数民族学生与汉族学生享有平等的受教育权，实现教育公平。为实现这一目标，新的少数民族教育政策取向集中体现在以下三个方面：一是政策目标更加明确，将着力关注少数民族教育实践中的具体问题。比如，针对少数民族地区儿童入学率相对较低的现状，

① 王鉴．试论我国少数民族教育政策重心的转移问题 [J]. 民族教育研究，2009（3）.

党和政府加大了投入，切实解决少数民族地区儿童在接受教育方面存在的问题，实现了城乡免费义务教育。二是少数民族教育政策的政策环境更加完善。经过60多年的发展，少数民族地区的社会经济取得了喜人的发展成就，国家对少数民族地区的大力扶持和少数民族地区的自力更生使少数民族地区的政策环境更加完善。三是少数民族教育政策更趋向对教育质量的关注。新中国成立以来，少数民族教育在数量上已经具有一定的规模，取得了一定的突破，但教育质量方面还有待进一步发展和提高。国家近年来出台的《少数民族高层次骨干人才培养计划》等都是以提高民族地区的教育质量为根本目标的。

3．在教育工作中忽视民族特点和民族差别，影响了少数民族教育事业的发展

众所周知，我国是由56个民族组成的多民族国家，各民族都生活在社会主义大家庭中，因而具有许多共同性。但各民族之间在经济文化的发展水平、生产生活条件、语言文字、风俗习惯、宗教信仰、心理状态等方面，又存在着许多差别，必然反映到教育上来。就教育本身来说，各地区、各民族之间原有的基础不同，发展也极不平衡。这就要求发展少数民族教育的具体方针政策和措施、教育体制和办学形式等都不能搞一刀切，必须根据不同情况，提出不同的要求，做出不同的规定，采取不同的措施，只有这样才有利于少数民族教育事业的发展。

就拿少数民族双语教育来说，朝鲜族、蒙古族和南方少数民族的双语教育强调大力加强少数民族语言和文化的学习，尽可能用少数民族语授课；而新疆的少数民族双语教育则强调尽可能用汉语授课，强调对国家主流文化和现代科技及文化的学习。这是根据不同民族地区的语言和文化现状确定的双语教育发展政策和措施。如果都采用一种双语教育模式，明显会造成

混乱，达不到实施双语教育的目的。

前面已经谈到，我国的民族教育应该是多元文化教育，但现在的民族教育缺乏民族特色，忽视了少数民族文化和地区特色内容的学习，在课程设置方面只有统一的国家课程，没有或者很少有少数民族特色和地方特色的课程。所以，要在尊重民族特点和民族差别的基础上，力争使少数民族教育的发展能充分关照到少数民族的优势和特长。

当然，现在各级教育部门已经开始重视解决这一问题。首先，通过各种渠道培养跨文化师资，一批既掌握了少数民族文化又通晓国家主流文化、现代科学技术及文化的跨文化教师已经活跃在民族地区的中小学中。其次，实施新课程改革以来，民族地区的学校教育中增加了能凸显民族特色的校本课程，以弘扬和保存民族传统文化。目前越来越多的少数民族教育研究机构和研究队伍，正在对少数民族教育发展中存在的具体问题进行有针对性的探索研究，相信他们的研究成果可以更好地解决这一问题。

4. 教育观念落后，社会、家庭对教育的投入很少

由于少数民族多居住在边远的山区、牧区，生活条件艰苦，生产方式落后，经济贫困，容易形成忽视教育的传统，造成"贫困—教育落后—人口素质低下—生产力发展水平低—人口膨胀—自然生态恶化—贫困"的恶性循环。

西部少数民族地区多数是粗放型劳动生产方式，生产力水平普遍低下。特殊的地理条件以及简单落后的生产方式，决定了人们生活方式、思想意识和文化生活的单调贫乏，因而对现代文化知识和科学技术的需求不高。贫困的经济生活阻碍了少数民族教育的普及，也造成社会、家庭不愿对教育进行投入。家长认为教育是学校的事，对自己孩子的学习不关心，期望值

不高，造成学生无所追求。失去了家庭支持和社会扶持，少数民族教育不可能获得健康发展。

5. 教师数量不足，质量有待提高

少数民族地区条件艰苦，好的教师不愿去，去了也留不住。几十年来形成的师资队伍基础薄弱，结构不合理，存在诸多问题：在专业方面，缺少受过专业训练的相关学科教师；在业务水平方面，缺少合格的双语教师，影响了教学质量；在层次方面，高层次的并接受过正规教育的教师在整个教师群体中比例很小，取而代之的是大量的民办教师，而且越是在偏远落后的贫困地区，这种情况越普遍。

少数民族教师合格率低表现为：第一，学历达标率低。西部民族地区小学、中学乃至大学的教师学历合格率大多低于全国平均水平，特别是高中教师学历合格率低；高校具有高学历（硕士、博士）的少数民族教师人数偏少，教学科研能力较弱。第二，综合素质低。主要表现在：教育思想、教育观念落后，缺乏系统的教育学和教法理论的学习；学科知识结构不完整，教材教法分析能力不高，无法驾驭教学内容；教学方法单一，缺乏活力和创新，课堂教学效果不好。

6. 少数民族教育质量偏低，学生的综合素质和竞争能力较弱

总体来说，少数民族教育质量不高，培养的学生综合素质和能力偏低，在激烈的市场竞争面前处于劣势。除了朝鲜族和蒙古族以外，少数民族地区的教育和汉族地区的教育相比，质量明显偏低，学生的素质不高。我们以新疆的少数民族教育为例：从1978年至1998年的20年高考中，数理化三科成绩单科及格率始终没有超过1%。1998年高考，当年录取的民语系理科新生，数理化三科的成绩均在30分（满分为150分）以下

的达 67.7%。1999 年民语系理科高考中，少数民族考生 1.5 万人，其中单科成绩 0 ～ 20 分的，数学占 48%，物理占 56%，化学占 52%。当年高考，少数民族理科学生平均总成绩 239.7 分，其中，汉语成绩 81.2 分，民语文成绩 85.7 分，剩下的数理化三门的总成绩才 72.8 分，平均每科 24.3 分。[①]2012 年高考，少数民族考生（含双语班学生在内）数学单科成绩平均分仅为 30.22 分；2013 年，民语系理科高考的录取，数学单科成绩的最低限分数仍为 32 分。以上数据说明少数民族教育中的理科教学是薄弱环节，学生的科技素质不高。

由于长期享受招生照顾政策，少数民族学校的教学质量下滑，学生的学习积极性不高，学习成绩与汉族毕业生差距太大，用人单位在同等条件下不愿录用少数民族毕业生，使得少数民族毕业生自主择业十分困难。

二、新疆少数民族教育的发展成就与问题

1. 新疆少数民族教育发展概况

新疆是一个多民族地区，据 2010 年第六次全国人口普查的数据，全区常住人口为 21 813 334 人，其中少数民族人口 13 067 186 人，占总人口的 59.9%，汉族人口 8 746 148 人，占总人口的 40.1%。

截至 2009 年底，全区共有各级各类学校 8 999 所，在校学生 457.37 万人，其中少数民族学生占 61.85%；各类学校的专任教师 31.34 万人，其中少数民族专任教师占 54.93%；学前三年毛入园率 69.16%，初中毕业生升学率 84.72%，高中毛入学率 74.79%，高等教育毛入学率 27.29%。全区每万人口拥有的普通

① 顾华详．新疆民族基础教育质量若干问题研究 [J]. 乌鲁木齐职业大学学报，2006（2）.

高校、普通中专、普通高中、初中、小学在校生分别为 120 人、71 人、197 人、422 人、851 人。全区主要劳动年龄人口平均受教育年限为 9 年。①

从上个世纪 50 年代起，新疆实施了民汉分校，少数民族学校教育从小学一直延续到高中，实施全部课程用少数民族语言授课。后来陆续从小学三至四年级起开设汉语课，但汉语课的效果不理想，学生的整体汉语水平比较低，到高中毕业时仍然听不懂、说不出，严重影响到学生的发展。

新疆少数民族在地域分布上，具有大分散和相对集中的特点。南疆四地区，特别是喀什、和田、阿克苏是维吾尔族集中居住的地区；哈萨克族分散居住在伊犁哈萨克自治州的各地区；柯尔克孜族主要分布于克孜勒苏柯尔克孜自治州的三县一市；蒙古族散布于巴音郭楞蒙古自治州、博尔塔拉蒙古自治州和北疆各地区。聚居地区，可以按民族单设少数民族学校，比如维吾尔族小学、中学，哈萨克族小学、中学，等等，而人口少的民族和散居杂居地区，往往很难按民族单独开办学校。上述少数民族都有自己的语言和文字，长期以来学校教育主要以本民族语为主要教学语言，同时开设汉语课，学习汉语。

新疆少数民族教育的发展经历了几个阶段：②

（1）新疆少数民族教育的起步和巩固阶段（1949 年—1965 年）

新中国成立前，新疆教育十分落后，全疆文盲率在 90% 以上。当时的教育主要是宗教经文教育，直到 1936 年才出现了最早的少数民族现代学校。1949 年新疆只有 1 所高校，在校少数民族学生 185 人；1 所中专，在校少数民族学生 1 266 人；

① 新疆维吾尔自治区教育厅．新疆维吾尔自治区教育统计资料：2009 年．（注：非正式出版物。）

② 夏铸等．中国民族教育 50 年 [M]. 北京：红旗出版社，1999：101-109.

9所中学，在校少数民族学生1 819人；1 335所小学，在校少数民族学生182 427人。

新中国成立以后，取缔了经文学校，制定了新的学校教育制度，整顿了原有的学校，改造了教师队伍，编写了维、哈、蒙文字的中小学教材，使得少数民族教育得以迅速发展。到1957年，在校少数民族学生中，小学424 378人，中学49 401人，中等师范学校3 932人，高校2 488人。到1965年，在校少数民族学生中，小学704 002人，中学75 934人，农牧业中学13 689人，中等师范学校2 863人，高校3 129人。同年，少数民族专任教师中，小学22 384人，中学3 603人，中等师范学校181人，高校364人。

从以上数据可以看出新疆少数民族教育的飞速发展。这一时期新疆的少数民族教育有两个特点：一方面，这一阶段基本建立起从小学到大学的少数民族教育体系，完善了学制和教学模式，编写了本民族语的教材，实行用本民族语授课的教学方式，并从1960年开始加授汉语课（小学四年级起），开始进行双语教学改革和实验研究。另一方面，由于原有基础薄弱，特别是短时间内需要这么多的教师，靠中师和大学培养根本来不及，只能从社会上招录一些认识汉字的少数民族同志当教师，这就为少数民族教育的发展留下了隐患。可以这么说，新疆的少数民族教育从起步阶段开始师资力量就薄弱，大批教师不合格，这就必然会影响少数民族教育的质量，形成不科学的教学方式和习惯，以至长期影响少数民族教育的发展。

（2）“文化大革命”期间遭受严重破坏

少数民族教育刚步入快步发展阶段，就遭遇“文化大革命”的破坏，学校停课，学生失学，教师也不上课，少数民族教育名存实亡。

（3）新疆少数民族教育恢复发展阶段（1980年至今）

“文化大革命”结束以后，经过拨乱反正，我国的各项事业开始恢复发展，进入一个良性的快速发展阶段。

党和政府高度重视少数民族教育，根据不同历史阶段各少数民族和民族地区的实际，提出了不同时期发展少数民族教育的目标、方针、任务，并制定了一系列发展少数民族教育的政策、措施。近年来，在国家的大力支持下，自治区党委和人民政府从落实党的民族政策、促进新疆经济社会发展、促进各民族共同繁荣进步的高度出发，始终把优先发展少数民族教育作为全区教育发展的重点，给予高度重视和政策倾斜，大力发展各级各类少数民族教育，新疆的少数民族教育事业取得了巨大成就。现已形成了包括幼儿教育、基础教育、职业技术教育、普通高等教育和成人教育在内的少数民族教育体系，各少数民族的人口文化素质有了明显提高。教育事业的快速发展为新疆的经济建设和社会发展打下了坚实的基础。

1987年9月9日，自治区党委、人民政府在《关于当前我区教育工作中几个主要问题的决定》中指出：“在自治区教育事业发展中，要继续坚持以少数民族教育为重点。特别是对教育基础差的边远、贫困地区和牧区，要继续采取特殊措施，加快教育事业的发展。”并对少数民族教育质量、少数民族师资的培养培训、民文教材建设、加强汉语教学等做出了明确而详尽的规定。

党和政府投入大量资金扶持少数民族教育发展，自治区先后设置了少数民族文字教材编译出版补助费和支援贫困县教育发展基金等专项基金，将国家拨给教育系统的边境建设补助费、少数民族补助费、支援不发达地区的发展资金等主要用于边境和少数民族地区的中小学建设。“十五”期间，为保证新疆农牧区免费义务教育和改善中小学办学条件，中央、自治区用于新疆基础教育的总投资累计达到49亿元，国家先后组织实施了两期“国家贫困地区义务教育工程”、两期“中小学危房改造工程”、西部“两基”攻坚工程、“农村中小学现代远程教育工程”、“农村寄宿制学校建设工程”等，极大地改善了民族中小学的办学条件。全区农村寄宿制学校建设工程全部完成，新增103万名中小学生、68万名寄宿学生进入设施齐全的新校园。农村中小学现代远程教育工程全部竣工并交付使用，新疆教育卫星宽带网年播出节目总量达到2 700小时。新疆基础教育资源库已拥有汉语远程教育资源，翻译录制维、哈语教育资源756课时。这些重大工程的实施极大改善了全区中小学校的基础设施和办学条件。

在实施“两基”过程中，自治区积极调整中小学布局，适当集中办学，优化教育资源配置，大力提倡民汉合校、民汉学生混合编班，扩大学校规模，提高办学效益。各地通过政策、计划、经费的导向作用，同时采取解决交通问题、办寄宿制学校等办法，经过优化合并，撤销农牧区零散办学点，逐步推进集中办学。

新疆的少数民族教育工作取得了显著成绩，基本建立了以九年义务教育为基础，以普通高等教育为龙头，职业教育和成人教育共同发展的教育体系框架；形成了学历教育与非学历教育并举，职前教育与职后教育相结合，普通教育与职业教育相衔接的教育发展模式。教育的结构和规模日趋合理，教育发展整体水平不断提高。[①]新疆获得国家授予的西部地区“两基”攻坚成就奖，基本实现了“基本普及九年义务教育、基本扫除青

① 吴福环等．改革开放以来新疆少数民族教育的发展[J]．新疆社会科学，2008（2）．

壮年文盲”的目标。

2. 新疆少数民族教育取得的成就

（1）少数民族教育规模空前扩大

下面以2009年底的统计数据看少数民族教育的规模和发展：少数民族研究生1 705人，占研究生总人数的14.65%；普通本专科大学生89 538人，占37.06%；普通中专生（含职业中学）108 168人，占53.49%；普通高中生160 720人，占38.50%；普通初中生634 585人，占61.75%；小学生1 303 138人，占66.02%。全区少数民族普通高校教师8 254人，占30.99%；中等职业学校教师5 840人，占44.75%；普通中学教师67 299人，占52.51%；小学教师94 812人，占63.28%。

普通中小学按教学语言分：全区1 610所中学中，维吾尔语学校590所，占36.65%；哈萨克语学校109所，占6.77%；柯尔克孜语学校5所，占0.31%；蒙古语学校6所，占0.37%；民汉合校351所，占21.80%。全区3 651所小学中，维吾尔语学校2 433所，占66.64%；哈萨克语学校150所，占4.11%；柯尔克孜语学校56所，占1.53%；蒙古语学校6所，占0.16%；锡伯语学校1所，占0.03%；民汉合校427所，占11.70%。全区普通中学生总计1 444 836人，其中，维吾尔族572 805人，占39.65%；哈萨克族71 004人，占4.91%；柯尔克孜族9 864人，占0.68%；蒙古族4 134人，占0.29%；锡伯族928人，占0.06%。全区小学生总计1 973 890人，其中维吾尔族891 977人，占45.19%；哈萨克族87 297人，占4.42%；柯尔克孜族6 924人，占0.35%；蒙古族3 157人，占0.16%；锡伯族904人，占0.05%。

全区少数民族小学毕业生升入初中的升学率为99.59%。全区普通初中毕业生升入普通高中的升学率为71.08%，其中少数民族为50.05%。全区普通高中升学率为71.45%，其中少数民族的升学率为61.82%。①

（2）少数民族教育师资队伍建设不断加强

“十五”以来，自治区不断加强中小学教师队伍建设，教师学历层次稳步提高，素质得到提升。据2009年底统计，新疆普通中学专任教师81 440人，其中少数民族专任教师48 234人，占59.23%；全疆小学专任教师134 263人，其中少数民族教师84632人，占63.03%。普通高中、初中、小学教师学历合格率分别达到83.31%，97.99%，99.26%。

全疆现有的初中专任教师中，具有硕士研究生学历的比例为0.14%，具有本科学历的比例为44.86%，均低于相应的全国平均数（0.31%，46.95%）。具有专科学历的比例为52.99%，高于全国平均数（49.92%）。小学专任教师中具有硕士研究生学历的比例为0.04%，与全国平均水平相等；具有本科学历的比例为13.09%，具有专科学历的比例为56.38%，均分别高于全国平均水平（12.21%，54.63%）。现有中小学专任教师中，拥有中、高级职称的中小学教师占教师总数的40.5%。其中，初中专任教师中的中学高级教师占10.47%，中学一级教师占30.42%；小学专任教师中，取得小学高级教师职称的占0.26%，取得小学一级教师职称的占35.95%。②

在少数民族师资培训方面，从20世纪80年代中期开始，自治区先后大规模开展了中小学教师教材过关考试、HSK考试和教师任职资格考核。在重视少数民族教师业务素质的同时，还注重对他们进行思想政治教育。

①② 新疆维吾尔自治区教育厅．新疆维吾尔自治区教育统计资料：2009年．（注：非正式出版物。）

2004 年实施新疆中小学少数民族双语教师培训工程，对 40 岁以下（后改为 35 岁以下）双语教学水平不达标的理科教师进行 1 ～ 2 年的脱产培训。为促进新疆少数民族教育发展，中央制定并实施了支援新疆汉语教师工作方案。方案计划培养和培训 8 000 余名汉语教师，并选派其中 600 余名教师在新疆及内地接受培训或实习。方案一出，新疆教育部门认真组织实施，启动了少数民族汉语骨干教师培训项目、少数民族汉语骨干教师赴内地学习进修项目、内地高校援疆师资培训项目等。

（3）双语教学逐渐成为少数民族教育的主渠道

据 2012 年底统计数据，全疆双语幼儿园共计 3 474 所，开办 12 217 个班，接受学前两年（5 ～ 6 岁）双语教育的幼儿 42.62 万人，占学前两年少数民族适龄幼儿的 92.02%。双语中小学共计 4 847 所，开办 25 892 个双语班，接受双语教育的少数民族中小学学生（含民考汉）共计 121.88 万人，占全部少数民族中小学学生的 59.33%。

在二十多年间，双语教学这一形式从无到有，发展到今天，规模宏大，覆盖面已经超过 60%，成为少数民族教育的主流教学模式。北疆地区基本实现双语教学。双语教学形式从学前一直到大专院校、职业技术院校，遍及所有教育单位。办班形式有部分课程汉语授课班、全部课程汉语授课加授母语文班，还有疆内初中班、疆内高中班、内地高中班等，显示了新疆双语教育蓬勃的生机。

（4）高校实施少数民族教师教育改革

21 世纪以来，新疆中小学的双语教育蓬勃发展，给教师教育提出了更高的要求。为了适应自治区经济社会发展和基础教育对少数民族高素质人才的需求，更好地提高少数民族教育教学质量，培养合格的双语教师，一些高校开始实施教育教学改革。

从2006年9月起，新疆师范大学就试办少数民族理科实验班，制定了《新疆师范大学少数民族学生理科实验班管理办法（暂行）》，做了如下具体规定：①实验班实行全汉语授课，课程和教学要求均参照同专业汉语言班教学计划。②实验班实行全封闭管理，正常上课期间实行早自习和晚自习制度。③实验班一至三年级开设基础英语课程。④学校为实验班各任课教师配备一名助教，负责课后的答疑以及批改作业等相关工作。⑤实验班实行末位淘汰制，凡在校学习期间累计未获得学分（含补考）达到12分者或一学年内有两门（含以上）课程不及格者，将自然淘汰到普通班。

为了激励学生学习，学校对入选实验班的学生给予适度的政策倾斜：增加助学金、特困生补助名额，提高资助标准；对通过国家英语考试（CET）四级、六级，汉语水平考试（HSK）十级、十一级以及考上研究生者都进行相应奖励。

2006年11月，通过学生自愿报名、学院审核、教务处复审、选拔考试（含笔试、面试），第一届理科实验班共招收了56人，分为数学专业和物理专业两个班。以后每年两个班，至2010年招收学生达到311人。

2010年6月，第一届理科实验班的学生顺利毕业，其中物理实验班26名学生中，有8名学生考上了硕士研究生，有3名学生通过了HSK十级，有13名学生通过了HSK九级，有14名学生通过了计算机二级；数学实验班30名学生中，有4名学生考上了硕士研究生，有1名学生通过了HSK十一级，有5名学生通过了HSK十级，有22名学生通过了HSK九级，此外，有2名学生通过了英语六级，有16名学生通过了英语四级。

理科实验班的学生在语言和专业学习上有很大的进步。由于全部课程用汉语授课，学生的汉语交际能力提高很快，完全能够胜任专业学习和用汉语教学。学生的专业知识和技能也提高很快，和汉族班的差距大大缩小。同时，养成了良好的学习习惯，获得了学习能力，能够适应未来的社会竞争。目前，在实验班成功的基础上，新疆师范大学已经在少数民族班全部实施汉语授课，并逐步实施民汉混合编班，按同一标准来要求所有学生。

其他高校的少数民族教育也实施了类似的改革，提高了教学质量，培养出适应社会发展需要的人才。

3. 新疆少数民族教育存在的问题

上述我国少数民族教育中的问题在新疆少数民族教育中也同样存在，以下问题更为突出一些。

（1）少数民族教育质量不高

少数民族教育质量不高，民汉教育差距拉大，一直是少数民族教育中存在的突出问题。下面我们用中考和高考的成绩来说明这一问题。中考成绩是检验基础教育学校教学质量的一个有效指标。2002 年，新疆部分地、州、市维吾尔语、汉语理科中考成绩统计显示：I 卷数学、物理、化学三科平均分，民汉之间相差 33.5 分，及格率相差 53.3 个百分点；II 卷平均分，民汉之间相差 13.5 分。差距都十分明显。

高考成绩更反映了民汉教育的差距。1985 年高考，喀什地区少数民族理科考生，0 ～ 9 分分数段的考生占总数的 79%；1992 年，新疆师范大学数学系招收的少数民族班学生，高考数学最高分为 53 分，最低分为 18 分。2005 年，新疆的高考录取分数线，汉语言文科本科一批次为 516 分，汉语言理科本科一批次为 507 分；而民语言文科本科一批次为 393 分（数学单科限分为 25 分），民语言理科本科一批次为 367 分（数学单科限分为 27 分）；分别相差 123 分和 140 分。2007 年民考民学生与汉考汉学生高考理科录取分数线的差距，本科一批次为 149 分，本科二批次为 112 分。从总分的差距以及数学的单科限制分数线，我们都可以看到民、汉教育质量的差距至今依然很大，说明少数民族学校的理科教学质量提高很缓慢。

同时，由于入学的学生基础较差，制约了少数民族高等教育水平的提高，学生毕业时各方面的素质都很难达到预设的目标，与汉语系毕业生的差距明显。这些学生再去中小学任教，教出来的学生水平恐怕也很难达标，形成恶性循环。这就是长期以来制约少数民族教育质量提高的根本原因。

（2）少数民族教师业务素质偏低

少数民族中小学教师，特别是农牧区教师的业务素质普遍不高。如前所述，教师业务素质不高主要体现在学科基础知识掌握不好和教学能力差。2002 年 8 月，自治区教育厅在全疆范围内对中小学教师进行了专业基础知识普查测试，虽然测试题难度只相当于所教学段的毕业生水平，但少数民族小学教师的数学、自然的平均分只在 80 分左右；汉语平均分为 67.92，有四分之一的人不及格；思想品德的平均成绩只有 55.23 分，一多半人不及格。这说明，小学教师的专业知识只相当于小学毕业生的中上水平。同样，初中教师的知识也只相当于初中毕业生的水平，他们的语文、地理成绩平均分为 80 多分，政治、化学、历史为 70 多分，其余各科平均分为 60 多分。数学、物理超过 30% 的人不及格，优秀率极低。可见，初中教师的专业基础知识只略比初中毕业生高一点儿。高中教师的水平高一些，语文、政治、数学、汉语的平均分高于 80 分，其余各科高于 70

分，除物理、生物的及格率略低外，其余各科尚可。[①]

教学能力差表现为教师教学观念落后，没有能力分析教材、选择教法。不少教师只教一本教材，而且以自己讲解为主，不引导学生学习；课堂教学缺乏方法，很少变化，多数教师就是照本宣科，不能生动、灵活地讲解，更谈不上教学设计、科学组织了，课堂教学无实际效果。

教师业务素质偏低还表现为汉语交际能力低。新疆少数民族教师队伍是在过去50多年中实施“全部课程民语文授课加授汉语”的模式中逐步形成和发展起来的，由于缺乏汉语环境，教师在教学和生活中基本不用汉语。多数教师已经人到中年，再让他们转用汉语授课已经很难。汉语水平低，不仅影响教学，更为严重的是影响教师的专业发展。众所周知，教师的学习、教学参考材料几乎全部是汉语的，不会汉语就没法学习、参考，就只能自己摸着石头过河，想提高业务素质和教学能力非常困难。

（3）少数民族教育的“两基”成果仍待巩固

新疆少数民族初中毕业生升入高中的比率不仅低于全国平均水平，也低于西部省区平均水平。义务教育发展程度很不平衡，城乡之间、区域之间、学校之间都存在相当大的差距。农牧区基础教育薄弱，特别是初中毕业生升学率很低。

数据统计显示，新疆高中阶段教育容量明显不足。全区初中毕业生升学率低于高中阶段毕业生升学率近20个百分点。每10万人口中，高中在校生数比全国平均数少400多人。这表明新疆高中阶段教育已严重滞后于高等教育，成为制约劳动人口文化水平提高和教育事业发展的主要瓶颈，也成为制约我区劳动力水平、生产率提高的深层次原因。

① 新疆教科所．新疆基础教育发展战略研究，2006．（注：研究报告，非正式出版物。）

（4）各地区之间教育发展不均衡，南北疆、城乡之间教育差距较大

由于教育资源、师资力量、教育环境和经济发展的差异，民汉之间、少数民族之间、地区之间、城乡之间教育发展存在巨大差距，各地教育发展不平衡。比如，南疆三地州小学 7～12 周岁学龄儿童入学率为 97.7%，初中 13～15 周岁学龄儿童的毛入学率为 80.3%，但初中毕业生升入高中阶段的升学率明显低于新疆其他地州。以南疆喀什地区为例，2005 年喀什地区初中毕业 72 876 人，高中招生 13 642 人，升学率为 18.7%，而同一年和田地区仅为 10.9%，这都远远低于自治区的平均水平。

4. 制约新疆少数民族教育发展的因素

（1）底子薄，发展快，基础不牢

如前所述，新疆的少数民族教育几乎是白手起家的。新中国成立之初，少数民族的中、高等教育还没有完全起步，而初等教育也才刚刚开始发展。特别是在广大的农牧区，少数民族人口相对集中，经济和文化十分落后，许多乡、村连小学都没有，能识字的人极少，初等教育基本上是空白。面对这样的教育基础，新疆各级党委、人民政府和广大教育工作者，在国家和其他省区的大力支持下，通过自己的艰苦努力，用了不到 20 年的时间，就建立了完整的教育体系，达到了人均近 6 年的受教育年限，发展速度之快的确让人难以想象。因此，底子薄、发展速度快正是新疆少数民族教育发展的最大特点。

但是，不容置疑的是，发展过程中存在重规模、轻质量的倾向。少数民族教育在追求发展规模和速度的同时，教育质量却没有得到同步的提高，师资不足、质量不高一直是制约少数民族教育发展的瓶颈。

基础教育的薄弱也影响到高等教育，影响到人才和师资力

量的培养。通过降低高考录取分数线和内地高校招收新疆少数民族学生的照顾措施，少数民族高等教育的规模迅速扩大，但进入高校的低标准，使得高校很难培养出高水平的人才和师资，必然造成新疆少数民族教育质量长期偏低的状况，使得少数民族教育始终在低水平上维持，难以提高教学质量，培养高素质的人才。

（2）师资力量薄弱，素质总体偏低

如前所述，从最初开始，新疆的少数民族教育师资力量就非常薄弱，师资数量不足、质量堪忧的状况一直没有得到改变。20 世纪 90 年代初，伊犁地区曾对 12 所维吾尔族、哈萨克族中学的数学教师进行了一次知识水平测试（100 分为满分），结果参试教师最高 47 分，最低 15.5 分，及格率为零。

从客观上来说，不合格的教师，不可能培养出优秀的人才。从根本上来说，少数民族教育的发展要靠一支业务精湛、教学能力强、兢兢业业工作的教师队伍。如果组织不起这样一支队伍来，要想发展少数民族教育是不可能的。

（3）少数民族学校的教学语言多，教育管理水平低，办学效益不高

新疆民族众多，人口密度小，平均每平方千米约 10 个人。在 90 个县（市）中，平均每县只有 24.81 万人，人口最少的伊吾县只有两万多人。人口虽少，但每个县却至少包含两个以上的民族，所以，每个县不仅是中小学齐全，而且按语言分校，至少有汉中、汉小、民中、民小，北疆地区还按民族分为维吾尔族中学、小学，哈萨克族中学、小学，蒙古族中学、小学，这就给新疆少数民族教育的发展带来了比较大的困难。近几年来，少数民族学生进汉校学习的人越来越多，少数民族学校和班级人数大幅减少，有些班级的学生人数在 10 人以下。还有一

些边远的山区和牧区，学校规模小、班额少，影响办学效益。

教育体制、教学管理也是制约少数民族教育发展的因素。多年来，尽管新疆的各级政府和教育行政部门都很重视中小学的管理工作，在中小学校长的选拔、培养和使用上下了不少功夫，但是，长期以来少数民族中小学的教育管理水平仍然不高。教学管理不规范，教师的备课、上课、批改作业和考试等环节都存在一定的问题；学校和教务部门的检查流于形式，无效果。比如，我们在调研中就发现，几乎所有的教案本、学生的作业本都有教研组组长的签字，但教案的内容千篇一律，毫无参考价值，甚至错字连篇的教案也无人过问。课堂教学的问题更多，教学进度随意，不按规定执行教学计划，知识讲解引导的错误也比较多。

（4）认识问题

什么是民族教育，民族教育的特色是什么？学术界的认识并不一致，教育管理部门和学校更搞不清楚，一般认为对少数民族实施的教育，用少数民族语言文字实施的教育就是民族教育。

滕星教授提出广义民族教育和狭义民族教育的概念，狭义民族教育即少数民族教育，前文讲述民族教育的概念时已对此做了说明。在此基础上他又提出："本人曾在国外多元文化教育理论和费孝通教授提出的'中华民族多元一体格局'理论的启发下，提出在一个多民族国家实施'多元文化整合教育'，也可称为'多元一体教育理论'。"①

钱民辉教授进一步阐释了"多元一体"理论："从理论上讲，民族教育的对象是少数民族成员，民族教育的功能是培养能通晓本民族历史、文化，具有'不同文化接触'能力，特别是具

① 滕星．文化变迁与双语教育——凉山彝族社区教育人类学的田野工作与文本撰述 [M]. 北京：教育科学出版社，2001：156.

备普遍文化社会所要求的知识、技能和心理品质、道德素质的民族成员。由此我们可以看出，民族教育强调民族性与现代性的和谐统一。我这里所指的民族性是民族文化的多样性，现代性是以科学、理性为代表的统一性。”①

然而从我国的情况看，现实中的民族教育已经逐渐失去多样性的特点，在某种程度上可以说就是民族地区的现代性教育。学校教育制度是现代化运动的产物，它的主要目的是培养具有现代社会意识、现代科学知识和素质的现代人。目前，世界各国都卷进了现代化运动和全球一体化的趋势，在这种大背景下，学校教育对文化的选择是统一的，从教学大纲到具体的教材都是以整个中华民族和世界的文化遗产为主，因此从形式到内容上都是现代性的。民族教育也不例外，已经纳入到一个统一的现代教育体系中，只是由于多种原因，尚未达到理想的程度罢了。从这个意义上来说，民族教育已经不是少数民族特色的教育。

过去的民族教育在贯彻现代性教育过程中是以本民族语作为教学语言的封闭式教学模式，且不说民族文化和语言中有与现代性不适应的地方，从现代社会意识、现代科学知识和国家主流文化的角度来说，这种教学模式明显达不到教育目标，从而影响少数民族教育质量和人才培养。

此外，少数民族教育还应该反映本民族的需要，有着传承和发扬本民族文化的重要功能。但在现代化和全球一体化大潮中，少数民族教育的典型特点只保留了教学管理民族化、教学内容民族语言化，而体现民族教育特点的民族文化传承遭到淡化。民族文化是民族教育的源泉，民族教育是民族文化得以保

① 钱民辉．民族教育三疑三议 [J]. 西北民族研究，2004（3）.

留和传承的重要途径，因此从这个意义上来说，要真正体现民族教育的特殊性，就要增加民族文化传承的内容。当然，滕星教授也承认："全球一体化与民族文化多元化的冲突与和谐，国家一体化与民族文化多元化的冲突与和谐，是21世纪全人类和多民族国家面临的不可回避的两大挑战。"①

在这种情况下，如何贯彻民族教育的"多元一体"教育理念，培养出具备本民族文化底蕴，又能适应主流文化和全球化发展需要的人才，这正是民族教育应该研究的问题。

现在以本民族语为主要教学语言的民族教育在实施现代性教育过程中有着先天的缺陷，基础薄弱，管理落后，教师素质偏低，信息、资料缺乏，与全国和本地区其他学校的交流少。因而实施双语教学，用汉语教育原汁原味地展现现代化、全球化以及中华民族文化，以本民族语教育来传承本民族文化，就是一种极好的选择。从这个意义上来说，双语教学是民族教育特色和本质的体现。

第二节　中国少数民族双语教育理论体系

中国少数民族双语教育是少数民族教育的重要组成部分，是少数民族教育的主要形式。半个多世纪以来，我国少数民族双语教育历经波折，直到上个世纪90年代才走上了健康发展之路。少数民族双语教育在漫长的发展过程中，逐步形成了自己的目标、模式、课程、教学体系。构建双语教育理论体系是双语教育研究的重要任务，该体系包括双语教育目标体系、双语

① 滕星．文化变迁与双语教育——凉山彝族社区教育人类学的田野工作与文本撰述 [M]. 北京：教育科学出版社，2001：156.

教育类型体系、双语教育课程体系、双语教育教材体系、双语教育实施系统、双语教育评价系统等项。

一、双语教育目标体系

我国有 53 个少数民族有自己的语言，有 39 个少数民族有自己的文字或新创制的文字；大多数少数民族兼用本民族语和汉语；个别少数民族已经转用汉语；部分少数民族主要以使用本民族语为主，兼通汉语的人不多。这一具体情况决定了中国少数民族双语教育理论体系的复杂性。但是，不管双语教育的形式和内容如何变化，其主要教学目标和教学指导思想是不变的。

少数民族双语教育的目标定位于“民汉兼通”，“即通过国家通用语言文字（汉语）来学习中华民族文化、国家主流文化、现代科技文化，使少数民族学生能够面向全国、面向世界、面向未来，获得更大发展；通过少数民族语言文字来学习少数民族文化，使少数民族语言文化得以传承和发展”。[①] 这一目标体系既要体现国家对普通中小学培养目标的基本要求，又要体现少数民族双语教育的一些特定目标要求。通过双语课程的实施，使学生在学好双语课程的同时，既能继承和发扬中华民族的优秀传统文化，又能继承和发扬本民族的优秀文化，还要吸收借鉴丰富多彩的世界文化；既具有爱国主义精神和民族自信心，又具有尊重、开放与平等的世界意识，成为具有跨文化素养的“双语双文化人”。

W.F·麦凯、M·西格恩在《双语教育概论》中提出了双语教

① 新疆维吾尔自治区双语教学工作领导小组办公室 . 新疆少数民族双语教育政策解读 [M]. 乌鲁木齐：新疆人民出版社，2012：2.

育的目标体系，包括语言目标、专业目标和社会目标三类。①姜宏德教授据此把双语教育的目标体系按不同层次设计如下：

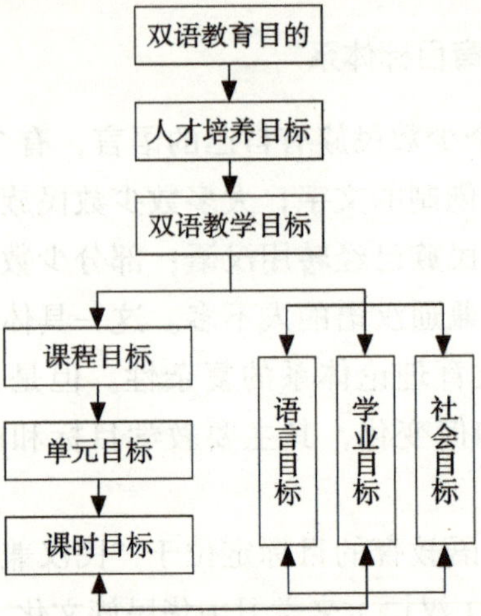

图 1 双语教育目标层次分类②

1. 双语教育目的

“双语教育的目标和内容中包含有两种语言和文化因素，即通过国家通用语言文字（汉语）来学习中华民族文化、国家主流文化、现代科技文化，使少数民族能够面向全国、面向世界、面向未来，获得更大发展；通过少数民族语言文字来学习少数民族文化，使少数民族语言文化得以传承和发展。”“通过双语课程体系来培养学生的综合素质和双语能力，达到民汉兼通的培养目标。”③

① W.F·麦凯、M·西格恩．双语教育概论 [M]．北京：光明日报出版社，1989：158-163．

② 姜宏德．双语教育新论 [M]. 北京：新华出版社，2006：41.

③ 新疆维吾尔自治区双语教学工作领导小组办公室．新疆少数民族双语教育政策解读 [M]. 乌鲁木齐：新疆人民出版社，2012：2.

2. 人才培养目标

根据社会对人才的要求、双语教育目的来制定双语教育的人才培养目标。双语教育的人才培养目标是双语教育目标的中间层次，它一方面受双语教育目的的制约和支配，另一方面又对双语教学目标起着制约和支配作用，是制定双语教学目标的重要依据。针对当今世界“全球化、信息化、知识化和市场化”发展的趋势，现阶段我国少数民族双语教育的人才培养目标应是：民汉兼通、中华民族文化和少数民族文化兼容的人才，善于学习借鉴、文理知识交融的复合型人才，德才兼备、身心健康、善于合作的创新型人才。根据基础教育阶段各级各类学校的不同要求，双语教育的人才培养目标又可细分为小学阶段的人才培养目标和中学阶段的人才培养目标等。

3. 双语教学目标

双语教学目标以双语教育目的和人才培养目标为依据，是双语教育目的和人才培养目标在双语教学中的具体体现。由于双语教学活动包括多个层面的活动，因此双语教学目标也是多层次的，主要包括课程目标、单元目标和课时目标等。其中，课程目标是指某门课程的双语教学活动所要达到的结果；单元目标指的是一门课程中某个单元的双语教学活动所要达到的结果；课时目标则是对每个课时双语教学活动的具体要求，即以课时为基本单位而设定的教学目标。此外，从双语教学目标所包含的内容角度，我们又可把双语教学目标分解为语言目标、学业目标和社会目标。

（1）语言目标

双语教育的语言目标一般指国家通用语言文字（以下简称汉语）和少数民族语言文字的应用能力。我国少数民族语言使用的状况十分复杂，多数少数民族使用一种语言，但也有一些少数民族使用几种语言，彼此不能交流。据统计，我国55个少数民族共使用61种语言。[①] 部分少数民族已经转用汉语。文字方面，我国少数民族共使用39种文字，其中朝鲜族、蒙古族、藏族、维吾尔族、哈萨克族、彝族、傣族、锡伯族等有自己传统的文字，使用历史悠久，有丰富的文献；其他民族都是新中国成立以后创制的文字，使用十分有限，一般是在小学低段作为辅助教学的文字。

中国少数民族语言文字使用的复杂性，决定了双语教育体系中语言目标确定的多样性。少数民族双语教育体系的语言目标包括以下四种情况：一是充分掌握主要教学语言（少数民族语和汉语）的一切方面，两种语言达到平衡掌握，这是针对上述语言文字使用悠久的民族而言的。二是充分掌握一种教学语言（可以是少数民族语，也可以是汉语），对另一种教学语言只需要达到一定的熟练程度，即两种教学语言的掌握不平衡。三是由于少数民族语没有文字，或者虽有文字但使用有限，因此只要求掌握口语，而对汉语则要求全面掌握。四是南方少数民族和朝鲜族、蒙古族的学校开始实施三语教育课程体系，在学前阶段初步使用本族语或本族语和汉语的基础上，从小学低年级开始实施双语教育，掌握本族语和汉语，并用本族语和汉语学习其他课程；从初中起，继续实施双语教学，开设外语。三语教育要求学生在小学阶段基本熟练掌握本族语和汉语，高中毕业时外语达到普通高中的教学要求，成为会交际、会合作共事、适应时代发展要求的人。基于我国少数民族的实际情况和汉语是国家通用语言文字这一情况，中国少数民族双语教育的语言目标应该是汉语与少数民族语并行或以汉语为主、少数民族语为辅。

---

① 戴庆厦．中国少数民族双语教育概论[M]．沈阳：辽宁民族出版社，1997：10.

（2）学业目标，又称课程目标

各门学科，包括少数民族传统文化和地方性课程，都要求学生在知识和技能、过程和方法、情感态度和价值观三个维度上达到课程标准所规定的课程目标，获得学习经验和方法。

双语教育首先是一个教育系统，具有与单语教育系统完全相同的目标。新课改实施以后，两种语言授课的各门课程都有自己的课程目标。但是，由于少数民族双语教育课程体系中包含有少数民族传统文化和部分地方性课程，这部分课程的课程目标有其特殊性。

从理论上来说，双语课程目标应该贯彻一般课程标准，但考虑到目前新疆双语教学的现状、教师的素质和能力、学生的语言能力和认知能力，在双语教学的转型期，在学生的知识水平、语言能力和认知能力尚未达到汉语系学生那样的高度时，需要从学生、学科和社会三方面进行考虑，调整和制定过渡性的、学生易于达到的双语课程目标。

（3）社会目标，又称文化目标

双语教育系统是为了满足社会和文化环境对学生的综合素质要求而设计的，其目标体系中包括学生适应社会发展需要的综合素质目标，这一目标应是具有双语双文化特点的、全面综合的素质教育目标，就是要培养学生成为既熟悉中华民族文化，又熟悉本民族文化，具有进取精神，自觉维护民族团结进步，具备跨文化意识的时代新人。双语教育有助于增强不同语言成员之间的交往和理解，有助于不同文化的认同，从而促进社会的和谐与稳定。

二、双语教育类型体系

由于中国地域广阔，民族众多，语言使用情况复杂，双语教育的模式和类型也各不相同。要给中国少数民族双语教育划分类型不是一件容易的事。学者们曾经从不同的角度对中国少数民族双语教育分类问题进行了研究。1985年，严学窘提出民族地区双语文教学按地理区域分类有六种模式。[①]1987年周耀文把中国双语教育体制划分为七种类型。[②]1987年张伟将“双语教育计划”分为单语教学计划、双语过渡计划、长期双语计划三类。[③]1991年周庆生提出从“双语教育计划”和“双语教育体制”两方面对中国双语教育现实进行分类。[④]周耀文根据民族地区语言文字使用实际，将双语教育分为高等、中等、初等三种层次。[⑤]这些研究成果对建立我国民族地区（特别是南方民族地区）的双语文教育体制提供了很有价值的对策。

由于我国民族语言使用的复杂性和双语教育的多样性，以及南方少数民族和北方少数民族双语教育的巨大差异性，学者们很难对我国的少数民族双语教育进行统一的划分。因地制宜，从不同的角度对我国少数民族双语教育进行分类，已得到学术界的普遍认可。

纵观这方面的研究，多数学者确认少数民族双语教育体制形成三种类型：

（1）以少数民族语授课为主，加授汉语文。例如蒙古族、朝鲜族、维吾尔族、哈萨克族等民族聚居地区的一些学校教育。

（2）以汉语授课为主，加授少数民族语文。如南方的少数民族和东北的蒙古族学校教育。

① 严学窘．中国对比语言学浅说[M]．武汉：华中工学院出版社，1985：63．

② 周耀文．双语现象与双语教育[J]．云南民族语文，1987（3）．

③ 张伟．浅谈双语教学的类型[J]．贵州民族研究，1987（3）．

④ 周庆生．中国双语教育类型[J]．民族语文，1991（3）．

⑤ 周耀文．论在我国各民族地区建立多种形式的双语文教育体制[C]．双语双方言（二）．香港：彩虹出版社，1992．

（3）小学低年级以民语文授课为主，逐步过渡到小学高年级以汉语文授课为主。如我国南方的景颇族、壮族、纳西族、佤族和北方的锡伯族等民族的双语教育体制。[①]

具体来说，根据不同的标准，还可以进一步细分[②]：

1．从有无民族文字的角度划分，可分为：

（1）双语单文型。这种类型是指少数民族学校中教学语言是民族语和汉语两种语言，但只开设汉语文课，各科只使用汉文教材。小学一至二年级用民族语辅助教学，三年级以后全部采用汉语教学。采用这种形式的民族或者是只有语言没有文字的民族；或者是虽有文字，但该民族所居地区已普遍通行汉语，民族语只在家庭和本民族交往时使用，如云南双江拉祜族佤族布朗族傣族自治县的各少数民族；或者是本民族虽然已有文字，但该社区由于方言差别不使用本族文字，因而无法在学校开展民族语文教学，如哈尼族。

（2）双语双文型。指少数民族学校教育使用民族语和汉语教学，同时还开设民族语文课和汉语文课。这种类型还可以再细分为四类：

①用民族语（文）授课，加授汉语（文）。如我国的蒙古族、藏族、维吾尔族、哈萨克族、朝鲜族等；

②用汉语（文）授课，加授民族语文。

③把民族语文和汉语文合并为一科，如苗族、侗族的一些小学教材将苗族语文和汉语拼音、汉字对照编写，在语文课上同时讲授。

④低年级以民族语文授课为主，逐步过渡到以汉语文授课

---

① 董艳．文化环境与双语教育[M]．北京：民族出版社，2002：6．

② 戴庆厦、董艳．中国少数民族双语教育类型[C]．第二语言（汉语）教学论文集．北京：民族出版社，1997．

为主，两种语言并行，如景颇族。

2．从两种语言在学校各科教学中的使用范围角度划分，可分为：

（1）部分双语教育。是指民族语和汉语两种语言分别在不同的学科中使用，各自发挥不同的作用。可细分为两类：①只在民族语文课上用民族语授课，其他课程用汉语授课，使用全国统编教材。这种类别多存在于有文字民族的散杂区。使用新创文字的民族，其民族小学的双语教育也属于这种类型。②民族语多用于文科课程中，特别是涉及本民族文化的学科教学中，而自然科学的课程多用汉语教学。

（2）完全双语教育。指除民语文课程外所有的课程教学均使用汉语文。

3．从两种语言的相互关系角度划分，可分为：

（1）并行性双语教育。指在义务教育中同时发展本族语和汉语能力，熟练掌握两种语言（文字）。双语者的两种语言能力相当。这种双语教育也称为平衡双语教育。

（2）辅助性双语教育。教学中使用民族语文作辅助工具，使学生获得较好的汉语能力和智力发展的基础。当然，学生的民族语文水平在学习中也得到提高。本族语文只用于初等教育的最初几年。有文字和无文字的民族都不同程度地采用这种类型。

4．从语言习得的时间安排角度划分，可分为：

（1）幼儿园和学前班类型。指两种语言的教学提前到学前阶段。

（2）小学类型。指在小学阶段开始两种语言的教学。我国少数民族教育大都经历这个阶段。

（3）中学类型。指在中学阶段开始两种语言的教学。属于这种类型的，主要是用汉语授课的民族学校，在中学阶段给民族学生加授民族语文课，如辽宁省喀喇沁左翼蒙古族自治县的蒙古族中学、贵州省雷山县民族中学。

综上所述，我国少数民族双语教育类型存在以下几个特点：

1. 多样性

我国少数民族双语教育存在多种不同类型，就是同一类型中也还有不同的类别。这在世界上其他国家中是不多见的。正是这种多种多样的双语教育类型形成了我国这个多民族国家的民族教育特色，也使得双语教育的成效标示着我国少数民族教育的成效。

2. 不平衡性

不同民族之间，同一民族的不同地区之间，民族散杂区和聚居区之间、城镇和农牧区之间，双语教育都存在着较大的差异。一般来说，北方民族的双语教育历史长，经验多，基本上形成了以本民族语为主或民汉语并重的双语教育体系。而南方少数民族多以汉语授课为主，双语教育多存在于小学低段。城镇中除民族语文课外，其他科目多用汉语教学；而农牧区则相反，多以本民族语为主，汉语教学为辅。

3. 递归性

在现代社会，决定学校教学语言的一个重要因素是语言承载的信息量。信息量的大小决定了教学语言的选择，并影响到学生的成长、发展和终身教育。在中国，汉语的信息量大大高于各少数民族语，使用面广，是强势语言。因此，不以人们的意志为转移，少数民族双语教育的发展趋势必然是朝着以汉语授课为主、民语授课为辅的方向发展。这一趋势发展的快慢，取决于双语师资。南方各少数民族的双语教育本身就是以汉语授课为主的，而北方少数民族的双语教育已经实现或正在实现这一转变。在这方面，新疆少数民族双语教育落后于其他地区，正在实施以部分课程汉语授课为主的双语教学模式，但确定下来的双语教学发展的最终模式也是全部课程汉语授课、加授母语文的模式。

三、双语教育课程体系

双语教育的课程体系是由课程目标决定的，课程目标是课程体系建构的出发点和归宿，是课程设置、内容选择、课程实施与评价的依据和标准。

如上所述，中国少数民族双语教育的目标体系是确立双语人的双语双文化意识，用两种语言来培养学生的综合素质和能力，以适应我国多民族、多语言的国情，顺应汉语是国家通用语、是主要族际交际语这一社会发展趋势。

因此，双语课程的实施，要使学生在学好母语的同时学好汉语，使学生既能继承本民族的语言和文化，又能继承和发扬中华民族文化，还能吸收借鉴丰富多彩的世界文化，既具有爱国主义精神和民族自信心，又具有尊重、开放与平等的世界意识，成为具有跨文化素养的双语双文化人。

所谓“双语课程”就是在特定的双语教学中实施的课程，它是两种语言的课程体系，强调在学科课程、活动课程、学校传统或校风等隐性课程实施过程中语言的选择，学生用不同的语言参与不同的课程学习、活动，获得体验，从而促进学生全面发展，健康成长。

少数民族双语教育的“双语课程”含义应该包括：

（1）讲授学科知识的双语课程，包括以汉语和少数民族语作为教学媒介语的非语言学科的总和。

（2）有计划的双语教学活动或有预期双语学习结果的双语课程，包括课程目标和计划下的所有双语学习活动（课内和课外）。

（3）双语课程即双语学习者的经验或体验，是学生在学校和社会用双语进行学习和进行其他活动时获得的经验和体验，包括双语学习者自发获得的经验和体验在内。它不仅包括双语知识，还包括学习者占有和获取双语知识的主体活动过程，它是在社会性交往过程中建构生成的。从本质上说，双语课程强调自然、社会和人在课程体系中的统一，使自然、社会和人成为双语课程的共同支撑。

从双语课程的含义中可以看出，双语课程对培养学生成为“民汉兼通”的双语人、双文化人起着决定性作用。①

课程体系指的是课程各部分的组织和配合。双语课程体系基本上是由学科课程、活动课程、隐性课程、地方课程和校本课程四个板块组成的。

1. 双语学科课程

学科课程是以文化知识为基础，按照一定的价值标准，从不同的知识领域或学术领域选择一定的内容，根据知识的逻辑体系，将选出的内容组织为学科。双语学科课程是以新课改以后中小学学科课程设置为基础，根据授课语言的不同而划分的课程。如汉语数学课、汉语科学课、汉语物理课、母语语文课、母语音乐课等。

双语学科课程系统是与双语教育模式相联系的。不同的双语教育模式对学科课程、授课语言、评价方式都有具体的规定。新疆维吾尔自治区教育厅2011年颁发了《义务教育阶段双语教育课程设置方案》和《普通高中双语教育课程设置方案》，对少数民族中小学两种双语教育模式的课程及其授课语言做了具体规定：

① 付东明、方晓华．双语教育课程体系建构[J]．新疆师范大学学报，2013（4）．

模式一（部分课程汉语授课）：小学汉语、数学、科学、信息技术；初中汉语、英语、数学、物理、化学、生物、信息技术；高中汉语、英语、数学、物理、化学、生物、信息技术和通用技术等：以上课程使用汉语（文）授课，其他课程用少数民族语（文）授课。

模式二（全部课程汉语授课，加授母语文）：全部课程汉语（文）授课，开设民族语文课程，不具备师资条件的学校，体育、音乐、美术课程可以使用少数民族语（文）授课。

少数民族中小学的双语课程，从学科上来看与汉语系学校的课程相同，区别在于增设了少数民族语文课，不同学科的授课语言不同。

2. 双语活动课程

双语活动课程是打破学科逻辑组织的界限，以学生的兴趣、动机、需要和能力培养为基础，以学生的生活经验为中心，以汉语和学生母语作为媒介语的课程。新课改以后，我国的基础教育（包括高中教育）都强调了综合活动课程的重要性，专门安排设计了综合实践活动课，列为正式课程。双语活动课程密切了学生与社会的联系，让学生通过参与体验的方式来学习。和一般学校的综合实践活动课不同，双语活动课程是用双语实施的，用汉语和本民族语作为媒介语的综合实践活动。它的目的是在教师指导下，通过一系列双语活动使学生获得直接经验、社会体验，并获取信息，具有跨学科和综合性的特征。它与社会和学生的生活密切相关，极易训练和培养学生的双语能力和综合素质。

双语活动课程可以依据不同的标准进行分类。从语言技能训练的角度可以分为：双语视听活动、双语阅读活动、双语演讲活动、双语写作活动等。从活动内容的角度可分为：生活类双语活动、艺体类双语活动、智能类双语活动、品行类双语活动、科技类双语活动等。从活动媒介的角度可分为：双语影视活动、双语网络活动、双语节庆活动、双语社团活动等。从活动范围和场所的角度可分为：双语兴趣小组活动、班级双语主题活动、学校双语节庆活动、校外双语实践活动等。

双语学科课程和双语活动课程，要根据各民族的语言和文化特点、学生所处的社会语言环境和学习发展的需要来设计课程，选择所用的语言。比如，根据中国文化传统和世界一体化的需要，所有的数理化、科学课最好用汉语开设，涉及本民族文化传统的课程用本民族语开设。

双语学科课程与双语活动课程是学校双语教育中两种最基本的课程类型。这两类课程是一种互补关系而非替代关系。

3. 双语隐性课程

显性课程是学校教育中有计划、有组织地实施的“正式课程”。而隐性课程是指学生在学习环境（包括物质环境、社会环境和文化体系）中所学到的非预期或非计划性的知识、价值观念、规范和态度等。双语隐性课程是学校双语教育中以间接的、内隐的方式所呈现的课程。双语隐性课程通常体现在学校和班级双语教育的情境之中，主要包括：物质情境（如体现双语教育特色的学校建设与设施装备等），文化情境（如校园和教室的双语布置，学校的双语广播、板报、网络、展览、标志牌，以及各种双语仪式等），人际情境（如师生和生生间的双语交际关系等）。双语隐性课程也可以体现在家庭和社区双语教育的环境之中。

双语显性课程与双语隐性课程共同构成了学校双语课程的全貌。二者在性质、特点、功能等方面各不相同。双语显性课程所施加的教育影响具有计划性强和预期性明显的特征；而双语隐性课程在计划性和预期性方面表现得并不明显，但在教育影响上却具有明显的弥散性和持久性特征。双语隐性课程无处不在、无时不有，无时无刻不在对学生产生潜移默化的影响。因此，在编制双语显性课程的同时，还要充分考虑双语隐性课程的价值，最大限度地发挥其在双语教育中的作用。

4. 双语地方课程和校本课程

这是亟待开发的双语课程。双语地方课程是由国家授权，地方教育部门根据学生发展需要而开发的双语课程。双语校本课程是由学校和教师编制、实施的双语课程。在国家课程、地方课程和校本课程中，分别体现了国家利益、地方利益和学校利益。少数民族双语教育具有地方特色和民族特色，因此地方课程和校本课程是双语教育的特色课程。

新疆少数民族双语教育中开发最成功的地方课程是《新疆》，这是一门专门学习、了解新疆的历史、社会、经济发展和民族风情的课程，编写了图文并茂的教材，用汉、维、哈等语言出版，深受学生的欢迎。

四、双语教育教材体系

教材是为教育目标服务的，是课程标准的具体体现；教材又是学科教学和学生学习的具体内容，与培养学生的综合素质和能力密切相关。在我国的教育体系中，少数民族的教育目标和汉族的教育目标是一致的，都是培养适应我国社会发展需要的各项人才，因此，民语系各课程的课程标准和汉语系完全一样，不能另搞一套课程标准。至于教材问题，按照“一纲多本”的要求，从理论上来讲是可以另行编写的，按照课程标准编写适合少数民族双语教育的教材是我们少数民族双语教育研究的长期任务。因此，在少数民族双语教育教材体系中应该包括汉语教材和本民族语教材两大类。

目前，少数民族双语教育大多选择本地区使用的汉语系学校的教材，也是可行的。因为汉语教材编写已经积累了丰富的经验，教材系统而完整，有较强的科学性，体现了学科内容和方法的统一，是教学目标和课程标准的具体体现。特别是汉语教材配有大量的课程资源，各地各学校在实施教学中也对教材有大量的研究，提供了大量的教学设计、教学课件，这些都是我们少数民族教育可借鉴的宝贵资源。

而少数民族教育研究的薄弱，教材编写力量和研究的薄弱，导致很难在短时间内编写出高质量的、可供少数民族教育使用的教材。如果另编教材，费时、费力，又难保证质量，还会失去丰富的课程资源，大大影响教育教学质量。权衡利弊，恐怕还是使用本地区的汉语系教材是上策。当然，汉语系学校的教材多少有点儿脱离了少数民族社会生活，学生在内容、语言、文化的学习上会有一些不适应。为弥补这些教材的不足，可以适当编写一些辅助性教材，帮助教师和学生顺利过渡。但从根本上来说，这些教材中的内容是中小学生应该掌握的，是不可缺少的知识和技能，不能因为它有些脱离学生的生活就采取替换或不学的态度。

因此，目前我国少数民族双语教育的教材体系基本上和汉语系教材一样，只是增加了本民族语文和个别地方性文化类教材。在新疆，不同的双语教学模式，本民族语教材的数量不一样。模式二只有一种本民族语教材《民语文》；而模式一，数学和理科各科使用汉语教材，其他各科使用民族语教材，但这些民族语教材大多数是从汉语教材翻译过来的。真正民族语的教材只有《民语文》。

中国少数民族双语教育的教材选择和编写要在统一规划的

基础上实施，特别是教材编写，涉及语言、学科背景、民族文化等因素，应该缜密规划，逐步实施。当前，可以把少数民族双语教育教材编写的重点放在《民语文》和校本教材的编写上。比如，新疆就开发了专供双语班使用的《民语文》《新疆》等地方性教材。《民语文》中所选的全部是本民族作者写的文章，体现了民族语言和民族文化的特色。

五、双语教育实施系统

双语教育是一种教育现象，由于各种教育要素的具体表现和组织结构不同，呈现出学校、家庭和社会三种基本的双语教育形式。

1. 学校双语教育

学校双语教育是指双语教育者利用学校系统对受教育者进行的有目的、有计划和有组织的双语教育。学校双语教育是一种正规的、主流的双语教育形态，在整个双语教育体系中居于核心地位。

学校双语教育有三个特点：第一，双语教育目的明确，无论是双语教学还是其他双语教育活动都有明确的教育目标；第二，双语教育组织严密，有受过系统培养的双语教师，有较严密的双语教学计划和较完善的学校管理制度，接受双语教育的学生相对固定；第三，双语教育环境优越，学校是专门的双语教育场所，具有比较齐全的双语教育设施、双语图书资料、双语活动场地，以及良好的双语交际环境和文化氛围。比如新疆正在大力推行民汉合校，少数民族学生和汉族学生同在一所学校学习，营造了良好的双语语言环境和双语教育环境。

学校双语教育的主渠道是双语教学，双语教学的组织形式有班级授课制、双语课外活动、双语社会实践和个别双语教学等。

2．家庭双语教育

家庭双语教育是指父母或其他年长者在家庭生活中对其下一代进行的双语教育。家庭双语教育包括两种类型：一种是习惯于使用两种语言的家庭，即双语家庭有意无意地对其子女实施的双语教育影响；另一种是单语家庭有意识地对其子女进行的双语教育，这种类型往往是学校双语教育在家庭中的延伸。

家庭双语教育有四个特点：第一，双语教育内容宽泛，家长可以根据家庭生活实际和子女发展的需要进行全方位的双语教育；第二，双语教育方法灵活，家长可根据条件和需要通过对话、游戏、音像、旅游等多种方式对子女进行不拘一格的双语教育；第三，双语教育时间持久，从子女出生之后即可进行，一直可持续到子女成年之后；第四，双语教育作用显著，家长对子女较为了解，可以以教育者和抚养者的双重身份获得受教育者的信任，并配合其教育活动。

但是，目前我国的家庭双语教育，由于受家长自身条件的制约，总的看来开展面还不大，水平也不高。部分具备条件的家庭，由于家长缺乏双语教育的意识，缺乏科学的双语教育目标和手段，双语教育内容贫乏，方法简单，效果也不太理想。

3．社会双语教育

社会双语教育，是学校和家庭以外的社会文化教育机构和有关社会团体或个人，对社会成员，特别是对儿童、青少年所进行的双语教育。有人把社会双语教育看成是学校双语教育的补充，实际上，随着终身教育理念逐步被人们接受，社会双语教育日益受到重视，已经不仅仅是补充。

社会双语教育有以下特点：第一，双语教育内容多样化，社会双语教育可以根据社会需要或受教育者的需求，分别实施不同职业范畴的双语教育；第二，双语教育对象大众化，社会双语教育对象不受年龄、性别、民族、信仰、职业等的限制，是一种开放式的教育；第三，双语教育方法的信息化，充分利用现代化的传播媒体，如广播、电视、电影、计算机、卫星和报纸、刊物、图片等进行信息传递；第四，双语教育与职业挂钩，即在职场中，在工作中接受双语教育。新疆各机关、企事业单位大多数使用汉语作为办公语言，少数民族干部要在工作中用汉语交际和处理事务。而南疆地区，又因为少数民族多，干部必须懂少数民族语，所以，现在汉族干部学习掌握少数民族语是进入岗位的重要条件。

但是，我们应当看到，目前我国社会双语教育中还存在管理不太规范、内容不尽健全和方法不够科学等问题，亟待解决。

六、双语教育评价系统

双语教学评价是双语教学过程中的一个不可或缺的重要环节。它能起到诊断、矫正、反馈、导向、调节、鉴别与激励的功能，因而能够保证双语教学过程的正确性与有效性。不同的双语教学模式，由于教学理念、教学目标、操作程序与教学策略的不同，可能在评价方法上也有所不同，但是，不论何种双语教学模式都必须有相应的评价指标体系，这样才能使双语教学模式不断更新与完善，具有更强的生命活力。

中国少数民族双语教育的评价系统是一个相当复杂的系统，由于各地、各少数民族双语教育的特殊性和差异性，制定统一的双语教育评价系统相当困难。我们依据教育评价理论和双语教育的目标，构建了双语教育评价系统，包括学校的双语教育评价、双语教育课程和课堂教学评价、双语教师评价、双语班学生评价四项，每一项都含有一级指标和二级指标。

1. 学校双语教育评价

（1）双语教育理念（一级指标）。主要包括4项二级指标：①学校的办学方向全面贯彻国家教育方针，体现民族教育特点，遵循双语教育规律，全面提高双语教育教学质量；②学校领导、教师正确理解双语教育内涵，明确双语教育目标，树立正确的双语教育价值观、人才观和质量观；③学校坚持以双语教学为中心，以学生为主体，立足改革，勇于创新，促进学校双语教育的健康发展；④双语教育的覆盖面达到一定程度，创造条件，努力推进双语教学的发展。

（2）双语课程建设（一级指标）。主要包括4项二级指标，下文讲到"双语教育课程和课堂教学评价"时会详谈，这里不再赘述。

（3）双语教师队伍建设（一级指标）。主要包括5项二级指标：①重视双语教师队伍建设，有计划、有措施地保证双语教师的配备、补充、进修提高；②双语教师定岗定编，专业考核合格，与学生的比例合适；③加强对双语教师的培训工作，采用"请进来，走出去"、集中培训与校本培训等多种形式，提高双语教师的专业素质，做到培训计划、内容、场所、师资和经费"五落实"；④建立双语教师考评制度和激励机制，考评工作有助于激励双语教师的积极性、创造性，创新发展机制，保持双语教师队伍相对稳定；⑤积极组织和支持双语教师开展双语教育研究，制定课题管理制度和成果奖励办法。

（4）双语教育管理（一级指标）。主要包括4项二级指标：①组织机构健全，制度措施完善，执行得力；领导班子配备齐全，专业结构合理，具备较高的双语能力，熟悉双语教育业务，具有较高的管理水平；②学校的双语教育发展有规划，工作有计划，各项双语教育工作按规划和计划要求，分阶段逐项落实；

③围绕加强双语教育管理工作，建立和执行校长负责制、教师责任制及其他各项管理制度，加强学校的民主管理；④加强双语教育研究和信息管理工作，建立常规的双语教育教学档案管理制度。

（5）双语教育成就和效益（一级指标）。主要包括5项二级指标：①双语教育工作成效显著，学生在德智体美诸方面全面发展，双语能力和跨文化素养明显提高，同时促进了双语教师的专业发展和学校的其他各项工作；②双语教育工作推动了学校的校风建设，品学兼优的学生比例增大，形成积极、勤奋、主动、活泼的学习风气，学校基本上没有违法犯罪现象；③双语教学工作基本上达到了双语课程标准的要求，学生基本上掌握了双语基础知识和基本技能，掌握了科学的双语学习方法，合格率和优秀率均有所提高，学生的思维能力、创造能力、实践能力和个性特长均得以发展；④通过双语教育，学生的身心素质、审美能力都得到提高，学生的个性心理和兴趣爱好有所发展，学生对学校双语教育工作的满意率高；⑤学校双语教育质量高、教学成绩好、研究成果多，深受学生家长欢迎，社会各界对学校评价高，普遍感到满意。

2．双语教育课程和课堂教学评价

（1）双语课程建设（一级指标）。主要包括4项二级指标：①依据国家课程标准，制定校本双语课程标准，明确双语课程目标，落实双语课程计划；②构建分科课程、活动课程、隐性课程“三位一体”的双语课程体系，做到三类课程优势互补，协调发展；③依据双语课程标准，编或选双语教材和活动课程用书，体现课程内容的基础性、科学性、综合性和现代化；④针对学校实际，构建科学可行的双语课程评价体系，提高双语教学质量。

（2）课堂教学评价（一级指标）。主要包括 5 项二级指标：①教学设计科学有效，以引导学生积极、主动地参与学习为出发点，利用各种教学资源，开展各种有效的教学活动，达到教学目标；②教学过程是组织学生在“做”中进行学习，在活动中、在解决问题的过程中进行学习；③课堂教学是教师与学生、学生与学生之间保持有效互动的过程，师生之间的关系也应该是合作的；④严格按照课程规定的教学语言实施教学，不随便使用学生的母语，为学生主动建构语言环境提供学习材料、时间以及空间上的保障，旨在使学生形成对知识的真正理解，获得对该学科学习的积极体验与情感；⑤课堂教学效果好，达到预期目标，学生明显感到有所进步和提高。下面是一个课堂教学评价表：

表 1　双语课堂教学评价表

评课人：　　　　　　　　　　　　　　　　　　　年　　月　　日

<table>
<tr><td>授课人</td><td></td><td>学校</td><td></td><td>年级</td><td></td><td>总分</td><td></td></tr>
<tr><td>科目</td><td></td><td>课题</td><td colspan="5"></td></tr>
<tr><td>指标体系</td><td>权重</td><td colspan="4">评价基准</td><td colspan="2">印象得分</td></tr>
<tr><td>教学目标</td><td>0.1</td><td colspan="4">目标明确，要求具体适度；符合课程标准要求，符合双语教育目标要求，符合学生实际。</td><td colspan="2"></td></tr>
<tr><td>教学内容</td><td>0.2</td><td colspan="4">选材得当，内容正确无误；容量适度，有针对性地进行双文化教育。</td><td colspan="2"></td></tr>
<tr><td>教学过程方法</td><td>0.3</td><td colspan="4">面向全体，因材施教，启发学生积极参与、主动探究，注重能力培养；教材处理得当，突出重点，突破难点；教学层次清楚，环节紧凑，密度适中；教法科学娴熟，能恰当运用现代教育技术。</td><td colspan="2"></td></tr>
</table>

续表

指标体系	权重	评价基准	印象得分
教师素质	0.2	教育观念正确，注重学生全面发展；双语表达准确流畅，专业知识丰富扎实；富有教学机智，灵活驾驭课堂，教态亲切自然，教风严谨，不搞表演课。	
教学效果	0.2	按时完成教学任务，双基落实，教学目标达成度高；学生注意力集中，思维活跃，活动面广，正确率高，全体学生学有所得。	

【注】总体印象评价得分：优（10～9分）、良（8～6分）、中（5～3分）、差（2～1分）；特长加分（0.5～1分）。

3．双语教师评价

双语教师队伍建设是学校双语教育评价的主要内容，但针对双语教师的评价也可以单独进行，其评价标准和指标如下：

（1）思想品德评价（一级指标）。主要包括5项二级指标：①热爱祖国，忠诚于双语教育事业；②全面贯彻教育方针，提高双语教育教学质量；③遵守法律和教师道德规范，以身作则，为人师表；④热爱全体学生，关心学生的全面发展，既教书又育人，实施正确的双文化教育；⑤服从工作需要，顾全大局，团结互助，有事业心、责任感和奉献精神。

（2）知识能力评价（一级指标）。主要包括5项二级指标：①精通所教学科专业知识，熟悉学科体系结构，掌握重点、难点和关键，具备所教学科的专业汉语知识和能力；②懂得双语教育教学规律，掌握双语教学原理、模式及方法，并能运用于双语教学实践；③善于了解学生，熟悉学生，启发学生思维，因材施教，培养学生的创造精神和实践能力；④善于创设双语教育教学情境，正确运用现代教育技术，提高双语教学质量和效益；⑤具有较强的双语表达能力，设计教学和操作能力，以及组织双语教学活动的能力。

（3）工作状况评价（一级指标）。主要包括8项二级指标：①教学思想正确，目标明确，符合学生实际和双语教育要求；②双语教学有计划，备课认真，深入钻研教材，了解学生实际，选用教法恰当，灵活多变；③注意挖掘教材中的双文化教育因素，寓德育于双语教学之中；④课堂教学质量高，学生能当堂掌握所学的基本知识和技能，学生的学习方法得到培养，双语能力和创造性思维能力得到发展；⑤认真批改作业，热心辅导学生和组织指导学生的双语课外活动；⑥实施正确的双语教育评价，定期评价学生的双语学习质量，利用评价信息及时改进双语教学，促进学生双语学习质量的提高；⑦积极参加双语教育研究活动，创造性地开展双语教育教学工作；⑧积极参与学校的各项双语教育活动，勇于承担力所能及的社会双语教育实践活动。

（4）工作绩效评价（一级指标）。主要包括4项二级指标：①学生对教师的双语教育工作满意，学生在德智体美诸方面全面发展；②学生对双语教学感兴趣，绝大多数学生都能达到双语教学目标的要求，双语能力、跨文化意识和素质明显提高；③完成工作量，课堂教学及双语教研活动全勤；④在双语教育研究方面，有研究课题，有研究成果，并通过科研提高了双语教学质量。

4. 双语班学生评价

双语班学生评价的标准与指标体系如下：

（1）思想品德与公民素养（一级指标）。主要包括6个二级指标：①国家意识；②文化认同与尊重；③思想道德品质；④文明礼貌，遵纪守法；⑤勤奋进取，自尊自信；⑥尊敬师长，团结同学。

（2）知识能力素质（一级指标）。主要包括5个二级指标：①学习态度与习惯；②双语知识与技能；③思维与创造能力；④实践与动手能力；⑤各科学习成绩。

（3）身体心理素质（一级指标）。主要包括5个二级指标：①身心健康和运动能力；②健康的生活方式；③学习兴趣与意志；④交流与合作意识；⑤心理适应与调节能力。

（4）创新意识与实践能力（一级指标）。主要包括4个二级指标：①有创新意识，能主动发现和研究问题；②对事物具有独到的见解；③有动手实践能力，能用所学知识解决实际问题；④积极参与实践活动，不断提高实践能力和动手操作能力。

（5）审美与劳动素质（一级指标）。主要包括4个二级指标：①美育知识与技能；②审美情趣与能力；③劳动态度；④劳动知识与技能。

第三节　新疆少数民族双语教育的性质、目标和任务及实施条件

一、新疆少数民族双语教育的性质[①]

一般来说，双语教育的目标可以分为两类：掌握第二语言和既掌握第二语言又掌握语言所包含的文化。我们觉得这两种目标都不能准确地概括新疆目前正在实施的双语教育。和一般的双语教育以及国内的汉英双语教学不一样，新疆的双语教育

① 方晓华．新疆双语教育问题探索[J]. 新疆师范大学学报，2011（2）.

改革是一种教育制度和教育模式的改革，它是包括教育目标、课程设置、教育内容、教学方法和教学评价等在内的系统改革。

社会上对新疆少数民族双语教育的性质存在着一些错误的看法，不少人把双语教育和汉语教学等同起来，以为双语教育就是为了提高汉语教学的效果，提高少数民族的汉语水平；更有甚者，认为汉语教学就是双语教育。还有人认为，双语教育的目标是民汉兼通，就是说要掌握两种语言，所以双语教育是以语言学习为目的的。

纵观各国，实施双语教育的目标是多种多样的，有为语言的目标，也有为帮助少数民族尽快融入主流社会的目标，还有其他政治目标，纯以掌握语言为目标的是少数。

新疆少数民族双语教育从最开始试验时起就不是为语言目标，而是为了缩小民汉教育的差距，培养适应现代社会发展需要的少数民族人才。和传统的单语教育相比，双语教育是一种教育制度、教育模式的改革，学生掌握双语只是手段，而不是目的。掌握双语是实施双语教育的前提，因为双语教育要用两种语言来学习学科课程，用双语来培养学生的素质，实现其全面发展。就拿双语教育的目标——民汉兼通来说，“在双语教育目标体系中，民汉兼通的内涵十分丰富，它不仅包括民汉两种语言兼通，还包括民汉两种文化兼通。所谓‘兼通’，就是要充分利用两种语言和文化之间的互补关系，以最高效率促进少数民族学生的发展和成长”。① 因而双语教育绝不是一种语言教学的改革。

我们把新疆少数民族双语教育的性质和特点概括如下：

1．双语教育是一种教育制度、教育模式的改革

从根本上来说，新疆双语教育是一种教育制度、教育模式

① 方晓华．“民汉兼通”的内涵与目标定位 [J]. 新疆社会科学，2012（3）.

的改革，它要从传统的以少数民族语作为教学语言的单语教育模式转变为双语教育模式。

传统的单语教育往往以获得母语和民族文化作为主要目标，造成学生视野和知识面不宽，制约了学生的发展。特别是在现代信息社会，信息、知识的把握能力，跨文化交际能力是衡量人才的重要标准。在这些方面，传统的单语教育暴露出其不足，难以适应现代社会发展的需要。

从单语教学到双语教学，不是简单的教学语言的转换，它包含着教育目标、教育理念、课程、教材、教学方式、评价等一系列改变。少数民族双语教育要走双轨制，即通过民族语授课课程来培养学生对本民族的认知，继承和发扬本民族文化；通过汉语授课课程，确立国家认同和中华民族认同，继承和发扬中华民族文化、国家主流文化、现代科技文化，使学生具有跨文化意识和能力，具备两种语言和认知能力。这是比单轨制要丰富得多的教学模式。

用不同的语言作为授课语言，涉及课程文化、课程目标、课程内容、授课方式、课程评价和学生的学习习惯等一系列教育问题。授课语言的选择与课程内容、培养目标密切相关，在课程实施过程中，要自然而然地贯穿一定的文化，这样才能最终达到培养目标，帮助学生获得双语和双文化。因此，双语教育是针对传统单语教育实施的教育制度改革、教育模式改革。

2．双语教育是少数民族基础教育的主要形式

基础教育以培养学生基本素养、传授学生知识技能和奠定学生文化基础为己任。总结半个多世纪以来新疆民族教育的发展，在肯定成绩、肯定民族教育在推进新疆社会和经济发展方面的作用的同时，也应该认清传统民族教育在这方面的不足：

（1）由于实行民族语单语教育，在纯民族学校，本民族教师用本民族语和教材教本民族学生，形成自我封闭式教育，缺乏与同地区汉语系学校的交流，缺乏与全国其他地区和学校的交流。这种封闭式教育突出了民族认同感，却弱化了国家认同感；突出了民族文化认同，却弱化了中华民族文化和国家主流文化的认同。

众所周知，文化是和语言紧密联系在一起的，语言蕴含着、反映着文化，文化也需要语言来记载、传承。五千年来，中华民族传统文化是用汉语记载和传承下来的，留下的众多文化典籍全部是用汉语写成的，汉语具有丰富的文化积淀。因此，只有通过汉语才能真正学到中华民族文化的真谛，也只有通过汉语才能传承中华民族文化。这就像少数民族文化更多的是通过少数民族语言来学习、传承的一样。

（2）由于语言功能的限制，少数民族语言的出版物、网络、电影电视等传媒远不及汉语的发达，信息极为有限，这就制约了教育的发展，造成少数民族教师和学生知识面不宽，难以适应现代信息社会发展的需要。

（3）长期以来，由于科技文化基础薄弱，加上少数民族语言信息资源的不足，以民族语为主的教育影响到学生科技素质的培养，学生的数理化成绩始终得不到提高。

（4）由于单语教学时汉语仅作为一门课程，教学效果不好，因此学生的汉语交际能力不强。这在改革开放的今天，在竞争日益激烈的市场经济中，使得少数民族学生处于不利地位，严重影响到他们的发展和就业。

因此，双语教育作为基础教育的主要形式，在提高少数民族素质，培养少数民族同胞的国家认同、中华民族认同和现代科技素质，缩小民汉教育差距方面将起到重要作用。双语教育培养学生成为双语人和双文化人，既能认同中华民族，掌握中华民族文化，又能继承和发扬本民族文化，这样的教育才是适应当今社会发展需要的教育。

双语教育作为少数民族基础教育的主要形式，具有法律依据，我国的《宪法》《民族区域自治法》《教育法》中都有相关的规定和要求。因此，国家和自治区党委、政府决定大力推行双语教育，尽快普及学前和中小学双语教育，并把模式二（全部课程汉语授课、加授民语文模式）作为新疆少数民族中小学教育的最终形式，力争尽早实现转型。这就从法律和政策层面规定了双语教育是少数民族中小学的主要教育形式。

3. 新疆的双语教育是添加式双语教育

新疆目前实施的各类双语教育模式都是添加式双语教育，是在保留原有的民族语授课的基础上，增加和不断扩大汉语授课部分，实施双语教学。这一教育模式不仅不排斥母语，反而要求利用母语，并通过发挥民汉两种语言的正迁移和互补效应，促进两种语言文化能力的共同提高，达到民汉兼通。

目前实施着部分过渡型双语教育模式，比如锡伯族的双语教育模式——在小学低段使用本民族语教学，同时开设汉语课程，到高段以后，全部用汉语授课。这是由于锡伯族人口少，锡伯语的使用范围有限。在起始阶段充分利用学生母语，有利于调动学生的学习积极性，增强对现代学校的适应；逐步过渡到汉语授课，则有利于少数民族面向全国，获得更大的生存、发展的自由。但这并不是说，少数民族语就退出历史舞台了，它在少数民族社区、在本民族中仍然保留使用，只是不作为学校的教学用语罢了。因此，严格地讲，这种过渡型的双语教育模式仍然属于添加式双语教育。我们可以把内初班、内高班、内职班、疆内高中班、疆内初中班也归为添加式双语教育模式。

二、新疆少数民族双语教育的目标和任务

1. 双语教育的目标

（1）培养双语人

双语教育的首要目标是培养学生的双语能力，即汉语和少数民族语言能力。语言能力包括听说读写能力和思维能力。[①]这是学生成长和发展，以及学习其他专业知识的基础。作为双语人，理想的境界是两种语言的听说读写和思维能力都具备，实现语言能力的均衡发展。但要培养这样的双语人很难，现实中的双语人，多数是五种能力不均衡，比如听说能力强一些，读写能力弱一些，或者相反，读写能力强而听说能力弱。同样，在双语人的两种语言中，也可能会出现发展不平衡：有的人母语能力强，而汉语能力弱；还有些人汉语能力强，而母语能力弱一些。

以上这些复杂的现象就给确定双语人的能力标准增加了不确定因素，也为双语教学的培养标准增加了不确定因素。在现实社会中，双语人的多样性，双语使用的不平衡，双语教育的不同模式，都会造成学生双语能力发展的差异。但总体来说，可以把双语能力分为以下三种：

①民汉语平衡发展

民汉语平衡发展的学生两种语言能力都比较强，能够在不同的场合，熟练地选择、运用两种语言中的任何一种来进行交际，能在不同的语域中自由地转换语言，能用两种语言来学习各门课程。诚如 W·F. 麦凯、M. 西格恩所言，“一个人除了他的第一语言能力外，对另一语言能达到同样熟练的程度，并能在

① 科林·贝克. 双语与双语教育概论 [J]. 北京：中央民族大学出版社，2008：7.

任何场合中同样有效地使用其中任何一种语言，这才能称他为操双语者。显然这是一种完美或理想的双语现象，因为在现实中遇到的个体或多或少都不那么理想”。[1]在少数民族双语人中两种语言平衡的双语人也不是很多，那么对于正在学习的学生来说，更不能要求他们两种语言都均衡发展。

②以母语为优势语

优势双语人是指两种语言熟练的程度不一样，某一种语言更熟练的双语人。其中母语优势双语人是指母语更为熟练一些，水平更高一些，另外一种语言则达不到母语那么熟练。比如，少数民族双语人的母语水平和母语单语人没有明显差别，甚至还要超过一般单语人，但他们的汉语水平往往不如母语，虽然也能用汉语进行交际，但多少存在发音不准、表达有错误等问题。在新疆少数民族双语人中，以母语为优势语的双语人是多数。在南疆地区，在农牧区，双语教育模式一主要目的是培养学生成为母语为优势语的双语人，他们对民族语掌握较好，而汉语则只能满足一般的交际需要，达不到理想水平。

③以汉语为优势语

一些民考汉或是在汉族地区长大的少数民族同胞，他们的汉语水平明显要高于母语，表现出汉语优势。以汉语为优势语的双语人在新疆少数民族中是少数。在城市和北疆民族杂居地区，汉语是主要交际语言，汉语环境好，因此，在这些地区实行的双语教育模式二主要培养学生成为以汉语为优势语的双语人。从长远观念来看，未来的双语人应该是以汉语为优势语的双语人，这样的学生才能面向全国、面向世界、面向未来，具有更大的潜力。

---

① W·F. 麦凯，M. 西格恩．双语教育概论 [M]. 北京：光明日报出版社，1989：1.

（2）培养双文化人

双语教育的另一项主要目标是培养学生的文化素养，促使其掌握学科知识和技能。

①文化素养

文化素养可以分为一般文化素养和少数民族文化素养。一般文化素养是指中国公民和学生所应具备的基本素养，包括对社会主义祖国、社会主义道路的认同，对中华民族和中华文化的认同，遵纪守法，文明礼貌等公民素质。少数民族文化素养是指熟悉本民族的社区生活和文化，在本民族社区能够遵循传统和文化规范，并立志继承和发扬本民族的优秀文化传统。

②掌握学科知识和技能

中小学双语教育的过程是通过双语课程的学习得以延续的，双语课程学习不仅是双语教育的具体体现，也是其目标。通过两种语言学习专业课程，掌握各门课程的知识和技能，在这一过程中，学生的认知能力、双语能力、知识水平和学习能力都得以提高，最终实现成长与发展。

2. 双语教育的任务

新疆少数民族双语教育是通过两种语言学习专业课，培养学生综合素质，促进学生全面发展，成为符合时代需要的双语双文化人。在自治区人民政府颁布的《新疆维吾尔自治区少数民族学前和中小学双语教育发展规划（2010—2020 年）》中，对近十年新疆双语教育的目标和任务做了如下规定：

新疆双语教育工作的总体目标是：到 2012 年，基本普及少数民族学前两年双语教育，接受学前两年双语教育的少数民族幼儿占同年龄段少数民族幼儿的 85% 以上；到 2015 年，少数民族中小学基本普及双语教育，接受双语教育的少数民族中小学生占少数民族中小学生的 75% 左右，其中义务教育阶段达到

80%左右；到2020年，接受双语教育的少数民族中小学生占少数民族中小学生的90%以上，其中义务教育阶段达到95%左右。积极探索，不断推进，构建起各学段相互衔接、各学科相互渗透的具有新疆特色的双语教育体系，使少数民族高中毕业生基本熟练掌握使用国家通用语言文字和本民族语言文字，有条件的还要掌握一门外语。

从总体目标上来看，双语教育的任务中包含有两种语言和文化因素。为此，在双语教育课程体系中，明确规定了用汉语授课的课程和用少数民族语授课的课程，通过双语课程体系来培养学生的综合素质和双语能力，达到民汉兼通的教学目标。

当然，双语教育发展的这一目标，是全区的总体目标。由于新疆各地的经济文化发展、语言环境和教育基础存在较大的差距，因此各地完成这一任务的时间和程度有可能出现不同。北疆地区、城市等条件好的地方，可能很容易甚至提前完成这个任务；而南疆地区、乡村牧区等条件差一点儿的地方，要完成这个任务就很困难，可以延长时间逐渐完成。

总体来说，双语教育的实施要实事求是，量力而行，追求实效。要看到，在新疆实施双语教育是一项浩大的工程，需要一定的人力、资金和其他政策法规的支撑，需要相当长的时间，不可能一蹴而就。

三、实施少数民族双语教育的条件

作为一种教育模式的改革，应该具备一定的条件，在充分试验的基础上全面推行。新疆的双语教学始于1992年，从试验到正式推行，至今已经二十多年了，取得了丰富的经验。但是各地的情况不完全一样，要全面推行双语教育，还需要一定的条件，不能不顾条件盲目推行。我们认为，各地、各级各类学校实施双语教育至少应具备以下条件：

1．双语教育的政策保证

双语教育政策是双语教育能否持续健康发展的保证。我国的《宪法》《教育法》《民族区域自治法》等法律都有明确的规定。《民族区域自治法》提出："招收少数民族学生为主的学校（班级）和其他教育机构，有条件的应当采用少数民族文字的课本，并用少数民族语言讲课；根据情况从小学低年级或者高年级起开设汉语文课程，推广全国通用的普通话和规范汉字。"但这些法律只是提出了一个原则和方向，需要有具体政策来落实。新疆维吾尔自治区党委和人民政府的《关于大力推进"双语"教学工作的决定》和《关于加强少数民族学前"双语"教育的意见》以及《关于进一步加强少数民族学前和中小学"双语"教学工作的意见》等文件不仅对全面实施双语教学做了具体的规划，而且提出了一系列落实措施。各级党委、人民政府为了贯彻落实自治区党委的《决定》，也分别做了规划。自治区党委在2010年召开的党委扩大会议上，讨论落实中央新疆工作座谈会的精神，会议上通过的工作规划中也包含有实施双语教学的内容，即2012年基本普及少数民族学前两年双语教育，2015年中小学少数民族学生基本普及多种模式的双语教育，2020年实现中小学少数民族学生双语教育全面普及。自治区人民政府紧接着颁发了《新疆维吾尔自治区少数民族学前和中小学双语教育发展规划（2010—2020年）》，进一步明确了十年内新疆双语教育发展的指导思想、基本原则和目标任务，并以做好双语教育模式设置、巩固少数民族语言教学、加快双语教材和教学资源建设、发展双语现代远程教育、加强双语教师培养和培训、完善双语教师补充机制、健全双语教师评价和激励机制、重视双语教育科学研究、严格双语教育教学工作管理、建立双语教育工作成效评估和监控体系建设等十个方面工作为重点，制定了具体工作措施，明确了保障机制。这个规划是积极稳妥、科学有序推进双语教育的纲领性文件，开启了新疆双语教育发展的新篇章。自治区教育厅也针对双语教育的教学模式、课程设置、教材编写等一系列具体问题先后出台了一系列规定，这就从政策、制度、措施层面为实施双语教学提供了依据。也就是说，新疆的双语教育是在党委、政府和教育部门直接领导、规划下，有计划、有组织地实施的一种教育改革。

国家和自治区为了解决双语教育推进过程中的许多具体问题，还不时发布各种规定、规章，比如双语教师培训工程，学前和中小学双语教师招聘、考试的规定等等，具体指导双语教学的进行，及时解决双语教学中出现的各种问题。

由此，我们可以得出这样的结论，新疆的双语教育得到国家的法律、政策的保障，同时，国家在人力、物力和资金方面充分满足了双语教学发展的需求，这是双语教学健康、快速发展的根本保证。

2．合格的双语教师队伍

几乎所有的教育部门和双语教学研究者都一致认为，双语教育能否实施，能否取得成功，首先取决于是否有一支数量充足、质量合格的双语教师队伍，当前发展双语教育的瓶颈是双语教师数量不足，质量堪忧。

由于在传统的以母语为主的教学体系中，教师基本上用母语授课，不具备汉语授课能力，而各级各类师范院校也是按照单语（母语）授课的方式培养教师的，主要以少数民族语作为教学语言，因此，大批的教师无法承担汉语授课的任务，这就给双语教育的推进带来极大的困难。

双语师资队伍建设任重道远。目前解决双语师资短缺、质量不高的问题应该多管齐下，可以采取下列综合途径：第一，通过高等学校培养真正能够用双语授课的合格教师；第二，通过人才市场招聘，由于主要缺乏用汉语授课的教师，可以先以能够流利地用汉语表达和授课为主要招聘条件，进来后再在实践中培养教师学习使用少数民族语言；第三，聘请汉语系学校的教师担任双语教师；第四，利用高等师范院校在校学生实习顶岗支教、城市教师下乡支教等渠道，充实双语教师队伍；第五，加强师资培训，增加教师脱产培训和在职培训的人数和次数。总之，从源头上来说，今后凡是进入少数民族中小学的教师必须是能用汉语（双语）授课的教师；对现有在岗教师，确有发展余地、经过培训能够用汉语授课的，分期分批培训，或在职定任务、定目标，自我研修提高，逐步做到对现有不合格双语教师的替换和补充。

3. 选择符合培养目标和语言生态环境的双语教育模式

由于新疆各地的语言环境、教育基础和师资力量存在着较大的差距，南疆与北疆、城镇与农牧区的双语教学的条件和发展不平衡，因此双语教育不宜采用一种模式。但这并不是说没有汉语环境的农牧区就不能实施双语教学，而是要按照本地的特殊情况，努力营造校园语言环境，特别是课堂教学的语言环境，向课堂教学要质量，要效果，最后就能完成双语教学的任务，培养学生达到民汉兼通。

自治区教育厅颁布了新疆双语教育的两类模式，即：模式一，部分课程（主要是理科各科）汉语授课模式；模式二，全部课程汉语授课加授母语文模式。这两种模式经过试验已经取得了成效，各地要根据自己的条件来选择合适的双语教育模式。条件差的学校刚开始时还可以再简化，如只要求数学课用汉语授课，积累经验，提高语言能力，慢慢地扩大到其他课。各地各学校要努力创造条件，积极进取，争取向模式二过渡，促使双语教学稳妥而又积极地向前发展。

4．科学的双语课程体系

实施双语教育，双语课程体系的建构是核心。目前新疆的双语教育只对学科课程做了设计，而对活动课程的设置和安排不够，需要学校和教师挖掘潜力，努力开发。隐性课程通常体现在学校和班级的双语教学的情境之中，包括物质情境（如体现双语教育的校园建设和装备等）、文化情境（如学校和班级的双语布置、广播、板报、展览、标志牌以及各种双语仪式活动等）、人际情境（主要指师生和生生间的双语交际关系）。双语隐性课程还可以体现在学生家庭和社区双语教育环境的创设之中。这些目前都没有进入双语教学课程体系中，因此科学的双语课程体系的建构还任重道远。

双语课程体系建构还有一项重要任务就是开发双语课程资源，编写科学可行的双语教材和教辅材料，在这方面我们还有许多工作和研究要做。

第四节　新疆少数民族双语教育的发展历程及成就

一、新疆双语教育的发展历程

1．双语教育的起步阶段（20世纪60年代起）

新疆的双语教育是在前期大力推行汉语教学的基础上发展起来的，没有汉语教学的发展，就不可能实施双语教育。因此，双语教育始于汉语教学，不少人还把汉语教学当成双语教育的一部分。

自20世纪50年代起，自治区人民政府和教育部门就要求少数民族中小学在教授本民族语的同时，开设汉语课，学习汉语文。1956年7月召开的新疆第二届中等教育工作会议上，明确提出少数民族初高中要开设汉语课，每周4～6课时；高中阶段能了解一般科学术语和汉语名词；大学阶段能做到用汉语听课。1959年6月，自治区教育厅召开教育行政会议，要求少数民族小学从四年级起开设汉语课（后改为三年级）。同年，自治区党委和人大常委会决定，升入高校和中等专业学校的少数民族新生必须先上一年汉语预科班。这些决定使得汉语教学向下延伸到了小学三年级，向上延伸到了高等院校的预科教育，汉语教学形成从小学、中学到大学的立体格局。

但这一阶段仅实施汉语教学，而不是真正开展双语教学。事实证明，仅开设汉语课，由于教师问题、教学方法问题，其教学效果并不好，不可能整体提高少数民族的汉语水平，也不利于少数民族双语人才的培养。要想真正提高民族教育质量，培养双语人才，就应该实施双语教学。

1964年，自治区教育厅在认真总结乌鲁木齐市五中和新疆大学附中试办初中汉语强化班的经验的基础上，提出在新疆大学附中等四所中学开办汉语文教学实验班。自治区人民政府很快批准了教育厅的报告，决定从1964年9月开始，在新疆大学附中、伊犁六中、喀什二中和博州二中等四所中学十个教学班开办自治区汉语文教学实验班。到1965年，乌鲁木齐市六中和新疆大学附中又分别招收了两个初中汉语教学实验班。这是最早开办的双语教学实验班，和普通班相比，实验班的学制增加一年，主要用于强化汉语，一年后全部课程用汉语授课。但这一实验由于“文化大革命”的开始而夭折。

“十年动乱”结束后，特别是党的十一届三中全会以后，我国教育事业得到了恢复和发展，新疆的少数民族教育也恢复正常并出现快速发展的局面。少数民族教育的发展，首先还是从抓汉语教学开始。自治区教育厅做了一系列的部署，从小学三年级起开设汉语课，加强汉语教师培训和汉语教材编写工作，第一次提出大中专院校部分课程要用汉语授课，实施双语教学。

1982年，时任自治区人民政府副主席的巴岱提出《对加强民族学校汉语教学的建议》，指出少数民族中小学要培养民汉兼通的人才。1984年，自治区党委印发了巴岱的建议，并提出用十年左右的时间，使少数民族学生高中毕业时达到“民汉兼通”。但这一目标由于缺乏具体措施，没有实现。

2．双语教育的实验阶段（20世纪90年代—2003年）

我国改革开放事业的迅猛发展，对人才提出了更高的要求，使得提高少数民族教育质量、培养少数民族双语人才成为刻不容缓的事。双语教育实验再一次提到教育部门和学校领导的议事日程上。

各地少数民族中小学自发进行了教学改革实验，其中包括库尔勒市第八小学实行的维汉同步教学实验，哈密市小学一、二年级的汉语口语训练实验，博乐市蒙汉语混合教学实验，克拉玛依市第五小学浸没式双语教学实验等。特别是部分课程（数学、物理、化学、英语）使用汉语授课，实验规模大，成效显著，得到教育部门的重视。1991年4月，自治区教委选定伊宁市一中、哈密地区一中等十所民族中学（民汉合校）作为自治区“民汉兼通”的试点学校。这是自治区开办最早的“民汉兼通”的双语实验学校。

1992年，自治区人民政府提出开展双语授课实验工作，即在少数民族中学数、理、化等部分学科采用汉语授课（以后又增加了英语)。在自治区教委的统一安排下，这项实验在乌鲁木齐、吐鲁番和塔城三个市进行，共招收三个班100名学生。以后，克拉玛依市、昌吉回族自治州、博尔塔拉蒙古自治州蒙古族中学等相继开展了每年招收一个双语授课班的实验工作。其中克拉玛依市还将实验班学生直接送到南京教育学院附中、中央民族大学附中等内地中学，完成高中学业。

自治区党委、人民政府高度重视少数民族中小学双语教育实验工作。1996年，自治区人民政府办公厅下发《转发自治区教委 < 关于进一步做好民族中学部分学科汉语授课"民汉兼通"工作几点意见 > 的通知》，明确提出实验的目的是:"加快'民汉兼通'的步伐，尽快提高少数民族学生的汉语和理科水平，保证每年向内地院校选送足够数量的少数民族合格生源。"充分肯定这项实验是提高新疆民族教育质量，加速培养高水平、高层次少数民族各类人才的一项有效措施，并希望各地本着"统筹考虑、合理布局、加强管理、保证质量"的原则，结合各地实际，积极创造条件，使这项实验付诸实践。并就实现"民汉兼通"目标所涉及的教师、教材、引入汉语时间、考试等内容提出了具体要求。

1997年7月25日，自治区教委制定并下发了《新疆维吾尔自治区少数民族中学双语授课实验方案(试行)》，在双语教学班的实验目标、开办条件、招生办法、经费来源、课程设置、师资配备、实验管理及办学绩效评估等诸多方面做出明确的规定，对全区双语教学实验工作逐步走向规范化、科学化起到了重要作用，有力地推动了各地、州、市双语教学实验工作的开展。各地、州、市教育行政部门先后成立了双语教学领导小组。自治区从少数民族教育补助款中拿出40万元，给每个实验班补助5 000元，解决了实验班经费不足的问题。

1999 年初，全区开办双语授课实验的学校已达到 27 所，有近 60 个实验班，在校学生 2 629 名。1998 年 7 月和 1999 年 7 月，首批实验班高中毕业生先后参加了高考，几乎全部被内地和新疆的重点院校录取。事实证明，实验班的教学质量有了显著的提高，高中实验班毕业的学生基本上全部考入高等院校，有些学生由于汉语成绩突出而免上预科，直接进入用汉语授课的班级学习。这些成绩引起了社会各界的强烈反响，大大提高了双语实验班的威望，上双语班成为热门选择。

1998 年至 2003 年的五年间，自治区教育厅先后召开了三次全区性双语教学工作会议，总结双语实验工作中的经验，探索和提出新思路、新举措，及时指导全区的双语教学实验工作的开展。

实验班的双语教学模式开创了一种新的教育教学路径。用汉语学习数、理、化不仅深化了汉语学习，在使用汉语的过程中大大提高了学生的汉语水平和听说读写交际能力，而且也提高了数、理、化教学的质量，培养了学生的科技素质。语言学习和学科专业学习互相促进，互相迁移，为少数民族教育改革、培养合格的双语人开辟了一条新路。

到 2002 年底，全区所有地、州、市都开办了双语班（不再叫双语授课实验班），共有 105 所学校开办了 294 个双语班，在读学生达到了 13 733 人。喀什、和田等地还充分考虑到当地人民群众对发展双语教育的需求，结合当地实际将双语教学的学段扩展到了小学，有的乡村小学也克服困难，积极创造条件开办了双语班，受到当地群众的欢迎。克拉玛依市等地公办幼儿园积极吸收少数民族幼儿入园，从幼儿园起开始抓汉语口语教学，克州等一些偏远农牧区的农牧民群众也有自发开办双语幼儿园的。这些事例充分说明地方政府、基层学校和人民群众在发展双语教育事业中所迸发出的热情和创造力。

3．双语教育的发展阶段（2004 年至今）

2004 年初，自治区党委、自治区人民政府颁布了《关于大力推进“双语”教学工作的决定》(以下称为《决定》)，为办好人民满意的教育，适应自治区社会经济快速发展的需要，提出了新疆双语教学工作的指导思想和总体目标。按照“因地制宜、分类指导、分区规划、分步实施”的原则，逐步推进双语教学工作，不断扩大双语教学的范围和规模，提高少数民族教育教学质量。《决定》提出，双语教学的模式由现阶段的部分课程汉语授课，最终过渡到全部课程用汉语授课加授母语文的教学模式，使少数民族学生高中毕业达到“民汉兼通”的目标，为今后的学习、工作和生活奠定坚实的基础。

2005 年 7 月，自治区党委、人民政府共同印发了《自治区关于加强少数民族学前“双语”教学的意见》(以下称为《意见》)，明确了双语教学要从幼儿抓起，从学前抓起，实现学前和小学双语教学的衔接，并对学前双语班的师资、教材等问题做了具体安排，提供政策、资金、物资保障。

2005 年底，自治区召开中小学双语教学工作会议，确立了双语教学“从小抓起、从教师抓起”的指导思想，双语教学工作进入快速推进阶段。

为了贯彻、落实《决定》《意见》，自治区各级党委、政府和教育部门先后制定了双语教学规划、实施措施，并贯彻落实到实践中，推进全疆双语教学的全面发展。各地根据本地的教学资源和特点，灵活地创办了各种类型的双语班，扩大了双语班的范围，丰富了双语班办学形式，双语教学向下延伸到学前和幼儿园阶段。随着学前双语教学教材的编写、双语教师的培训和补充，“从小抓起，从幼儿抓起，从小学起始年级开办”成为新疆双语教学的特点。在总结十多年来新疆双语教育的成功经验后，新疆的双语教育开始走上健康发展之路。

随着教育改革的不断深入，自治区大力推进双语教学的良好局面已经形成，主要表现在四个方面：

一是党委、政府重视，群众支持，双语教学推进工作的良好环境已经形成。双语教学已成为各级党政机关抓教育工作的重要内容，成为各族人民群众高度关注的热门话题和焦点话题。由于各级党政机关的重视和支持，各级教育部门对双语教学工作大力宣传，引导到位，社会各界对双语教学的认同程度不断提高，为双语教学创造了有利条件。各地加快民汉合校的步伐，为双语教学创造良好的环境；家长竞相送子女进入汉语系学校学习，进双语班学习；学生纷纷报考疆内初中班和内地高中班；广大教师对双语教学工作表现出较强的求知欲和高度的责任心；学校在营造双语教学环境上狠下功夫，为双语教学提供保障；自治区教育厅在调查、研究、解决双语教学中的问题，制定相关的政策、制度、措施和双语教师培训等方面做了大量的工作。由此可见，自治区大力推进双语教学的良好局面已经形成。

二是积极探索，大胆实践，双语教学形式多样。各地办双语班的积极性空前高涨，因地制宜，开办了各种类型、多种形式的双语班。至2006年，双语教学班总数已增加到4 505个，就读学生达到145 138人。全区的双语班从中学办班下移到了小学并拓展到学前阶段，由城镇办班延伸到了乡（镇）和农牧区，实现了从学前直至高中、大学的双语教学体系；从授课语言和汉语授课科目的设置上看，许多地区的双语班保留部分课程汉语授课，也有些地区和学校实施除母语课外，其他学科全部使用汉语授课的新模式，出现教学模式的多样化。

三是周密安排，规范管理，少数民族双语教师培训工作稳步推进。为了推进新疆双语教学工作，从2003年至今，国家和自治区投入大量资金，加大新疆双语师资培训工作力度，启动实施了国家《支援新疆汉语教师工作方案》和“新疆中小学少数民族双语教师培训工程”等重点双语师资培训项目，2003年至2006年已累计投入汉语、双语师资培训经费1.3亿元（其中自治区投入5 700万元），已培养、培训少数民族汉语和双语教师1万多名，安排其中6 385人参加国家、自治区的一年制双语培训。培训工作取得了一定的成效，参加过培训的教师成为各地推进双语教学的重要力量。从2007年起，教师培训改为两年制，增加了教学实践课培训的内容。

四是明确目标，突出重点，少数民族学前双语教育步伐加快。2004年9月至今，全区15个地、州、市双语教学班数量增长很快，增幅主要体现在学前和小学阶段。在推进学前双语教育过程中，各地将民汉合园工作纳入中小学布局调整中统筹安排，不断创新幼儿园办园模式，努力改善双语幼儿园办园条件，探索学前双语教育的有效途径和办法，切实加强幼儿园双语师资队伍建设。这些做法为自治区学前双语教育整体推进工作积累了宝贵经验。为了确保学前双语教育工作的推进，自治区制定了《2006—2010年自治区扶持七地州开展农村学前双语教育工作和经费使用方案》，全力推进阿克苏、克州、喀什、和田、伊犁、塔城、阿勒泰等七地州学前双语教育工作。

应该说，自治区的双语教育工作在短短的十年之中取得了令人瞩目的发展成就，积累了丰富的经验，为今后进一步推进双语教学打下了良好的基础。

二、新疆双语教育发展的现状和成效

经过八年多的努力，新疆双语教育已经取得了巨大成就，这些成就可以概括为以下五点：

1. 形成了良好的双语教育发展氛围

双语教育得到从中央到地方各级党委、政府的高度重视，国家和自治区投入大量的人力、物力，制定了一系列的政策、规章制度，加强双语教育的建设工作，双语教育工作已经列入各级党委、政府和教育行政部门的规划和工作计划中。这是双语教育取得成功的基础。

新疆的双语教育政策，根植于我国的民族政策、教育政策和民族语言文字政策。这一政策，经过几十年的准备和酝酿，在少数民族群众自发创办双语授课实验班的基础上，政府合理地加以引导，最后形成一种教育模式。双语教育是发展少数民族教育的最佳途径，为了把这种优质教育模式加以推广，政府和教育部门又进行了全面规划，分类指导，分步实施，使之变成各地、各学校的教育改革实践。

双语教育政策和双语教学的实施，深得广大学生、家长、教师和社会各方面人士的拥护和欢迎。2006 年我们承担了教育厅“新疆农牧区少数民族双语教学调研”课题，前后在南北疆十几个地区、几十个县（市）和上百个乡镇、几百所学校取得的调研数据显示，对“你是否赞成实施双语教学”，教师中选择赞成的达 91.20%；对“用汉语学习数理化有利于解决民族教育中理科教学薄弱的问题”，教师中选择同意的达 84.45%；对“通过汉语可以学到更多的知识”，教师中选择同意的达 88.44%。在我们的调查中，对“你认为学好汉语对自己未来的发展很有利”，教师选择同意的占 91.39%，学生选择同意的占 92.00%。家长也同样拥护双语教学，在我们的调查中，对“你觉得学习汉语对学生学习和掌握其他学科的知识有帮助吗”，选择“有帮助”的达 82%。这一结论还可以从南北疆几乎所有的汉语系学校都接受了大批少数民族学生这一事实中得到证实。至 2012 年 9 月，全疆在汉语系学校学习的少数民族学生达到 30.1 万人。我们在阿克苏、喀什、和田以及北疆地区的农牧区调研时发现，当地的汉语系学校中少数民族学生少则占 60%，多则占到 80% 以上。据说，由于南疆地区和北疆农牧区汉语系学校的规模和教师有限，容纳不了那么多的少数民族学生，因此进汉语系学校必须走后门，需由领导批条子才能够进，可见少数民族群众接受汉语教育的迫切性。

自从实施双语教育以来，社会各界反响强烈，各族群众，包括许多边远农牧区的学生家长，送孩子进双语学校、入双语班的热情很高。在尚未具备条件开设双语班和双语幼儿园的地方，群众也要求尽快创造条件办双语班、建双语幼儿园。因此，从某种意义上讲，与其说是各级党委政府在引导推进双语教育，不如说是老百姓自己在选择、推动双语教育，这种无形的助推力量，已经成为各级党委、政府、教育部门和学校推进双语教育工作的强大支撑和坚强后盾。人心所向，广大少数民族群众的期盼，就是双语教育发展的巨大动力。

2. 办学条件逐步改善

实施少数民族双语幼儿园建设工程，共投入 50 亿元（国家投入 40.2 亿元、自治区投入 10 亿元），建成农村双语幼儿园 2 237 所。每个幼儿园都有宽敞明亮的教室、寝室、活动场所，配备了全套现代化的教学、生活辅助设施及活动设施，购买了大量图书资料及教学音像制品，使得农村少数民族幼儿能够享受现代化的教学服务。

实施农村双语寄宿制学校建设工程、民汉合校普通高中建设项目、农村教师周转宿舍建设工程等重大项目，国家和自治区共投入资金约 15 亿元，改建、扩建了中小学校舍、活动场所和教师住房，使得农村双语学校成为当地最好、最漂亮的建筑，极大地改善了办学条件。

自治区实施新疆中小学双语现代远程教育建设计划，中央设立专项资金5.78亿元，支持新疆双语学校建设854个计算机教室、4.07万个班的“班班通”教室，丰富了教学手段，使得新疆农村双语学校实现了现代远程教育。

3. 各级政府积极规划，狠抓落实，使全疆的双语教学基本做到“因地制宜，分类指导，分区规划，分步实施”

自治区党委的《决定》和《意见》颁布以后，全疆各地各级政府和教育部门都对本地区少数民族学校的双语教学进行了研究，制定了发展规划，提出了落实措施，明确了本地区实施双语教学的模式类型和具体时间，稳步推进双语教学工作。许多地区由党政领导牵头，成立了双语教学工作领导小组，统筹安排双语教学工作，并积极落实专项经费，改善双语教学条件，加大双语师资培训力度。一些地区的领导经常深入学校视察、听课、了解情况，亲自指导双语教学工作。还有的地区从自身挖掘潜力，以前所未有的力度引导双语教学向前发展。各级党政领导层的重视，为推进双语教学提供了有力的组织保障。

双语教育体系日臻完善。双语教育从中学向小学，再向学前发展，已经建立起从学前到高中的完整的双语教育体系，每一个学段都设有模式一和模式二教学系统，制定了双语教育的课程设置、教学目标、教材体系和评价体系。各地在选择双语教育模式时，根据本地本校的条件，对模式中所规定的汉语授课课程做了调整，或减少或增加，使双语教育的模式更加适合本地本校实际。

经过多年的实践和研究，双语教育工作不断规范，管理越来越完善。新疆的双语教育已经建立起完整的管理系统，明确了从双语教育的指导思想、基本原则、目标任务到教学资源建设、课堂教学管理、双语教师培养和培训、双语教学质量监控等方面的管理措施，使得双语教育走上了科学管理的轨道。

4.各地克服种种困难，发挥师生的积极性、创造性，因地制宜，积极探索，创造了多种双语教学形式，丰富了新疆双语教学实践

全疆的民族教育发展不平衡，语言环境、教育基础、教师队伍和管理水平差别很大，致使全疆的双语教育发展不平衡。但是自治区教育厅和各地教育部门每年都安排双语教育工作的专题调研、经验交流和汇报座谈，有针对性地研究制定推进双语教育的政策措施，有计划、分步骤地开展双语教师培养、培训工作，加强对双语教学推进工作的管理和研究，探索适合本地区的双语教学模式和管理模式。

各地还根据本地区实际，不断探索双语教学模式改革。为提高双语教学效果，自治区许多少数民族中小学已经在尝试运用网络技术和现代教育手段，制作课件、幻灯片、教具等，并实现优质双语教学资源共享。自治区教育厅在实验的基础上，积极推进光盘授课教学，利用乌鲁木齐优质的教学资源、先进的教学理念、科学的教学方法，采取学前、小学汉语课的课堂实录方式，制作教学实录光盘，发放给各农牧区学校，指导、推进当地的教学改革。此外，各地通过对口支援关系，积极谋求与内地学校的合作，从内地引进教师资源，学习管理经验，取得了良好的效果。

总体来说，新疆的双语教育类型和模式有以下几种：

（1）部分课程（主要是理科各课程）用汉语授课，其他各科仍用民语授课（模式一）

这种模式是传统的双语授课实验班模式的延伸，各地在实

施的过程中，充分利用本地本校的教师资源，开设汉语授课的科目。小学的双语班，基本上保证数学、科学用汉语授课，在此基础上，扩大汉语授课门类。初高中的双语班，在保证理科各科用汉语授课的基础上，逐渐地向文科用汉语授课延伸。

（2）全部课程用汉语授课，加授民语文课（模式二）

全部课程用汉语授课，充分利用丰富的汉语教学资源和汉语系学校的教学、管理经验，有利于提高少数民族教育的效果。但这一模式对教师的要求很高，因而只在中心城市和部分地区级城市实施，在县城和县以下的农牧区比较少见。

（3）过渡式双语教育模式

过渡式双语教育模式是以少数民族语为基础，在小学低段使用本民族语教学，同时也实施汉语教学，到中高年级全部使用汉语授课。锡伯族双语教学、内地新疆班、疆内初中班属于这种模式。

从学校来看，各地的双语班有的办在汉语系学校，有的办在民语系学校，还有的办在民汉合校，全部依据本地的实际，充分利用教师和教学资源，使双语教学能符合当地的实际，稳妥地推行。可以说，新疆的双语教学是我国形式最丰富、规模最大、最为复杂的双语教学。

5. 完善了从学前至大学的双语教育体系

经过多年的实验和实践，新疆的少数民族教育已经建立起从学前至大学的完整的双语教育体系。这一双语教育体系首先是从大学开始的，从 20 世纪 50 年代开始，新疆的部分大学，特别是理工科、医科大学首先实行了用汉语授课，近几年来，综合性大学、师范院校、农业院校、财经院校包括职业技术院校都开始将部分课程或全部课程用汉语授课，首先在大学层次实现了双语教学。

从1992年开始的中学双语授课实验班，经过十多年的实践，已经形成了部分课程（主要是理科各课程）用汉语授课和全部课程用汉语授课加授民语文这两种模式。这两种模式现在已经延伸到小学和学前阶段，最终建立起完整的双语教育系统。

虽然这一完整的双语教育系统是从大学开始发展到中学，再到小学，最后延伸到学前阶段，是一种倒序式的发展，但它恰恰说明了新疆双语教育发展的特征，说明了双语教育完全是适应民族教育发展的需要而产生的。

当然，这一教育体系中，各个学段的衔接方面，还有许多问题需要研究解决，但是随着双语教育的发展，这一问题一定会得到圆满解决。

6. 学生的学习积极性空前高涨，学习成绩进步明显，基本达到民汉兼通的目标

双语班学生的学习积极性高，进步明显。根据调研和各学校的反映，双语教学大大提高了学生的学习积极性，使学生养成了好的学习习惯，学习状况明显改观，学习成绩有了明显的提高。

2011年自治区启动首次双语教学质量监测工作，开展了小学四、六年级双语班和普通班的汉语学科质量监测，在南北疆七个地州市50个县市有4万多名学生参加测试。此次监测结果显示，在满分300分的汉语水平测试中，四年级双语班总平均分比普通班高出48.22分，模式二比模式一高出38.11分；六年级双语班总平均分比普通班高出45.17分，模式二比模式一高出47.66分。监测结果说明，就汉语学习而言，接受双语教育的学生汉语学习效果和学习能力明显好于普通班学生，双语教育模式二的效果好于模式一。

2012年自治区又在87个县（市）、682所学校中，抽取来

自760个班级的五、六年级学生24 576名，进行了数学和汉语两门学科的测试。其结果显示，模式一学生的汉语和数学成绩较大幅度优于普通班（汉语成绩差异在30分以上，数学在10分以上）；模式二学生的汉语和数学成绩也高于模式一，其中汉语科目成绩差距较为明显（10分左右），而数学成绩的差距相对很小（仅1.8分）。

双语班学生和普通班学生的差别还可以从中考、高考的成绩比较看出。请看中考成绩对比：

表2　2010年全疆14个地州市汉、维、哈语系及双语班数学成绩统计表

	汉语系	双语班	维语系	哈语系
平均成绩	89.84	42.54	37.57	30.32
标准差	36.91	26.80	24.53	16.90

再看高考汉语和数学两个科目的成绩对比：

表3　2012年全疆高考理科汉语科目成绩统计表

	双语班	蒙语系	哈语系	柯语系	维语系
平均成绩	90.77	82.17	71.86	67.44	61.19

表4　2012年全疆高考理科数学科目成绩统计表

	双语班	哈语系	维语系	柯语系	蒙语系
平均成绩	35.47	33.47	31.13	28.66	22.36

从汉语、数学两个科目的中考、高考成绩来看，和汉语系的学生相比，双语班的成绩还有一定的差距，但都高于民语系的平均成绩。其中高考汉语成绩双语班比维语系高出近30分；数学成绩提高不多，双语班只比民语系高出几分到十几分，说明理科教学质量仍有待提高。

此外，从内初班和内高班招生考试的成绩来看，双语班学生的成绩和录取标准都要大大高于普通班，双语班学生升入内初班、内高班和普通高校的人数逐年增加。自从实施双语教育以来，自治区各高校少数民族大学生上预科的人数大幅减少，很多少数民族大学生直接进入院系学习专业课，这一事实也说明了双语教育的质量在提高。

这里我们还想重点介绍一个乡村民办双语学校——莎车县佰什坎镇双语小学。该校位于没有汉语言环境的南疆农村，却办成了有自己特色的全日制全员寄宿制的双语学校。2004 年至 2008 年，该校共有 247 名毕业生考入疆内初中班，每年的录取率都达到 70% 以上。2005 年，该校五年级学生努比艳，利用 5 年时间学完小学 6 年的课程，在当年喀什地区众多疆内初中班考生中脱颖而出，以 236.5 分的总成绩名列喀什地区第一名。2006 年该校考取内初班的有 88 人，其中艾克白尔同学以双满分的成绩名列全疆第一，在社会上引起了强烈反响。这所学校由于培养高素质的双语人才而在全疆享有威望，各级领导多次视察该校的双语教学工作，无不给予充分的肯定。现在，该校已转为公办，不仅县城的学生，而且喀什地区其他县的学生也想方设法来这所乡村学校上学。

和普通班相比，双语班的学习氛围、学生的学习积极性明显高出很多。最初的双语授课实验班是经过选拔（主要是测试汉语）后组成的，由于选拔出来的学生多数是成绩好、乐于学习的学生，所以在双语班形成了良好的学习氛围，保证双语班学生的学习环境优于普通班。现在多数地方的双语班已经不再进行选拔，或者选拔也只是考考汉语基础。乌鲁木齐 2007 年高中双语班和普通班的录取分数线十分接近，一批次录取的乌鲁木齐市高级中学双语班的录取分数线为 438 分，普通班计划内录取分数线为433分，仅差5分；全市二批次维语系高中普通班计划内录取分数线为277分，双语班的最低录取分数线也是277分，与普通班一样；全市哈语系普通班计划内录取分数线为288分，而双语班最低录取分数线为285分，还低3分。这足以说明从生源来看双语班和普通班学生的水平十分接近。

但是，从双语实验班开始形成的一种学习传统，一种承担重任的压力，使得双语班的学生在学习积极性、努力程度和学习方式的灵活性等方面明显地高于普通班。老师们反映，和普通班相比，双语班的学习氛围要好，学生的学习积极性高，有明显的奋斗方向和激烈的竞争意识。因而双语班的学生不仅汉语进步飞快，而且理科各科成绩也都有了明显的进步，他们的成长和成熟要优于普通班学生。

双语班使用两种语言上课，获取信息的范围广，能扩大学生的视野，加上使用汉文教材，可利用的课外学习参考资料多，这些都促使学生进一步加强学习，以取得较好的成绩。

衡量双语教学质量的一个重要标准就是社会及家长的认可程度。据调查了解，随着双语教育教学管理机制的完善，双语班学生的学习面貌变化很大，成绩明显提高，给家长和社会增强了信心，促使家长踊跃把孩子送进双语学校。这些都说明了双语班的成绩突出，得到广大家长和社会人士的肯定。

7. 大力改革双语教师教育，培养、培训合格双语教师

为了构建一支“政治合格、数量充足、素质过硬、结构合理”的双语教师队伍，自治区本着“科学规划、适度超前、学用一致、确保实效”的方针，加强双语教师的培养和培训工作。各级政府把加强双语教师队伍建设作为双语教育的基础性工程来抓，坚持“增量补充、存量培训、定向培养、滚动推进”的原则，多渠道补充双语教师，着力提升双语教师素质。

（1）加快教师培养工作。2007 年率先启动实施农村中小学“双语”教师特培计划，以“免费、特培、定向就业”的方式，吸引有志于农村教育事业的优秀学子就读师范院校，补充农村学校双语教师。到 2011 年，招收双语特培生 4 619 人，毕业后充实到基层中小学从事双语教育工作。2012 年实施定向培养免费师范生计划，当年招生 3 155 人。师范院校积极推进教学改革，提高师范生双语教育能力；将少数民族语言基础课程纳入母语为汉语的学生的教学计划；少数民族师范生毕业时须通过相应级别中国少数民族汉语水平等级考试。通过几年的努力，已初步建立起双语教师培养的工作机制，为双语教师队伍建设提供了源源不断的后备人才队伍。

（2）加快教师培训工作。2003 年以来，实施《国家支援新疆汉语教师工作方案》和“新疆中小学少数民族‘双语’教师培训工程”，国家和自治区累计投入双语师资培训资金 3.48 亿元，安排 1.97 万名在职少数民族教师参加国家级、自治区级一年或两年制培训，经过培训的教师绝大多数已成为双语教育的骨干力量，促进了由单一语言教学向双语教学的转型。与此同时，加强新聘双语教师的岗前培训工作。2006 年以来，已对 5.05 万名新聘教师进行岗前培训，大大增强了双语教师的岗位适应能力。采取集中加远程同步直播的方式组织双语幼儿园园长培训，共组织 25 期，集中培训双语幼儿园园长 3 000 人次。

（3）加快教师招聘工作。自治区制定了公办中小学统一招聘和突破编制按需补充双语教师等政策，加大以农村双语教师为主的教师补充力度。2006—2012 年实施义务教育和双语教育特岗教师招聘计划，共补充中小学双语教师 3.7 万人。为保证农村幼儿双语教育的健康发展和教育教学质量，自治区制定并颁布了《新疆维吾尔自治区农村双语幼儿园机构编制管理暂行规定》，明确了双语幼儿园的教师配备标准，并将幼儿园教师纳入正式教师编制管理。2010—2012 年实施双语幼儿园教师招聘计划，补充双语教师 1.35 万人。同时，2003 年以来，通过援疆省市支教、城镇教师支教、大学生实习支教等形式，累计派出 5 万余人次赴农村学校支教，主要安排在双语教育岗位。

（4）少数民族教师成为双语教育的主力军。近五年来，自治区把幼儿园和中小学教师队伍建设的重点放在了少数民族双语教师的培养、培训和招聘工作上。至 2012 年底，幼儿园、中小学双语教育岗位教师达到 7.63 万人。其中，少数民族教师 6.66 万人，占双语教师总数的 87.29%，占幼儿园、中小学少数民族教师数（15.93 万人）的 41.81%，比 2008 年（2.48 万人）增长了 168.55%。

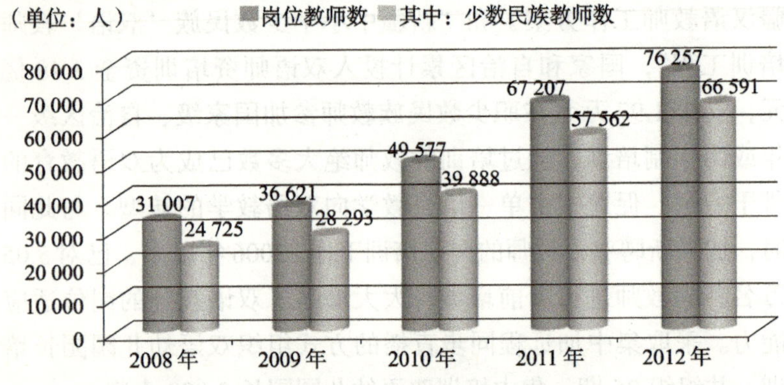

图 2　2008—2012 年双语教师增长数

8. 广泛开展了双语教学理论和实践的研究，各级政府和研究人员做了大量的实际调研，撰写了研究报告，提供给党委、政府决策时参考

大规模实施双语教学是一件前无先例的事。尽管国内外有许多双语教学的成功经验，但是，在这么大的范围内，面对差

别巨大而数量众多的学生，系统地实施双语教学确实是史无前例的。

要搞好双语教学，没有现成的经验可以借鉴，需要各地加强调研，积极实践，不断摸索，创造适合本地区的双语教学类型。

自治区教育厅多次组织了调研，摸清全疆双语教学的基本情况，撰写了调研报告，提供给党委和政府决策时参考。自治区哲学社会科学基金近十年来资助多项双语教育研究课题，包括重点项目、招标项目、一般项目和青年项目，组织全疆的高校、教育科研机构的人员进行研究，其成果供双语教育决策部门和教育机构参考。

从2006年开始，笔者先后主持了“新疆农牧区少数民族双语教学调研”课题，自治区哲学社会科学基金课题“新疆少数民族双语教学的类型和模式研究”、“少数民族双语教学评价体系研究”，国家“十一五”教育规划课题“少数民族双语教师教育改革研究”，国家哲学社会科学基金课题“少数民族双语教育评价指标体系研究”，新疆高校重点文科基地新疆少数民族双语教育研究中心的重大招标课题“新疆少数民族双语教育重大理论问题研究”等课题，先后下到十几个地州、几十个县市、几百个乡镇和学校进行了调研，撰写了多篇调研报告。在此基础上，我们研究出新疆中小学双语教学的基本模式、双语教学质量评价指标体系、少数民族中小学双语教师教学能力认证标准等成果，初步构建起新疆少数民族双语教育的理论系统和操作系统。

现在自治区在新疆师范大学成立了新疆少数民族双语教育研究中心，在喀什师范学院成立了南疆少数民族双语教育研究中心，两个双语教育研究中心汇集了国内外双语教育专家，根据新疆双语教育的实际，选报科研课题，深入开展双语教育研究，其成果必将进一步促进新疆双语教育的健康发展。

9. 双语教育规模不断扩大

截至 2012 年底，接受双语教育的学前和中小学学生（含民考汉）达 243.27 万人，占少数民族学前和中小学学生总人数的 66.61%。其中，学前三年接受双语教育幼儿和民考汉幼儿达到 45.5 万人，占少数民族适龄儿童总数的 65.51%；学前两年双语班和民考汉幼儿达到 42.62 万人，占学前两年（5～6 岁）少数民族适龄幼儿数的 92.03%，已经完成了基本普及学前两年双语教育的历史性任务。中小学接受双语教育学生和民考汉在校学生达到 201.75 万人，占少数民族学生总数的 60.41%。

详细内容见下表：

表 5　新疆双语教育推进总表（至 2012 年底）　　单位：个、人、%

学段	双语学校数	双语班数	学生数			
			双语班	民考汉	合计	占学生总数的比例
学前	3 474	12 217	386 904	68 125	415 196	92.02
小学	3 312	20 687	648 061	239 587	887 648	70.44
初中	1 388	4 117	151 430	93 354	244 784	42.40
高中	147	1 088	48 871	37 468	86 339	47.94
合计	**8 321**	**38 109**	**1 235 266**	**438 534**	**1 633 967**	**76.22**

从以上数据来看，新疆双语教育发展呈现出不平衡的特点。学前的双语教学普及率最高，其次是小学，中学的普及率较低。近几年自治区各级教育部门贯彻自治区党委“双语教育要从小抓起”的决策，双语教育发展的重点放在学前和小学段，因此这两个学段的双语教学覆盖率高，学前段已经达到《新疆维吾尔自治区少数民族学前和中小学双语教育发展规划（2010—

2020）》确定的目标。中学阶段的双语教学是下一阶段要解决的重点问题。

新疆双语教育的实施进一步促进了民族教育的发展，带来办学意识、教学理念上的转变。双语教育明确了民族教育的目标：培养民汉兼通人才，使学生成为双语、双文化人；密切民汉教育交流，使得许多先进的教学理念、教学方式方法进入到民族教育中，大大提高民族教育的质量，促进民族教育面向全国、面向世界、面向未来的发展。双语教育的成功为民族教育的发展开辟了一条新路。

第五节　新疆少数民族双语教育存在的问题

一、双语师资严重短缺，双语教师素质偏低

1. 双语师资严重短缺

在双语教育的发展中，双语教师是关键因素。目前全区双语师资短缺的问题已经十分突出。能不能办双语班、办多少双语班全部由合格的双语教师数来决定。根据上节数据计算，还有 29.56% 的小学生、57.60% 的初中生、52.06% 的高中生要转入双语教学；同时，随着学前双语幼儿大批进入小学，小学双语学生进入中学，所需的双语教师会更多，特别是中学双语教师的缺额很大。

新疆少数民族教师队伍是在过去五十多年中实施“全部课程民语文授课，单科加授汉语”的模式中逐步形成和发展起来的，其中约三分之一的教师已到中年。长期以来，他们用本民族语学习、生活、教学，早已形成固定的思维习惯和教学习惯。现在让他们改用汉语授课，普遍难过语言关。中年以上的教师

早已过了学汉语的年龄，且女性多，家庭负担重，让她们学习汉语、转用汉语授课是不现实的。一些青年教师的汉语能力也很差，因为原有的师范教育就是培养用本民族语授课的，毕业生的汉语能力普遍不高，在实际工作岗位上一直用本民族语授课，原有的一点儿汉语知识早已忘光了。他们年轻，固然可以再学习，但恐怕短时间内转向汉语授课也不太可能。所以，依靠原有教师转轨实现双语教育是不现实的。

寄希望于高校培养，也还需要一个周期，而且培养的数量有限，更何况现在的大学毕业生不一定就能进到中小学中来。新疆少数民族中小学的学生在缩减，有37万多人进入汉语系学校学习，因此少数民族学校的教师普遍超编，原有的教师不退休，需要的双语教师就进不来。此外，高等院校培养的少数民族学生不少都是“低进低出”，如果补充进中小学，还需要培训提高。

通过培训使原有的教师转岗也是一个解决办法，但这么多教师什么时候才能培训完？参加培训的教师过多，培训时间太长，就会影响学校教学的正常进行。能够胜任教学的教师，特别是骨干教师都离不开，不可能去参加培训。参加培训的教师不少就是不能胜任教学的，这样，培训的质量就难以保证。

所以，要使所有学校的起始年级和后续年级都实现双语教育，双语教师的缺口问题短时间内是无法解决的，这就必然影响各地双语教育规划的落实，也无法保证已经开办的双语班的教学质量。可以这么说，是否有足够数量的、合格的双语教师是决定新疆双语教育实施效果的关键。

2. 教师素质普遍偏低

长期以来，新疆少数民族双语教师队伍客观存在“一缺二低”的问题（合格师资缺、汉语交际能力低、教师业务水平低）。少数民族学校教师队伍整体素质堪忧，严重影响着学校教学工作和教育质量。与基层推进双语教育的愿望和要求相比，与不断扩大的双语教育规模相比，教师素质严重跟不上，尤其在农牧区学校更为突出，不少教师即使用本民族语授课也是不合格的教师。据我们调查，80%的教师是“五大”毕业生，正规大学特别是师范院校的毕业生不多。现有的部分双语教师没有系统学习过教育科学理论、心理学和学科专业知识，还有不少教师没有系统学习过学科教学理论和教学法，加上缺乏交流学习的机会与条件，教育理念和教学手段严重滞后；教师中普遍存在墨守成规、按经验教学的现象，教师不去钻研教材、教法、学法，不去研究学生，探索适合学生的教学方法。

从汉语授课能力来看，原有的中小学少数民族教师的汉语交际能力普遍较低，如莎车县小学、初中、高中教师汉语水平达标率仅为23.8%、37.4%、25%，这一情况在其他县（市）尤其是农牧区学校也很普遍。在全疆各地的调研中，我们普遍感觉教师的汉语交际能力差，即使是汉语教师，发音不准、口语交际能力差、大量用母语来上课的也不在少数。

具体来讲，教师素质低主要表现为：

（1）专业基础知识掌握不好

如前所述，由于我们的高等教育是“低进低出”，学生入学时理科成绩就很低，中学的数理化就没有学好，再来学艰深的大学理科知识，自然很困难。大学毕业后进入中小学，教师对所教的专业知识一知半解，只能照本宣科，死教教材，不能引导学生深入钻研。教学中，知识错误、理解错误非常多，有的教师甚至判断不了学生的作业和练习的对错。

前文曾谈到2002年8月教育厅对全疆少数民族中小学教师进行的专业基础知识普查测试，教师的成绩不太理想，暴露出他们的专业知识基础不牢。

我们在伊犁地区霍城县果子沟乡调研时，也对学校的汉语教师和双语教师进行过一次汉语测试，试题的难度相当于HSK六级，16名老师的考试成绩最高79分，最低16分，平均分为50分，及格的5人，60分以下的11人。在克拉玛依、阿克苏等地培训汉语老师时，我们也都做过新课改和汉语知识测试，教师的成绩都不高，不及格者占一半以上。

此外，双语教师培训单位对所培训的老师的评价也体现了这一点，他们认为来培训的老师缺乏基本学科专业知识和基本分析思辨能力，多数人的汉语水平也很低。教师的知识面狭窄，缺乏基本的信息搜集处理能力，这些知识缺陷制约了他们的发展，使其单靠培训也很难成为一名合格的双语教师。

（2）双语教学能力差

少数民族教师多年来只是凭经验教学，而这些经验又是从他们的老师那儿学来的，是不完整、不科学的教学经验。少数民族教师的教学能力存在的问题体现在：

教学观念落后，不少老师只教一本教材，而且以自己的讲解为主，不引导学生学习；课堂教学缺乏方法，很少变化，多数人就是照搬课本上的东西，不能生动、灵活地讲解，更谈不上教学设计、科学地组织教学了。

一些双语教师汉语水平不高，由于语言障碍，不敢大胆组织学生学习，上课只是用汉语照本宣科，读教材，对知识点的解释也含含糊糊。结果学生一头雾水，不知所云。还有一些教师在课堂上随意使用几句汉语日常用语，就以为自己是在进行双语教育。有些老师，一会儿用汉语，一会儿用母语，以为这就是双语教学，使得学生不停地在两种语言之间转来转去，大大影响了学习效果。总体来说，80%～90%的双语教师认为自己是在“摸着石头过河”，根本不清楚何谓“真正意义”上的双语教学。

（3）责任心不强

少数民族教师中，不少人缺乏敬业精神，进取心、责任心不强，投入学习和教学的精力不够，不重视钻研教学业务和专业知识更新，实际水平与学历不相符，很难胜任教学工作。

教师责任心不强表现为：认真钻研教材，分析学生学习特点，有针对性地设计、组织教学者极少；课堂教学仅凭经验，不少人只是在完成任务，不追求教学效果，不去调动学生的学习积极性，致使教学无效果。在参与教师培训时，多数参训教师反复给我们反映，他们学了新教法没用，回去后还得按老办法教学，因为校领导要按老办法检查。所以，教师写教案、组织上课、批改作业等都只是为了应付学校领导和教务部门的检查，根本不是为了提高教学质量，更不是为了学生的学习。其实教师的这些话本身就透露出他们缺乏责任心，教学只为了图省事，应付检查。布置作业少，只选择简单的抄抄写写的作业，便于批改，便于上面检查；老师上课从头讲到尾，不管需要不需要深入分析。我们在各地听课中，经常发现一堂课仅学习几个汉字，甚至在学生母语教学中也只学习一个字母，说明老师上课前根本不清楚教学目标，不去设计有效的教学活动，实现教学目标；上课时走程序，把教材上的东西给学生照本宣科地读（讲）一遍，就算完成教学任务，根本不针对学生实际和教学内容进行创新教学。

如前所述，现有的双语教师多数是从原来用民族语授课转过来的，语言变了，但教学观念、教学方式甚至责任心等都没有改变，这样，当然会严重影响双语教学质量，影响学生的学习。

二、对双语教育存在种种模糊或错误的认识

双语教育是一场教学体制的改革，是史无前例的新鲜事物，因此在推行的过程中各阶层的人对它存有疑虑、抱有不同的看法是很正常的。但是，这种模糊或错误的认识长期不改或者相信者众多，就会动摇实施者的决心，严重干扰实施双语教育。

1. 一些干部和教师对实施双语教育存在模糊认识，一些群众也抱有怀疑、观望的态度

我们在调查中听到不少这样的言论："少数民族语言文字使用范围狭窄，科技方面的词汇量太少，学生学了用不上，不如不学"；"少数民族学生在家里已经学会讲自己的母语了，在学校里学不学无所谓"；"现在社会上招生、招干和招工考试都是用汉语命题，连职业技术培训都是用汉语上课，少数民族语言文字学了到底有什么用，不如不学"；"一周的课时是有限的，学生在双语班学汉语的数理化教材已经很累了，再加上母语课程，负担真是太重了"。也有的人相反，认为："学生全部课程都用汉语来上，今后考大学也只能用汉语参加高考，以后就没有人愿意学自己的母语了"；"搞双语教育其实就是搞汉语教学，今后学生看不到民族语言文字方面的图书了，也没有时间去看，用不了几年，我们的民族语言文字就没有了"；"现在学生的汉语水平不高，一下子用汉语学习全部课程肯定学不好，结果是母语也学不好，汉语也学不好，什么都没有了"；"我们生活的地方都是少数民族，汉语学得再好，考不上大学还要回来种地，不如把自己的语言学好"；"上双语班就是为了考大学，可现在上了大学也不分配工作，回来还是要种地、放羊，还不如不上学"。凡此种种，不外乎对母语教学的否定和因强调汉语教学而担心母语消亡的心理。

这些言论的出现，一方面说明我们在推进双语教育上还存在着相关政策措施不配套的问题，对双语教育的宣传不够；另一方面也说明一部分干部、教师和群众中确实存在着对推进双语教育的担忧，存在着对双语教育认识模糊的问题，出现了新形势下的"读书无用论"的苗头。

2. 教师、家长和学生从实用主义角度，产生对双语班的错误认识

有的教师和家长对双语教育的重要性认识不够，把开办双语班仅仅看成是为内地高中班输送人才。近年来内地新疆高中班和疆内初中班的兴办，因其明显的优惠条件，使得一些学校和双语班的学生趋之若鹜，把考入内地高中班和疆内初中班作为唯一目标。但内地高中班和疆内初中班的名额十分有限，学生一旦没有考取，就会受到很大打击，认为这是双语教育效果不好的结果，给一些想上双语班的学生造成误导。

三、双语教育模式的选择问题

1. 双语教育模式远远不能满足广大少数民族群众学习汉语的需求

从双语教育实验班，到现在的部分课程汉语授课的双语班，这一模式受到越来越多的人的欢迎。但是，由于师资问题和学校条件，多数地方要求就读于双语班的学生很多，但双语班名额有限，远远不能满足广大少数民族群众需要。

目前实施的双语教育模式还存在许多问题，致使两种双语教育模式的优越性还没有完全体现出来，学生的数理化成绩提高有限，在人才竞争上仍然比不过包括民考汉在内的汉语系的学生。

2. 部分地区双语教育模式选择存在问题

在双语教育模式中，教育部门提倡城市和语言条件好、师

资力量强的学校采用双语教育模式二，其他地区特别是农牧区学校适合采用双语教育模式一。但各地在双语教育模式选择中，存在不顾本地条件和师资情况盲目选择的现象。例如，和田地区的部分农村小学选择了模式二（全部课程汉语授课加授母语文型），学生没有汉语基础，学校缺乏汉语水平高的教师，新聘任的汉族教师不懂少数民族语，导致一堂课两个老师上，汉族教师讲课，少数民族班主任给她翻译成民族语，学生和授课教师交流很困难，肯定影响教学效果。

即使双语教育模式选择正确，也存在从哪一年级开始的问题。库车县、库尔勒市、伊宁市等地区实施了从小学一年级开始学习汉语，同时用汉语学习所有课程，从小学三年级起加授母语的双语教育模式。这一模式，由于在学习之初不使用学生的母语，使得民族教育最初就失去了母语这一最好的拐杖，不仅增加了学生学习的负担，而且不利于学生对现代教育的适应。

四、双语教师的培养和培训问题

近几年来双语教师教育工作取得了一些成绩。在教育部的支持下，新疆每年都安排近千名少数民族教师到内地的高等院校参加不少于一年的双语培训；同时新疆也充分利用了区内高等院校的优势，挖掘潜力，做了大量的双语师资培训工作。但无论双语教师培养还是双语教师培训，从规模和质量方面来看，离实施双语教育的目标还差得很远。

1．双语教师培养问题

新疆各师范院校的民语系和汉语系各专业的课程设置和教学内容基本上不是针对培养双语师资的，没有培养社会急需的双语教师的发展规划、课程设置、教材编写或引进等方面的措施。学校教育重视的是学科知识的掌握，对培养综合性、复合性双语教学人才重视不够，特别是针对少数民族双语教育的语言和文化课程设置不完善，学生的语言能力、汉语授课能力等都没有纳入教学计划，致使培养出来的学生存在语言和文化方面的障碍，难以胜任中小学少数民族双语教育。少数民族学生不能用汉语授课，汉族学生不懂少数民族语言和学生的综合情况，这样的毕业生即使进了中小学，仍然需要通过专门的双语教育培训才能上岗，这对高校而言，不能不说是一种资源浪费。

2. 双语教师培训质量有待提高

新疆少数民族中小学双语教师培训工程已经实施了八年，这期间培训了上万名教师，从最初的语言培训，强调 HSK 达标率，到语言培训和专业培训并重，再到近几年实施的重专业培训和授课能力培养，加强教学实践的学习和指导，安排半年时间去乌鲁木齐汉语系学校见习实践，培训计划、课程设置、培训方法都有了较大的变化，逐渐趋于完善。但是，双语教师培训仍存在以下问题：

（1）由于学员基础太差等原因，有近 20% 的学员不能结业

结业的教师也只初步具备了汉语表达能力和汉语教学能力，汉语口语表达和书写有错误、对教材理解缺乏深度、不熟悉新课程理论和教学方法是普遍现象，因而学员 HSK 达标率提高较快，而真实的汉语授课能力提高有限。

（2）教学实践和实习有待进一步加强

在整个培训计划中，语言课程、学科专业课程比重偏高，而培养汉语授课能力、指导实践的课程较少。学员在培训期间用汉语授课的机会少，得不到实际锻炼。现在自治区级两年制双语教师培训专门安排有一学期的教学实习，但实习都安排在乌鲁木齐的汉族学校，各实习学校为保证教学质量不可能让实习学员大量地上课，他们多数只能在实习学校观摩教学，很难

有教学实践机会。不少实习学员汉语口语水平不高，也不敢给学生上课。学员的上课实践机会少，教学能力的提高自然有限。

（3）培训前学员的选拔不能完全按照教育厅的要求进行

教育厅规定参训的小学、初中、高中教师 HSK 必须分别达到三、四、五级，但生源实际汉语水平不合格率达到 40%。造成这种情况的原因有三：一是教师严重短缺，各学校教师特别是双语教师都是超负荷上课，很难抽出时间培训，为了完成培训指标，学校只好选派非指定专业的教师甚至非教师岗人员来参加培训；二是双语教师校本培训和基础培训刚刚起步，教师的整体汉语水平比较低，这就给培训工作带来了极大的困难；三是学员的汉语水平不合格，用汉语学习有困难，培训院校不得不加长语言学习时间，因而影响其他教学安排，不能达到培训目标。

（4）对受训归来学员的安排不当

没有落实受训归来学员的教学实习工作。教育厅规定参训教师回来以后，应去当地的汉语系学校实习教学半年，但有些地区落实不力，将培训归来的教师搁置不管，或是没有经过实习就直接进入双语班授课，或是监管力度不够，实习工作形同虚设。培训后的双语教师得不到实习锻炼，培训的效果难以巩固，必然影响双语教育质量。

有关部门曾对 419 名参加了培训的双语教师进行问卷调查，自称仍然使用母语授课的教师占到 42.10%，也就是说培训后有近一半的教师没有进入双语教学岗，仍然在普通班授课。一方面双语教育缺乏双语教师，不能扩大规模，另一方面接受过双语教师培训的教师又进不了双语教学岗，这不能不说是一种浪费，同时也暴露出双语教育管理的混乱。造成这一局面的原因是：有些地区对培训后的双语教师缺乏全局性的统一调配，使区域内的双语教师资源分布不均；有些地区双语教育进展缓慢，双语教师需求不足；部分地区不能正确评价培训后的双语教师，没有给双语教师提供锻炼和提高的机会。这样，不仅造成国家培训资金的严重浪费，同时，也导致培训后的双语教师汉语水平的急剧退化。

（5）没有充分调动和发挥教师个人的积极性

目前，新疆从教育行政管理部门到基层学校，还没有形成一整套双语教师的遴选、考核、评估、资格准入等方面的规范管理办法，教师队伍良莠不齐，优劣难分，教好教坏一个样。这一现象的长期存在必然会挫伤有志于从事双语教育事业的教师的积极性，也使一部分不合格的教师混在双语教师队伍中，严重影响到双语教育的质量。

五、双语教育的教育质量问题

长期以来，由于多方面的原因，民族基础教育质量不高的问题较为突出，实施双语教育以后，不可能在短期内使这一现状得到彻底改变。也就是说，双语教育的质量问题，仍然较为突出。此外，新疆各民族之间、城乡之间、地区之间也存在教育发展不平衡、教育质量差别较大的问题，这一点在双语教育方面也存在。

1．课程标准确定的三维目标没有很好地贯彻体现，以知识学习为目标的传统教学模式仍然占主导地位

各科的课程标准中都把“知识和技能、过程和方法、情感态度和价值观”作为主要教学目标，要求培养学生使其乐于学习、学会学习、创新学习。但是，在双语教育中，不少学校和老师仍然把学科知识作为首要教学目标，要求学生死记硬背，掌握知识，应付考试。

在教学中，学校只以教材为主要学习内容，要求学生熟练

地掌握教材，使得教学内容和学生的生活、学习实际脱节，使得学生一直依赖教师，依赖教材，不能独立自主学习。

同时，教学不把情感态度和价值观作为培养目标，忽视学生的兴趣、动机和积极的人生观、价值观的培养，也极大地影响到双语教育的质量。

2. 新课改的贯彻落实有限，传统教学方法仍然占主导地位

在听课的过程中我们发现，不管是汉语教学还是其他学科的教学，课堂教学的方式或多或少都存在穿新鞋走老路的现象。新课改提倡的学习方式没有很好地贯彻落实，知识传授仍占主导地位，老师仍旧是满堂灌，包办代替，至多是在形式上略加改变，老师提问学生回答、老师控制学生被动学习的局面没有太大的变化。因此，学生的学业成长受到限制，许多能力得不到锻炼。

3. 双语班学生的学习成绩只是汉语成绩提高快，理科成绩提高有限

由于当前的双语教育处在一个转型期，教师和学生都存在不适应的问题，因此学生的学业成绩虽然和普通班相比有所进步，但和汉语系学校的学生相比还存在一定的差距。表现为汉语成绩提高快，汉语交际能力提高快，而理科成绩提高幅度较小。这恐怕是由于汉语授课，使用汉语的时间多，有利于学生获得汉语知识和交际能力，而理科学习，由于基础差，存在由语言转换带来的不适应和理解的困难，提高起来较慢。

4. 少数民族双语教育特色不浓，未能因地制宜，按所在地区的需要设置课程，培养学生的能力

在教育形式上，新疆少数民族基础教育的内容和方法缺乏特色，基本照搬内地学校的教育教学模式，不能完全适应新疆的实际需要，影响着新疆民族教育质量的快速提高；在外部环

境上，民族基础教育的基础薄弱，教学设备和资源条件差，大部分家长对教育重视程度低，社会重视教育质量的意识不强，制约了民族教育质量的提高；在内部环境上，民族基础教育缺乏系统的理论总结和实践经验指导，困扰着提高民族教育质量的路径选择。

全疆的双语教育没有体现因地制宜的特点，城乡一个模式，不同地区双语教育的特色不明显。农村地区的双语教育本来应该面向农村，为培养未来的劳动后备军服务。但是，农村的双语教育却和城市一样，把升学特别是升入内高班、内初班作为主要目标，课程设置和语言选择均与城市一样，必然适应不了农村发展的需要，同时也影响到学生的学习兴趣，造成学习积极性不高，进而影响学习成绩的提高。城市的双语教育也千篇一律，主要把升学作为教学目标，没有体现地方特色和民族特色，在继承和发扬本民族传统文化方面无所作为。

六、双语教育的教材问题

1．教材内容与少数民族社会和学生的生活脱节，缺乏地方特色

各地双语班专业课的教材基本上选用人教版的，这些教材全部以汉族地区的生活为背景，没有联系少数民族文化，脱离少数民族地区的社会生活实际，造成学生理解的困难，甚至失去学习的兴趣。

此外，文科教科书反映的文化与价值观是国家的和主流文化的，与本民族的传统文化贴合度不够。由于缺乏过渡性的辅助读物，加上教师的讲解引导不够，因此学生理解有困难，达不到教学目标。

根据少数民族儿童心理特点、结合本民族文化历史编写的

校本教材甚少，这不利于学生传承本民族的文化传统。

2．新疆双语教育的模式多样，但教材品种单一，不能适应多种模式的需要

新疆各地、各民族的情况差别较大，汉语水平差异明显，少数民族双语教育的模式多样，因而对教材的要求也不同，然而可供少数民族学校选用的双语教材却只有一套，难以满足不同区域、不同学校的需求。

此外，与教材配套的教辅用书、练习册、课外读物等也相当缺乏，给实施双语教育带来很多困难和不便，大大加重了教师的教学负担。由于缺乏课外阅读教材，课程标准规定的课外阅读量也没法完成。

民语文课的教材也存在问题。不同的双语教育模式，对民语文的要求不同，但使用的教材却只有一种。此外，由于民语文课程还需要承担学习、传承少数民族文化的重任，因此教材应该增加这方面的内容，或者在地方课程、校本课程中另开一门民族文化课，用民语讲授，让少数民族学生能够完整地学习本民族的文化，但全疆没有一所学校开设相关的校本课程。

理科各科教材，缺乏对专业术语和疑难内容的少数民族语解释。学生和教师大部分时间用于查字典、翻译。在和学生交流中了解到，初三的学生做一道数学题最少花 15 分钟的时间，先查词典，理解题意后用维语思考，最后翻译成汉语回答。双语教师的情况也跟学生一样，先查词典，理解教材内容，写教案，再把自己写的教案内容背下来，上课时把背下来的内容给学生传达一遍。对一些专业术语，老师也是一知半解，无法用母语给学生解释清楚，更不用说用汉语解释了。

3．汉语教材和双语教材建设严重滞后，缺乏教材研究和评价

从总体上看，新疆民族中小学在汉语教学和双语教育的教

材建设上是滞后的，教材的种类和编写质量不能满足大力推进双语教育工作的要求。目前，仅在汉语教学上开发了一套双语教育班专用的汉语教材。各地区双语教育班数学、物理、化学、生物、英语等选用的是与当地汉族中小学同样的人教版的教材。教师觉得难教，学生觉得难学，影响到教学效果。

根据目前新疆双语教育的现状，有必要开发一套双语班教学专用的过渡性教材。这套教材要根据少数民族学生的特点和现实水平，适当降低教材难度，多用通俗的语言解释学科术语和法则等，并且多使用学生熟悉的事物编写例题，以适应目前教师和学生的水平。待双语教育发展到民汉之间差别很小以后，再使用人教版教材。

4. 三级课程管理制度执行不到位

新课程改革以后，实行三级课程管理，即国家课程、地方课程和校本课程，新疆在少数民族地方课程上的开发力度很小，校本课程几乎谈不上。如果在这一方面不进行研究和规划，推进双语教育的困难会更多。

七、双语教育的管理问题

双语教育是不同于传统教学的新教学体制，没有现成的管理模式，需要教育部门、校长、教师等管理者共同探索，加强调研，逐步建立一套新管理模式。但多数教育部门仍然用传统的管理办法来管理，对双语教育中出现的众多问题不去研究解决，影响到双语教育的实施和发展。

1. 缺乏统一规划和实施的具体措施、办法，使得双语教育不能快速、健康地发展

自治区党委、政府的《决定》颁布以后，各级党委、政府都制定了落实的规划和步骤，但是这些规划和步骤都是在缺乏

调研的基础上做的，没有很好地分析本地的条件、环境和学校情况、师资力量，因而很难落实，有落空的可能。

根据自治区安排，各地推进双语教育的层次逐步下移到小学和学前阶段，但一些地区对双语教育缺乏统筹考虑，安排欠妥，致使双语教育层次不连贯，各学段双语教育的规模比例失调。比如塔城市双语授课班共54个，其中小学49个，初中5个，高中没有双语班。小学双语班毕业后没有那么多初中双语班，初中双语班毕业后没有高中双语班，这势必迫使一部分少数民族学生在接受双语教育后又转回去接受普通班教育，严重削弱了双语教育的效果。

现在全疆基本普及了学前双语教育，那么一两年以后这么多幼儿要升入小学，各地是否有足够的双语班来接纳他们？我们在调查中发现，双语班发展缺乏规划的现象比较普遍。比如，奇台县第五小学六年前招了两个双语班，后来因为没有教师，就没有再招，要等到这批学生毕业后才有可能再招双语班。霍城县果子沟牧场的小学双语班学生毕业后，由于本县内无合适的初中双语班，因此毕业生要么去伊宁市上学，要么转回普通班学习。类似的现象在各地不同程度地存在。这说明管理部门缺乏长远规划，双语教育各阶段不衔接，都是走一步看一步，摸着石头过河。

2. 缺乏调查研究、检查指导，部分地区双语教学混乱

双语教育实施以后，教育厅搞过多次调研，但没有对全疆现有的双语班进行过普查，检查它们是否符合办双语班的条件，师资力量是否合格，办班的质量、学生的学业成绩如何。各地教研部门也很少对双语班进行专项调研，存在盲目追求数字，不顾办班质量的现象。在南疆、伊犁州、昌吉州的调研中，我们发现：有些双语班规定的汉语授课课程，并没有用汉语授课；

有的教师看到有人来听课了，就改用汉语授课，听课的人走了，就依然用民语授课；有的号称双语班，但学生使用的是民语课本，老师一般也用民语解释，偶尔给学生用汉语翻译一下；还有的双语班上课，学生使用的是汉语教材，老师却大量地使用民语翻译；有的汉族老师在双语班上课，由于不懂少数民族语，学校就派一个少数民族老师在后边把汉族老师说的话同声翻译成少数民族语，一堂课两个老师上，一个说汉语，一个说学生母语，学生也不知道该听谁的。

双语教学的混乱还表现在教材和考试语言的选择上。汉语教材的选择不是根据学生的汉语水平和用汉语学习其他课程的需要，而是根据省事、好教的原则。常常出现农村的学校选择较难的汉语文课本，而大城市的学校却选择较为简单的双语班汉语课本的现象。还有考试语言的选择问题，其实用什么语言授课，就应该使用什么语言的试卷。我们在昌吉州木垒县调查时发现，当地初中双语班中考时，汉语授课的课程却安排学生参加民语班考试，害得老师还要临时给学生用少数民族语重新补习课程内容。

不少学校在选用双语教育模式上，只考虑本校有没有师资，并未考虑学生双语学习的连贯性，这种随意性造成了双语班教学标准不一，给统一组织考试等后续工作带来了难度，不利于双语教育工作的健康发展，不利于学生的成才。个别地区推进双语教育重指标数量、忽视教学质量，违背了科学发展观，甚至一些地区存在着不顾实际、盲目推进双语教育的情况。

3. 教育管理服务质量低、服务意识差

教育教学设备、网络资源与图书资料等教育资源是提高双语教育质量所必备的。学校应当将有限的资源最大限度地投入到教育教学中，充分发挥其辅助教学的重要作用。但目前，有相当数量的民族中小学存在管理观念落后、教育教学服务意识较差的问题，不能很好地为双语教育服务。

一个突出的表现是，各地有限的教学资源（比如计算机、远程教学设备等）闲置，不让老师使用，更别说学生使用了，理由是怕弄坏了。这些设备只用于应付上级的检查。

4．双语教育的配套规范急需完善

各地情况不同，实施的双语教育模式也有所不同，加上双语教育推进速度比较快，造成双语教育班课程设置、课时计划、教学内容、教材教法、评价体系等原有的规范与当前实际需要脱节，而新的规范还来不及研究确定，学校缺乏明确的标准和目标，这也成为影响双语教育质量的重要因素。

八、双语教育的办学环境、办学条件问题

当前双语班的办学环境分为办在汉校、办在民校和办在民汉合校三种，民汉合校内的双语班又分为办在民语部和办在汉语部两种。从语言条件和师资力量来看，办在汉校和办在民汉合校汉语部的最好。但在南疆民族聚居区，汉族人口少，没有那么多汉校，大多数双语班办在民校或民汉合校的民语部。这就存在汉语言环境和办学条件较差的问题，制约了双语教育的发展。

加强民汉合校建设，是整合有限的教学资源，推进双语教育的重要措施。各地民汉合校工作取得了明显成效，但也产生了一些问题。如莎车县等县（市）实行民汉合校后，加剧了校舍紧张的矛盾，有的班级学生在80人以上，教室内拥挤不堪。吐鲁番市二中民汉合校后，学生数量激增至3 000多，校园十分狭小。

这些年，由于群众学习汉语的热情空前高涨，送子女到汉

语系学校和双语学校学习的人数剧增，汉语系学校和双语学校教学资源紧张，教师、教室严重不足。班额过大，学生拥挤，语音室等学习汉语的设备严重不足，影响了双语教育的质量。另一方面，由于生源减少，原有的民语系学校出现了教师超编、教室和教学设备闲置的现象。如何处理汉语系学校的拥挤、缺编和民语系学校教师超编、教学设施闲置的问题，也是摆在各级教育部门面前的难题。

九、双语教育发展的不平衡问题

汉语教学和双语教育存在着民族之间、地区之间、本地区城乡之间发展的不平衡，有些地区由于统筹规划不力，双语教育发展出现失衡现象，严重影响着汉语教学和双语教育质量的整体提高。

首先，新疆的双语教育存在不同民族之间发展不平衡的现象。新疆的维、哈、柯三个少数民族人口总数超过 1 000 万人，占全区人口的 51% 以上，其中大部分学生又在农牧区聚居就读，是新疆民族中小学双语教育的主要对象。但这些地区语言环境不好，经济落后，严重缺乏能用汉语授课的教师，是全疆推行双语教育的难点。蒙古族、锡伯族等少数民族，由于使用母语的人口少，母语的适用范围有限，所以采用汉语教学的历史长、起步早，目前已经实现了蒙汉、锡汉双语教育。但这两个少数民族人口总数合起来才 20 多万人，所占比例不高。

从各地区少数民族聚居情况看：南疆喀什、和田、阿克苏和克州四地州属少数民族聚居区，少数民族语言在当地是强势语言，汉语仅在城市里能发挥交际功能；而在北疆、东疆大部分地区，汉族人口与少数民族人口大杂居、小聚居的特征非常明显，有些地区如乌鲁木齐、昌吉、石河子、克拉玛依、库尔勒、奎屯等汉族人口占绝大多数，就是在伊犁、博州、巴州、哈密等地州，汉族人口也占优势，汉语一般就成为当地的强势语言，双语教学的环境当然要比南疆好。南北疆相比，存在语言环境、经济基础等方面的差异，就是在同一地区的城镇和乡村，也会因经济发展、自然环境、生活水平等的差距，存在双语教学情况截然不同的现象。如农牧区交通不便、信息不通畅、生活艰苦等客观因素的存在就造成双语教师不愿来，来了也留不住的情况。不少学校连正常的双语授课都难以实现，教学效果无从谈起。

双语教育的发展不均衡，还体现在学前、小学、初中和高中各学段的衔接上，小学的双语班少，不能完全接纳学前接受双语教育的幼儿；初高中的双语班少，更接收不了那么多小学的双语班学生。不解决各学段双语教学的衔接问题，就可能使双语教育前功尽弃。

十、双语教育研究的问题

1．理论研究薄弱

双语教育研究非常薄弱，研究力量严重不足，教学实践缺乏有新疆特色的双语教育理论的指导。双语教育相对于普通教学模式，所呈现出的复杂性和特殊性是显而易见的。但目前的新疆双语教育研究，无论是体系的构建，课程的设置，教材的开发、编译出版和研究，双语教师的评价标准、培养和培训的规划、资格的认定，还是对双语教育质量的监控保障，办学评估，相关的社会保障机制等，这些方面都还没有组织开展系统的深入的研究，没有形成科学的对策方案。从自治区到各地州、县级教育行政管理部门，还没有建立起较为稳定的双语教育研究机构。这一现象造成了双语教育推进上速度快，而指导理论、问题处理严重跟不上。

由于缺乏传统的积累和起码的学术规范，有限的双语教育研究课题和成果缺乏系统性、前瞻性，经验性的研究多，低层次的重复研究多。在对双语教育实践的研究方面，缺乏理论指导下的系统研究、实验研究、对比研究。对各地区、各学校实施的双语教学未进行较为系统的考察、比较研究，获取真实可信的第一手资料，也就不能在此基础上设计模式和类型，解决存在的问题。由于双语教育的课程设置、教材配备、课时安排、师资配备、教学管理、考试及评估考核等至今尚没有形成一个适合新疆区情的科学性和规范性较强的正式方案，而教育管理部门面对不断出现的新问题又束手无策，头痛医头，脚痛医脚，终究不能从根本上解决问题。长此以往，会影响新疆双语教育的健康发展，影响双语教育的质量。

2. 从事双语教育理论研究的队伍薄弱

目前真正从事少数民族中小学双语教育研究的机构极少，人员严重不足，研究水平不高，多是经验性的研究，且是自发的，无统一规划，无相互协作和集体攻关。

教师的科研意识普遍淡薄，科研能力不强。绝大多数中小学双语教师不具备科研能力，繁重的教学任务也使他们无暇开展教学研究。高校有一些科研人员在从事双语教育研究，但他们不熟悉中小学教学，又没有那么多的时间和机会下到各地中小学调研，与中小学教师之间的交流很少，不能起到对中小学双语教育和教研工作的指导、帮助作用。各级教育教研部门忙于教学管理，无暇关注双语教学研究。同时，全疆教研员队伍数量少且整体素质不高，有的教研室只能应付日常业务工作，没有能力也没有精力来专门研究双语教育。

双语教育工作的健康发展离不开有效的科研，因此，要组织高校教师、教研员和中小学一线教师三结合的科研队伍，系统开展双语教育研究，协作攻关，解决当前制约双语教育推进的关键问题。

十一、汉语教学问题

1．认识问题

汉语教学是实现双语教育的前提和保证，汉语素养是少数民族学生必须具备的基本素养。长期以来我们对汉语教学的认识，仅仅停留在它是一种第二语言学习，是中小学的一门课程。在教学中，侧重于对汉语知识和汉语技能的培养，而忽视了对学生汉语素养、学习能力的培养，忽视了汉语教学为双语教育服务的功能。

"汉语课程应培育学生对国家通用语言文字的爱好，引导学生了解、认识并逐步掌握汉语言文字，学习使用汉语言文字的基本方法，养成良好的学习习惯，使他们具有适应实际需要的口语交际能力、识字写字能力、阅读能力、作文能力，能够丰富语言的积累，培养语感，促进汉语思维的形成和发展；同时，少数民族学生通过汉语课程的学习，应受到思想品德教育，以利于学生逐步形成积极的人生观和正确的价值观。"①结合中国少数民族双语教育，汉语素养还应包括为双语教育所需要的人文素质和科学技术素质，要通过汉语学习来继承和发扬中华民族的传统文化、国家主流文化、现代科技文化。

因此，实施双语教育以后，要正确认识汉语教学的性质和任务。从语言学习角度来看，学生除了学习语言知识和语言技能外，还要掌握先进的学习方法，养成良好的学习习惯，树立

① 中华人民共和国教育部．全日制民族中小学汉语课程标准[K]. 北京：人民教育出版社，2006：2.

正确的情感态度和价值观；从为双语教育服务的角度来看，汉语教学具有第一语言学习的许多特征，要为学生学习其他课程提供语言基础和文化基础。

但是，长期以来，我们仅把汉语教学当成一门语言课程看待，只是单向地抓语言知识学习和语言技能训练这种错误的教学思路导致学生不知为什么学汉语，学了汉语不知如何使用，不知如何去提高自己的汉语水平。

2. 教师问题

汉语教师的素质普遍较低，表现为：

（1）学科知识掌握不全

我们通过调查了解发现，包括许多大学汉语教师在内，汉语教师普遍缺乏对汉语知识的深刻了解，不能科学地分析汉语现象和学生汉语知识方面存在的问题，因而也就无法有针对性地组织教学，指导学生学习，解决学生的疑难问题。在去各地中小学听课和对汉语教师的测试中，也发现了他们在汉语知识方面的严重缺陷：最基本的语法现象解释不清，甚至错误百出；对汉语语法缺乏敏感性，不知道学生学习的难点在何处，不懂语言分析的方法，面对各种语言现象感到无所适从。

客观地说，不少汉语教师并不是汉语专业毕业的，没有掌握足够的汉语专业知识，也没有受过严格的汉语教学训练。社会上很多人不把汉语教学当成一门专业，认为汉语口语好，就能教汉语。这样就助长了一种不正确看法的盛行，认为汉语教学很容易，只要会汉语就行，谁都可以来当汉语教师。这是造成汉语教师素质低下的社会原因。

（2）语言能力参差不齐

汉语教师的语言能力是指在书面和口头上能够标准地、艺术地用汉语进行思维、表达和组织教学。

新疆汉语教师约1.2万人，其中汉族教师不足500人，其余全是少数民族，而民考民又占了绝大多数。应该说，这些少数民族汉语教师中不乏优秀者，但这样的教师太少，特别是南疆地区的少数民族汉语教师，不少人都不能用汉语进行基本的口语交际，更不用说书面语了。教师自己都发音不准，无法自由交流，怎么能带领学生学好汉语？教师自己都没法写出一篇像样的文章，如何去指导学生写作？正因为不少汉语教师的汉语交际能力差，教出来的学生或发音不准确，或口语和书面语交际困难，给后续汉语教学带来许多困难。

（3）缺乏科学的教学理念和教学方法

少数民族学校的新课改已经实施八年多了，但不少汉语教师对新课改的认识还十分肤浅，更不用说落实和具体实施了。大多数的汉语教师还是按照传统的教学方法，把汉语知识的学习放在首位，以老师大量地讲、学生被动地学为主，以死教课本为主，强迫学生死记硬背。还有的老师为应付考试而教，特别是在初三和高三阶段，基本上围绕中考和高考而搞做题大战。

教师在平常的教学中，很少主动去探索教学方法的改革，很少用新的教学模式和方法设计、组织教学，反而误导了学生学习，致使学生不能形成良好的学习习惯，不会学习汉语。

学生学习缺乏主动性，总是被动地学，阅读量和真实交际量不足；把教材作为唯一的教学资源，而且不会结合实际利用教材，导致汉语学习效果不好。这些都是教师错误引导的结果。

3．教学目标问题

新课改提出了三维立体目标，汉语课标按照三维目标提出了知识和技能、过程和方法、情感态度和价值观方面的具体目标，汉语教学必须落实。但是，传统的汉语教学把目标只定位在教汉语知识，把汉语教学与实际交际割裂开来，把汉语教学与学生的汉语应用能力获得割裂开来，把汉语学习与其他学科的学习以及学生用汉语来发展自己割裂开来，孤立地、封闭地、只为考试而进行教学。

教学目标的不完整更主要体现在各级教育部门对汉语教学的指挥上，主管部门更多考虑的是学生通过考试，而不是用考试来测量他们的水平。所以，他们提出考试不能太难，要让大多数人通过。学生的中考、高考要靠汉语成绩拿分，所以考题不能太难。这样，学生可以轻易通过考试，平时学习就更没有压力，用功不用功都可以通过，对用功的人就是一个打击。此外，这类期末考试、升学考试也失去了其评价功能和意义，既不能衡量学生的学业成绩和水平，也不能对教学有任何反馈作用。长此以往，得到的是一种虚假的成绩，以此来设定汉语教学的目标，必然造成学生汉语交际能力的低下。

4．教学评价问题

长期以来，对汉语教学的评价只有考试。以学生的考试成绩来定学生学习的好坏，定教师教学的好坏。不少学校，把学生的考试成绩作为评价教师工作、学校教学质量等的唯一标准。各级教育部门也把考上疆内初中班、内地新疆高中班和高考录取率作为评价学校教学质量的指标，以至于南疆地区不少学校公开提出“考上内初班、考上内高班，为学校争光”的口号。而学生平时的学习，尤其是那些不能继续升学者的学习，就被完全忽略了。

没有平时扎扎实实的学习，考试的成绩就只能是虚假的。这种以考试成绩决定一切的做法，助长了学生中平时不努力、考试抱佛脚，靠作弊过关之风。同时，这种评价制度也助长了教师平时教学不认真，考试划重点、押题，甚至帮助学生作弊的不正之风。

第六节 双语教师

一、双语教师的概念

1. 双语教师的定义

什么是双语教师，他们和一般教师有什么不同？从字面上来分析，“双语”是对教师的限定，即懂“双语”的教师。所以国内外双语教学界基本上是从这一意义来给双语教师下定义的。王斌华教授认为：“双语教师是双语教学最直接的实施者，双语教学的任务要通过双语教师来实现。双语教师承担着双重任务：第一，向学生传授物理、化学、音乐、体育等学科内容；第二，提高学生第二语言或外语的水平。但是，教学重点首先是学科内容，其次是第二语言或外语。双语教师不仅必须精通学科内容，而且必须是一个双语者。双语教师的学科水平和双语能力直接关系到双语教学的成败。”[①]双语教师用自己的母语授课自然不成问题，关键是能否用第二语言授课。因此姜宏德认为：“所谓双语教师，通常是指那些能熟练运用两种语言进行教学的教师，特指能用一门外语教授一门非语言课程的教师。”[②]

和双语教师相对的是单语教师。如果一位教师懂双语，能用第二语言上课，但目前并没有承担双语教学的任务，他依然是双语教师；相反，仅用民族语上课，而不能用汉语授课，即使在双语班授课，也不能算双语教师。事实上，我们都是按这一标准来使用“双语教师”这一术语的。比如双语教师培训，就是要把只能用民族语授课的教师培训成能用汉语授课的教师，让他们成为双语人。

① 王斌华．双语教育与双语教学 [M]. 上海：上海教育出版社，2003：30．
② 姜宏德．试论双语教师的专业素质 [J]. 当代教育科学，2003（23）．

所以，双语教师是指能够用两种语言交际和授课，特别是能用第二语言授课的教师。

双语教师要通晓两种语言（汉语和英语，或汉语和少数民族语），能够用两种语言授课。本来这一定义不存在什么歧义，但是新疆教育部门把双语教师范围扩大，提出双语教师是指双语教学岗位教师，即在双语班中承担课程设置方案所规定的课程教学任务的教师。这样，双语教师可以是少数民族教师，也可以是汉族教师，只要你在双语班上课就是双语教师；双语教师可以是只使用汉语授课的教师，也可以是只使用少数民族语授课的教师；双语教师既指能够使用汉语和少数民族语两种语言授课的教师（具备双语能力的双语教师），也可以指只能使用汉语或少数民族语一种语言授课的教师（不具备双语能力的双语教师）。①

教育部门之所以这样定义双语教师，出于特定的需要。在当前双语教育推进过程中，由于急缺能够用汉语授课的教师，每年都要面向全国招聘双语教师，仅2012年就面向全国招聘双语特岗教师13 968人、农村双语幼儿园教师3 754人。招聘来的特岗教师，除了民考汉和少数学过少数民族语的汉族教师以外，大多数特岗教师只能用汉语授课，不懂少数民族语言。据我们调查，一方面，目前南疆很多学校，在双语班用汉语授课的教师大多为近几年招聘来的特岗教师，特岗教师已经逐步成为新疆特别是南疆地区双语教学的主力。另一方面，新疆大多数双语班采用模式一教学，除数理化和汉语课外，多数课程还是用少数民族语授课，也就是说，还有很多不懂汉语的少数民族教师用少数民族语给双语班授课，如果把他们排除在双语教

① 新疆维吾尔自治区双语教学工作领导小组办公室．新疆少数民族双语教育政策解读[J]．乌鲁木齐：新疆人民出版社，2012：54.

师之外，就会出现同一教学岗位出现两种类型教师的情况，不利于教学管理和组织，也不利于调动这些教师的积极性。因此，当前新疆双语教育的双语教师就是指双语教学岗位教师，而不是真正意义上的双语教师。

当然，从教学出发，从师生关系出发，教师应该懂少数民族语言，运用少数民族语言来辅助教学。懂少数民族语言才能更好地接近学生，了解学生，熟悉学生所处的环境和文化，这样，可以有针对性地设计组织教学，取得好的教学效果。从这个意义来说，双语教师要懂双语。目前，针对不懂双语的双语教学岗位教师，教育部门已经提出了要求，汉族教师要求一定要学会少数民族语，并安排专门的时间，由专门的老师教他们学习少数民族语，帮助他们逐步成为双语人。对少数民族教师，则要求通过培训，提高他们的汉语水平，使其达到能用汉语授课。我们相信，经过这一特定时期以后，会有越来越多的双语教学岗位教师成为双语人，成为真正的双语教师。

2. 双语教育视野中的双语教师

双语教育是新疆少数民族教育的主要形式，其特定的教育目标和教育方式决定了双语教师不同于普通的教师。

作为承担双语和双文化教学的双语教师首先应该是双语双文化人，不仅能够用两种语言交际和授课，而且还应该熟悉国家主流文化、中华文化、现代科技文化和少数民族传统文化，能够指导学生学习。

作为新生事物的双语教师应该有不同于一般教师的使命感，他们承担着改革民族教育，提高民族教育的质量，培养适应现代社会需要的少数民族人才的重任。

作为民族教育改革的先行者，双语教师应该有先进的教学理念，完善的学科知识，较高的教学水平，能在自己的双语教学实践中，不断探索，改进课堂教学，提高教学效果。

因此，教师教育（师范教育）应该培养、培训合格的、高质量的双语教师，这也是新疆双语教师教育改革的目标。

二、新疆双语教师队伍的构成

新疆双语教师总数如下：

表 6　双语教师数（截至 2012 年年底）　　单位：人、%

学段	双语教师总数	少数民族双语教师	能用汉语授课的少数民族双语教师	能用汉语授课者占少数民族双语教师数的 %
学前	13 605	10 634	9 047	85.08
小学	39 115	34 929	24 111	69.03
初中	17 945	16 295	10 899	66.89
高中	5 592	4 733	3 581	75.66
合计	**76 257**	**66 591**	**47 638**	**71.54**

如前所述，双语教师中包括汉族教师和少数民族教师；少数民族双语教师包括用汉语授课的教师和用少数民族语授课的教师。上表中，能用汉语授课的少数民族教师才是真正的双语教师。

分析当前新疆各地、各学校的双语教师可知，他们包括以下三种类型：

1. 原有的少数民族教师的转型

现有的双语教师多数是原来主要用少数民族语授课的教师。他们因为汉语交际能力强，直接转用汉语授课；或者是经过集中培训，提高了汉语水平和汉语授课能力，承担汉语授课任务以后，教学水平在教学实践中不断提高，逐渐胜任汉语授课任务。他们是双语教师的主流。

这部分双语教师的长处是：在长期的教学实践过程中，对学科教学比较熟悉，积累了一定的教学经验；熟悉学生，特别是熟悉学生的学习心理和学习习惯，由于是同一个民族，容易取得学生的信任。这些都是他们搞好教学的有利条件。

2. 新招聘的特岗教师

实施双语教育以后，教育部门每年都大批招聘双语教师，新招聘的教师多数是汉族教师、民考汉教师和汉语能力很强的民考民教师。这批教师年轻，刚从大学毕业，求知欲强，专业基础扎实，汉语能力强，成为双语教学岗位的新生力量。他们的不足之处就是缺乏教学经验，但随着教学实践的延伸，他们会迅速成长起来，成为双语教学的主力军，现在不少人已成为骨干教师。

新招聘的特岗教师，按照规定先要去南疆三地州农村学校工作三年，然后才取得正式教师资格，或在当地学校任教，或返回签约学校任教。这些特岗教师已经逐渐成为农村学校双语教学的主力。2012 年，我们在克州阿图什市哈拉峻乡进行过双语教学调研，该乡距离阿图什市 96 千米，位于山区，是克州面积最大、柯尔克孜族居住最集中的边境牧业大乡，也是国家重点扶持的贫困乡镇之一。乡中心学校是一所牧区学校，学生全部为牧民的孩子。过去学校完全使用柯尔克孜语教学，教师全部为不懂汉语的少数民族。实施双语教学以后，缺乏能够用汉语授课的教师，在州教育局和市教育局的帮助下，近几年共安排了 16 名特岗教师和特培教师，其中汉族教师 3 名（两名来自甘肃省），其余 13 名为柯尔克孜族和维吾尔族民考汉教师。这 16 名特岗教师承担了学校全部汉语授课的任务，包括汉语、数学、科学等学科。如果没有这些特岗教师，该校是无法实施双语教学的。

除此以外，特岗教师还附带承担了学校的管理工作，学校的规章制度、工作计划和总结、上级教育部门需要的报表、情况反映、学校的教学档案的建立和更新等全部出自这些特岗教师之手。

这些新近毕业的特岗教师，具有较扎实的学科专业知识和较高的文化素质，他们从大城市来到偏僻的山区，带来了新的教学理念和生活方式，有强烈的事业心。我们听了几位教师的数学课和汉语课，尽管他们的教学经验不足，教学还有许多需要改进的地方，但都能够调动学生学习的积极性，课堂教学比较活跃，较好地完成了教学任务。在和特岗教师的座谈中，他们也都表示有决心搞好教学，并希望参加培训，进一步提高学科知识水平和教学能力。所以，这些新生教学力量不仅促进了双语教学，而且对原有的教师也起到带动作用。

当然，双语特岗教师也存在专业对口的问题。这 16 名特岗教师，分别毕业于北京、上海名牌大学和新疆的各类大学，所学的专业有工程预算、动物学、法学、农林与经济管理、新闻采编与制作、畜牧兽医等，真正与教学有关的只有新疆教育学院、昌吉学院毕业的 5 名教师，他们学的分别是小学教育和物理教育。其他专业毕业的教师都没有学过教育学、心理学，不熟悉小学学科教学的内容和方法，不了解学生的学习心理，这些都会直接影响他们的教学效果。

3. 实习支教、援疆支教的教师

这些年，为了解决农牧区双语教师不足问题，自治区教育部门决定，高校的师范专业学生和非师范生中学习少数民族语言的学生都必须到基层进行半年或一年的实习支教。这一决定，一方面解决了双语教师紧缺的问题，把先进的教学理念和方法带到农村基层学校，影响当地的教育教学。另一方面，也锻炼了学生，使他们熟悉少数民族教学，熟悉中小学学科教学，获得教材分析、教学设计和组织的全部能力，最主要的是培养了他们热爱少数民族教育、献身民族教育的精神。

随着中央新疆工作座谈会精神的贯彻执行，各援疆省市都派了不少援疆干部，其中包括一些学校、教育部门的领导和教师，他们的到来，给新疆的少数民族教育带来先进的教育理念、管理方法。援疆教师承担了学校教学、教师培训等重任，成为各地、各学校双语教师队伍的支柱。

三、双语教师的培养

新疆的双语教育自 2004 年以来进入了发展的快车道。双语教育的发展需要大量双语教师；提高双语教育质量，也需要大量优秀双语教师。这就给各级各类教师教育机构和学校提出了新的任务。

在这一特定时期，教育部门对双语教师的特殊划定，通过培训促成原有单语教师的转轨，通过招聘、顶岗支教等方式解决双语教师紧缺的问题等，这些都只是权宜之计。双语教育在相当长的时间内会作为一种主流教育模式而存在，即使将来双语教师配备齐了，所有的学校都变成了双语学校，所有的少数民族学生都进入双语班学习，我们也还需要培养双语教师，不断补充双语教师队伍，替换因各种原因退出双语教师队伍的人。所以从长远的发展来看，要从根本上解决双语教师问题主要靠培养，要培养满足双语教育需求的双语教师，要培养懂双语的、具有扎实专业基础和较高教学能力的双语教师。

从当前双语教师队伍来看，现有的双语教师的组成是极不合理的。绝大多数双语教师不是真正的双语教师；即使是真正的双语教师，也不是双语教育专业培养出来的，而是半途转行或者招聘过来的。作为一种教育制度和教育模式，作为特定的教师类型，双语教师必须是专门培养的，要由双语教育专业来培养。双语教师的培养是一件大事，应该引起教育部门和高等师范院校的重视。

我们认为，双语教师的培养要从以下几个方面进行：

1. 调整师范院校的专业设置和课程，最好设立双语教师教育专业，培养当前最紧缺的双语教师，从数量和质量上满足双语教学的需要。同时，还要从长计议，从现在开始着手于合格双语教师的培养工作

双语教师的培养工作要从培养目标、课程设置、教学内容、教学实践等方面加以改革，按照双语教育的需要培养真正的双语教师。

现有的师范院校相关专业都是培养单语教师的：汉语系专业培养的是汉语系学校的教师，他们只用汉语授课；民语系专业培养的是用少数民族语授课的教师。因此，要设置专门培养双语教师的双语教师教育专业。

建议双语教师教育专业的课程设置如下：

（1）语言课程

为少数民族学生设置汉语强化课程，包括听说读写训练和学科专业汉语课程等，有条件的还可以开设外语（英语或俄语）。

为汉族学生开设少数民族语（维吾尔语或哈萨克语）课程，使学生能够用民族语进行交流。

（2）文化课程

为少数民族学生开设用汉语授课的中华文化、中国社会发展现状、现代科技文化等课程。

为汉族学生开设用少数民族语授课的少数民族历史、社区与社会生活、文化习俗等课程。

（3）专业课程

用汉语开设中小学各学科课程，教授学科基础知识、技能

和方法。

（4）学科教学课程

教授教育学、心理学的实用知识和方法，教授中小学学科课程标准和教材内容，使学生熟悉学科教学程序，能够按照科学的理念设计学科教学。

（5）双语教育实践课程

少数民族学生和汉族学生都要去少数民族地区乡镇学校实习半年至一年，体验真实的双语教学，熟悉少数民族文化和社区生活，熟悉少数民族中小学生的学习过程。

2. 建立双语教师专业标准

在教育部《幼儿园教师专业标准（试行）》《小学教师专业标准（试行）》《中学教师专业标准（试行）》的基础上，研制双语教师的专业标准。可以参照教育部的标准，增加双语能力和双文化能力的内容，突出对双语教师的特殊要求。

双语教师专业标准一旦确立，就应该以此来衡量现有的双语教师和未来的双语教师，建构双语教师素质和能力评价标准、评价方法及工具。有计划、有步骤地对现有双语教师进行考核，淘汰不合格的双语教师，促进双语教师的学习提高。

同时，双语教师专业标准也是各高校培养双语教师的目标，是未来双语教师培养的基本要求。通过教育改革，使学生逐步达到双语教师专业标准的要求。

3. 建立双语教师资格认证标准和双语教师资格证书制度

在对现有的双语教师资格认证进行调研的基础上，借鉴国外双语教师资格认证的经验，建立双语教师资格认证标准和双语教师资格证书制度。今后，凡是进入双语教师队伍的人，都要通过资格认证和考核，严把入口关，确保双语教师的质量。这样，才能最终确保双语教育的质量。

第二章　教师教育理论

第一节　教师教育理论与实践

一、教师教育的概念

1. 教师教育替代师范教育的背景

从上世纪末起，我国教育界开始用“教师教育”取代“师范教育”一词，这是因为：首先，教师教育比师范教育具有更深刻的内涵，更能体现当前教师培养和培训的内在特征和发展趋势。其次，人们对师范教育的认识存在偏差，学者和专家希望通过话语的转换改变教师培养是一种终结性的正规学校教育的传统观念，确立教师终身教育的理念。最后是与国际教师教育保持一致，从上个世纪30年代开始，国外教育界逐渐采用教师教育来替代师范教育，形成了一系列教师概念和相关术语，比如初任教师、学生教师、职前教师、在职教师、教师教育者、教师培训者、教师教育的管理者等。相比之下，我国的师范教育已经滞后和落伍，不能胜任新时期教师培养的任务。

从师范教育到教师教育并不是简单的概念替换或文字游戏，而是标志着教师培养和培训进入到一个新的历史阶段，是教师教育适应社会发展需要的结果，也是教育发展的内在要求。教师教育与师范教育的含义在本质上是有所区别的，“教师教育”内涵更为丰富，更加适应当今世界科技知识的更新加速和教育普及程度的提高，体现与时俱进。从教师教育的历史来看，“师范教育”主要是指师范院校正规的职前教师教育，它只体现了教师教育的一部分内容，至于教师培训、在职进修、教师终身学习等内容则不包含在内。此外，“师范教育”不能清晰地说明所表达的对象，从字面上来看，“师”为“教师”“效法”，“范”为“模子”“榜样”，合起来即为“学习的榜样”“学高为师，身正为范”的意思，含有较强的伦理价值色彩。相对来说“教师教育”的表述却清楚明晰，就是“把受教育者培养成教师的活动”，不带有价值色彩，更符合作为一种研究和实践的教师培养的实质。

由师范教育向教师教育的转变直接关系到我国教育师资培养的制度、模式、方法、标准、课程设置、权利责任，关系到我国教育的发展水平，是一项复杂而又意义重大的系统工程。

2. 什么是教师教育

什么是教师教育，国内外学术界的阐述并不完全一致，概括来说有以下一些观点：

《教学和教师教育国际百科全书》认为教师教育分为职前、入职和在职三个阶段，这三个阶段是一个连续的过程。

直到20世纪90年代中后期，我国教育学界才逐渐出现了以教师教育替代师范教育的趋势。1998年，梁忠义、罗正华在《教师教育》一书中首次使用“教师教育”这一概念，在此书的“前言”中，他们解释了将“师范教育”改称“教师教育”的原因：教师教育包含着教师培养和教师进修的职能，是职前与职后两种教育的综合概念。这个概念包含着终身教育的内容，体现了教师教育的连续性，而连续性正是当今教师教育的重要特征。

2001年5月，《国务院关于基础教育改革与发展的决定》中明确提出，要“完善教师教育体系，深化人事制度改革，大力加强中小学教师队伍建设”。这是“教师教育”概念首次出现在我国的正式文件中。

国内较权威的定义出现在2002年发布的《教育部关于“十五”期间教师教育改革与发展的意见》中，认为教师教育是“教师的职前培养、入职教育和在职培训的统称”。

周洪宇认为：“教师教育的内涵丰富，在内容上包括人文科学教育、学科教育、专业教育和教学实践；从顺序来看有职前教育和在职教育；从形式来看有正规的大学教育和非正规的校本教师教育；从层次来看有专科、本科和研究生教育。”[①]

从以上表述可见，目前教育界对“教师教育”概念的表述集中在教育的终身性和过程的连续性上，强调要将入职教育和在职培训纳入到教师教育体系之中。它反映了从理念、体系再到结构、层次的教师养成和成长的深刻变革。概而言之，“教师教育是职前培养和在职进修的统一，是正规教育和非正规教育的结合，是多层次、全方位立体式的教师终身‘大’教育。它打破了‘师范教育’那种局部的、狭隘的‘小教育’的框框，体现了教师培养的整体性、专业性、开放性和终身性”。[②]因而，我们说教师教育就是多元化、一体化、专业化、大学化、系统化的师资培养培训活动。

多元化——是指教师教育体系的开放化，教师教育格局多元化。它不仅指综合性大学等教育机构的参与，也包括现有师范院校的学科改造与提升，各师范院校开始根据各级各类教师培养和教师终身学习提高的要求，从更高层次上考虑、设计相关的学科与专业。1999年发布的《中共中央、国务院关于深化教育改革，全面推进素质教育的决定》提出，要“调整师范院校的层次和布局，鼓励综合性高等学校和非师范高等学校参与

① 周洪宇.教师教育论[M].北京：北京师范大学出版社，2010：3.
② 周洪宇.教师教育论[M].北京：北京师范大学出版社，2010：5.

培养培训中小学教师的工作”，这就意味着相对独立、封闭的“定向型”师范体制被打破。首先，教师教育的办学主体是多元的，可以由独立设置的教师教育院校（高等师范院校）来培养，也可以由综合性大学和其他非师范院校的教育机构来培养。其次，办学方式也是多元的，它包含正规教育和非正规教育，而且要面向市场，从封闭、独立、单一走向开放、综合、多元。当然，多元、开放的教师教育体系的建立必须以完善的教师资格证书制度以及教师教育机构、教师教育项目（或专业）认可制度为条件。

一体化——是指教师教育过程的连续性和教师学习提高的终身化。1995 年颁布的《中华人民共和国教育法》规定“建立和完善终身教育体系”，奠定了终身教育的法律地位。“终身教育”的理念加快了教师教育从一次性、终结式走向职前、职后一体化的进程。教师的培养、培训从职前、职后分离走向职前、入职、职后互相衔接、连贯一体，国家对教师的培养、培训从理念、课程到机构、资格制度进行全程规划设计。教师教育一体化不仅仅包括上述纵向意义上的一体化，还包括横向意义上的一体化，即教师教育不仅仅是在正规教师教育机构为教师提供“正规化学习”的教育机会，还应利用图书馆、因特网、博物馆等各种教育资源为教师的“非正规化学习”提供支持。

专业化——是指教师职业的专业化和教师培养的专业化，全面施行教师资格认证制度，教师培养实现专业化。1993 年颁布的《中华人民共和国教师法》规定：“教师是履行教育教学职责的专业人员。”第一次从法律角度确立了我国教师的专业地位。2000 年，作为我国教师职业许可制度的教师资格制度在全国开始全面实施。从本质上来说，教师教育是一种专业教育，是一种不同于职业教育的专业教育。它要把教师培养、训练成为从事教育活动的专业人员。这不仅要求教师掌握所教学科的知识，还要求教师掌握作为教师的专业知识。教师教育要突出解决的正是作为教师应具备的专业知识、专业技能和专业实践能力培养的问题。为此，教师教育的课程体系应包括教师专业知识课程系列、教师专业课程技能系列和教师专业实践能力系列等部分。

大学化——是指教师教育办学层次的高层次化。这是由教师教育的专业教育属性所决定的。1999 年教育部颁发的《关于师范院校布局结构调整的几点意见》明确提出师范教育层次结构由三级师范逐步向二级师范过渡，最终发展到一级。从此，中师逐渐退出历史舞台，许多师专也升级为本科。当前又从二级向新三级发展，即教师教育包括专科教育、本科教育和研究生教育三级。根据国际经验并结合我国国情来看，专业教育越来越高层次化。因此，教师培养应该在大学，教师的培养培训任务应统一由高等教育机构承担。这里的教师不仅指中小学教师，还包括学前教育教师。从教师教育大学化的角度看，学前教育教师的学历要求也要以本科为目标。过去那种认为学前教育、小学教育不需要高学历的教师的看法是错误的，作为一种专业，它们只是教学对象、教学内容、教学方式不同于中学和大学，然而作为教师的基本条件、素质、能力的培养应该是一样的。

系统化——是指教师教育内容的整体性与系统性。新形势、新挑战要求新型教师具有先进的教育教学观念、广博的学科专业知识、过硬的教育教学技能、扎实的现代教育技术和较强的研究创新能力。一方面，教师教育内容应包含“知识、态度、行为、技能”等多个方面，教师教育不仅应提供给学生足够的知识与技能，更应注意培养学生的专业伦理，发展学生的批判性思维和意识。另一方面，教师教育是一个包括课程教学、教学研究与教学实践等多个环节的系统工程。教师教育不能像过去那样仅靠学校教育完成，那种教师教育培养出来的学生不会教学，是不合格的教师。大学的教师教育要以幼儿园和中小学教学为本，更加突出教师教育的实践性，培养学生成为真正的教师，一出校门就能承担教学任务。

二、从师范教育到教师教育的历史发展

1. 传统的师范教育已经不适应社会改革和发展的需要

教师教育是我国教育的重要组成部分，它经历了从传统的师范教育向教师教育过渡的过程，正在取代师范教育，融职前教育和职后培训于一体。教师教育就是在终身教育思想指导下，按照教师专业发展的不同阶段，对教师实施职前培养、入职培训和在职研修等教育项目，是一个连续的、可持续发展的、一体化的教育过程。

新中国成立以后的师范教育体系是20世纪50年代受苏联的影响而完善起来的。教师的培养主要依靠独立设置的师范院校。此后，特别是20世纪80年代以来，随着基础教育规模的逐步扩大和水平的逐步提高，面对师资日益增长的需求，师范教育得到快速的发展，逐渐形成了规模巨大、层次分明、结构完备、封闭定向的师范教育体系。这个体系包括主要从事全日制教师职前培养的师范大学、师范学院、师范专科学校和中等师范学校，还包括从事教师职后培训的教育学院和教师进修学校。仅就高等师范教育而言，院校数量和在校生人数都分别占我国高等学校数量和全部高校在校生人数的四分之一左右。封闭定向的师范教育体系，为基础教育培养了大批教师，支持和保证了全世界最大的基础教育事业的师资供给。可以说，没有

师范教育的成就，也就没有基础教育的今天。[①]

当然，这个封闭的师范教育体系也在变革和发展。伴随着高等教育的发展和社会对教师教育要求的不断提高，师范院校个体和教师教育体系整体都发生了变化，这些变化有：师范院校的综合化发展；师范教育机构的层次结构不断发生变化，办学层次显著提高，高师本科院校不断增加，师范专科学校和中师相应萎缩；在近年的高校合并潮中，一些师范院校通过调整合并改为其他高等学校后，仍继续从事教师教育工作，而一些艺术类、体育类、民族类和其他高等学校也加入教师教育的行列，使得从事教师教育的院校队伍扩大，成分发生变化。但总体来看，以师范院校为主体的定向教师教育体系还没有发生根本的变化。

改革开放三十多年，中国的社会与经济发生了巨大的变化。作为上层建筑的教育为适应这种社会和经济的改革与发展，也在经历深刻的改革与发展。但是，传统的师范教育已经很难适应日益发展变化的时代和广大群众对高质量教育的需求，师范教育急需解决的问题堆积如山：

（1）教师教育的体制与观念滞后于时代的发展

如前所述，我国在教师培养的体制上缺乏必要的开放性和灵活性。由于计划体制的制约，教师培养存在着地区、行业上的条块分割现象，不利于教育资源的整体优化配置。此外，在师范教育的层次性和地区布局上也存在诸多问题。

在教师教育观念上，对教师的教育理念、创新意识、实践技能的培养注意不够。师范院校的课程和教学设置基本上还是以学科专业知识教学为主，对教育理念、学科教学知识和教学

① 王建磐．中国教师教育：现状、问题与趋势 [M]. 教师教育改革与教师专业发展：国际视野与本土实践．上海：华东师范大学出版社，2007：3.

实践能力的培养重视不够。

（2）教师培养模式亟须改造

高等师范院校在培养教师时缺乏培养规格上的明确分工。重点师范大学与所有本科师范院校在培养规格、课程设置上没有本质差别。按照分科教学目标设计的教师培养模式缺乏灵活性，无法满足具有综合性、灵活性的中小学教育的师资需求。

独立设置的高等师范教育具有其固有的封闭特性。表现在：一是与中小学教育脱节，忽视中小学教育的实际需要；二是对教师教育的行业性和地区性垄断。

师范院校仍然在学术发展和对学生学术能力的要求上向综合性大学看齐，这样，教师教育的专业性就大大削弱。同时，与中小学教育实际相结合的许多教育实践性课程普遍不受重视，师范院校毕业生存在着教育理念、知识和能力结构与中小学教育不同构的现象。

教师教育缺乏终身教育意识。高等师范院校一直以教师的职前培养为中心，忽视教师的继续教育，而教师的职前培养又是一次性、终结性的。教师的继续教育目前仍然主要由独立建制的各级教育学院完成。而教育学院的办学水平不高，这不仅分散了教育资源，也不利于教师继续教育目标的实现。

因此，历经百年的封闭型师范教育体制，如果还是小打小闹地改革而不是脱胎换骨，那么师资队伍所面临的问题就不可能得到真正而又彻底地解决。

2. 从师范教育向教师教育的转型

从师范教育向教师教育过渡是一种教育转型。转型是指结构、体制等方面的转变、改革，可以理解为由一种类型转变为另一种类型。所谓教师教育转型，就是指教师教育由一种形态向另一种形态转变的过程。

我国当前的教师教育转型，就是专指 20 世纪 90 年代以来，从传统封闭、定向的师范教育逐步向开放、非定向的教师教育转变的演进过程。

目前我国教师教育体制的转型体现在三个方面：

（1）由传统的师范教育向教师教育的转变，实行教师教育职前培养和职后培训进修一体化

在我国的教育体系中，教师的职前培养和职后培训是分开的。职前培养是由师范学校进行学历教育，职后培训是由教育行政部门组织，由特定的教育机构实施（主要是各级教育学院），没有统一的计划。现在要把职前培养和职后培训结合起来，统一规划教师教育。这是教师专业化的要求。

还要继续提高教师的学历。过去对教师的资格要求过低，过低的学历不能适应教师专业化的要求。其实，学前、中小学和大学教育，只是教学对象有差别，从教育本身来看不存在质的差别，那种以为低段的教学不需要高学历的教师的观点是错误的。此外，随着科学技术和教育科学的发展，教师需要不断学习，终身学习。因此改变师范教育的结构，把职前培养和职后培训结合起来是十分必要的。

（2）由封闭的师范教育体系向开放的教师教育体系转变

我国的教师培养一直是在单独的封闭的师范教育体系中进行的。从 1999 年起，国家规定，教师的培养不仅在师范院校，所有大学只要具备了培养教师的条件都可以培养教师。这是一个重要的转变，一方面，它促使传统的师范院校面向市场，参与竞争，积极改革；另一方面，具备教师教育条件的综合性大学参加到教师教育行列中，增加了新生力量，打破了传统师范院校的一统天下。

这种转型不只是办学形式上的转变，其目的是要提高教师

培养的质量。教师教育开放以后，多学科有利于专业的拓展，使学生学习的知识不限于中小学的课程范围内，可以学得更宽广，更深厚，有利于提高师资培训的质量。

（3）由老三级师范向新三级师范转变

中国传统的师范教育由三级师范组成，即：小学教师由中等师范学校培养，初中教师由师范专科学校培养，高中教师由师范学院和师范大学培养。现在，根据教育部提高教师学历的要求，中等师范学校逐渐退出了历史舞台，一批师范专科学校升格为师范学院，形成师范专科学校和师范学院两级教师教育培养体系。从 1997 年开始，国务院学位委员会专门设立了教育硕士专业学位，把教师培养提升到研究生层次，这就是新三级教师教育体系。学习年限延长了，学历提高了，学生的文化素质和教学能力肯定有所提高。

通过转型可以提高教师教育的水平，培养合格的不同层次的教师。但是转型也要注意保持原有师范教育的特点，特别是在教育实践能力上，要防止重理论、重学科知识而忽视教育教学实践能力培养的倾向。

教师教育实行开放式，就需要有严格的准入制度，必须实行教师资格证书制度。如果不实行教师资格证书制度，那就等于不承认教师是一个专业化的职业，同时，使得一些不具备教师素质的人混入教师队伍，贻害无穷。

独立师范院校的消亡可以说是历史的必然，但它是一个历史过程，这个过程的长短不仅受国家教育发展水平、地区差异等因素的影响，同时也与国家的教师教育传统观念息息相关。我国的教育发展水平整体还不高，地区差异比较大，这就决定了我国的教师教育转型不可能在短期内完成。因此，我国的教师教育转型也将是一个渐进的、长期的过程。

三、教师教育的特色

当前正在实施的师范教育向教师教育转型，有着明显的中国特色。它既要坚持百余年来我国传统师范教育在中小学教师培养方面的特色和优势，继续发扬以师范院校为主体的教师教育机构的作用，同时又要适应社会发展的需求，向开放式、综合化、一体化发展，体现教师教育的特色。

所谓教师教育办学特色是指学校在办学过程中基于办学职能形成的相对稳定的、社会公认的、优于他校的、独特的个性品质与风貌，要体现办学特色的“个性论”“优势论”“经验论”“文化论”和“综合论”等一些基本内涵。

根据上述对办学特色的认识，那么教师教育特色就是指高校在办学过程中基于培养、培训教师这一特殊任务而形成的相对稳定的、社会公认的、优于他校的、独特的办学品格与个性风貌。

（1）由培养和培训教师这一特殊任务而形成教师教育的特色。教师教育的主要任务就是培养未来的教师和培训在职教师，这一特定任务，决定了教师教育的形式和内容，也决定了教师教育的特色。

（2）教师教育的特色相对稳定。教师教育特色的形成需要积累、需要经验，特色一旦形成后在一定时期内是稳定的，因为教师的培养和培训短则一年，多则四五年，不可能大起大落。但这种“稳定”又是相对的，以体现教师教育特色与时俱进的时代性。

（3）教师教育的特色是社会公认的。教师教育特色必须要有一定的社会认可度，这种认可度是教师教育综合实力的体现。教师教育特色的形成基于良好的社会声誉，而良好的社会声誉则是教师教育办学业绩的客观反映，如招生就业情况和广大校友在社会上的总体表现等。

（4）教师教育特色优于其他学校。特色是一种比较优势，教师教育是否形成特色，要看教师教育是否特别优于学校工作的其他方面，也特别优于其他学校，如在教师教育研究成果的数量与质量、教育学科在全国同类院校中的排名等方面是否特别出众。

（5）教师教育特色是独特的。特色就是一所学校的个性，是区别于其他学校的特点和亮点，如有的大学以培养优秀教师为主要特色，有的大学则以教师教育研究为主要特色。

（6）教师教育特色的品格与风貌。“品格”是内含的，“风貌”是外显的。教师教育特色既要强调教师教育外显的一些独特性因素，又要强调内含的文化特征。

从上述对教师教育特色的概念阐释可以看出，教师教育特色的内涵是宽广而丰富的。具体地说，教师教育特色既有显性的内容，也有隐性的内容；既有理念层面、制度层面的特色，也有实践层面（行为与效果）、物化层面的特色；既可以是功能特色，也可以是学科特色、专业特色、课程特色等等。也就是说，教师教育的特色，可以在不同的向度体现出来。

那么，教师教育特色究竟体现在哪些向度？这是评判一所高校是否具有教师教育特色的依据。我们认为，高校办学特色的主要体现向度有四个方面：大学文化特色、学科专业特色、人才培养特色和管理制度特色。它们之间存在一定的内在逻辑关系：精神文化是灵魂，学科专业是核心，人才培养是目标，管理制度是保障。因此，教师教育的特色主要包括以下四个方面：

（1）大学文化特色：能够体现教师教育特色的文化，是崇尚道德规范的文化，是提倡修身养性的文化，是长于通识兼具专业的文化。这种文化的内涵，集中体现在“学为人师，行为世范”上。在教师教育特色鲜明的大学里，无论师范生还是非师范生，均应具有广博的文理知识和高尚品行，成为后学师表和社会模范。

（2）学科专业特色：能够体现教师教育学科专业特色的大学，其师范类专业数应在本科专业总数中占有一定的比例，其教育学学科的综合实力在全国或本地区应具有一定的优势。

（3）人才培养特色：在教师教育特色鲜明的大学里，师范生人数在本科生总人数中应占有一定比例；所培养的毕业生普遍受到中小学的欢迎，师范类毕业生一次从教就业率较高；校友中教育专家、特级教师和校长的人数与当地其他高校相比应有较大优势。

（4）管理制度特色：在师范院校逐步转型、教师教育进入大学化制度环境的时候，需要有专门的组织建制和管理体制作为保障。在一所具有教师教育特色的大学里，应有专门的教育学院和专门的教学、学术组织承担专业教育工作，学校层面还应有专门的管理机构协调全校的教师教育工作，建立高效有序的工作机制等。

总之，教师教育就是多元化、一体化、专业化、大学化、系统化的师资培养和培训活动。从传统封闭、定向的师范教育向开放、非定向的教师教育转变的演进过程，是一个渐进、长期的过程。教师教育特色是指高校在办学过程中基于培养、培训教师这一特殊任务而形成的、相对稳定的、社会公认的、优于他校的、独特的办学品格与个性风貌，具体体现在大学文化特色、学科专业特色、人才培养特色和管理制度特色四个方面。

第二节 教师专业化

说到教师教育，不能不说教师专业化或教师专业发展。教师专业化是世界教师教育发展的趋势和潮流，也是我国教师教育改革的需要和方向。教师专业化和教师专业发展从20世纪80年代起成为国际和国内教育界的热门话题。经过30多年的实践探索和理论研究，已经逐渐发展为一个被世界诸多国家的教育研究者共同关注的课题，同时它也是当今教师教育改革的主流话语。因此，教师专业发展理论是指导我国包括双语教师教育在内的教师教育改革的重要理论。

一、教师职业的社会地位和职业特点

1．教师职业的社会地位

教师在中国是一个很古老的职业，尊师重教是我国的优良传统。早在公元前11世纪的西周时期，人们就提出“弟子事师，敬同于父”。在中国传统文化中，“师”的含义是：“凡能率众能牧民者，谓之师。”《学记》曰：“能为师然后能为长，能为长然后能为君。”可见“师”就是能率领民众的人。古代的“师”并不具备独立的身份，其育人之任是和他所从事的生产劳动、政治活动、宗教活动等结合在一起的。古人有许多关于“师”的美言：“师者，教人以道者之称也。”（《周礼·地官司传序》）“智如泉源，行可以为仪表者，人之师也。”（《韩诗外传》）“师者，所以传道、授业、解惑也。”（《师说》）“学高人之师，身正人之范。”从中可以看出人们对教师的尊重和重视。①

① 肖川．教师：与新课程共同成长[M].上海：上海教育出版社，2004：239.

现代教师职业是工业文明的产物，学校是专门育人的单位，教师就是专门育人者。就像工程师造机器一样，教师是“人类灵魂的工程师”。学校没有教师不成为学校，学生没有教师不成为学生。“没有教师的生命质量的提升，就很难有高的教育质量；没有教师精神的解放，就很难有学生精神的解放；没有教师的主动发展，就很难有学生的主动发展；没有教师的教育创造，就很难有学生的创造精神。”①可见教师在教育发展和育人中的重要作用。

社会学学者认为，任何一种职业的社会地位的高低，主要取决于三方面的因素：一是该职业对于社会生存和发展的功能的重要性，二是该职业的从业要求高低，三是该职业的社会位置数量的多少。社会职业有一条铁的规律，即只有专业化才有社会地位，才能受到社会的尊重。当然在实际中，职业的社会地位的高低还要受到国家、政府、社会各界对该职业重要性的认识程度、价值评价的制约，也受到该职业在社会上横向职业比较时所获得的薪酬等级和福利待遇等物质因素的影响。②

长期以来，教师的作用和威望与其社会地位并不相称。“教师，特别是中小学教师并没有获得应有的地位，教师职业缺少学术地位与声望却是一个不争的事实。”③中国的传统社会是“官本位”社会，虽然教师是培养官员之人，但他们并非官员，而是被富人达官雇佣的“仆人”，其中一些人还是被贬之人，因而不受社会重视。很长时间以来，社会并不把教师当成一种专业，特别是和医生、律师、会计师等专业化程度高的专业相比，教

① 叶澜等.教师角色与教师发展新探[M].北京：教育科学出版社，2001：3.
② 陈永明等.教师教育研究[M].上海：华东师范大学出版社，2003：97-98.
③ 钟启泉.教育方法概论[M].上海：华东师范大学出版社，2002：46.

师就不是"专业"了。社会上不少人对教师这一职业存在着错误的认识，认为只要具备一定知识就可以当老师，不需要很高的学术修养，也谈不上什么专业性。加上教师的地位和待遇偏低，使得许多人不愿意当老师，优秀学生不愿意报考师范院校。我们可以列举许多这方面的例子，比如教师地位不如普通公务员，教师调往机关被认为是"提拔"，国家在给教师解决待遇问题时也说"不能低于当地公务员水平"。许多大学毕业生，包括师范院校的毕业生，第一职业选择并不是当老师，而是在无路可走的情况下才选择教师职业。

社会对教师这一职业的评价具有两重性：一方面，是对教师人品、人格和牺牲精神的颂扬，人们往往用"人类灵魂工程师""蜡烛""学高为师，身正为范"等词语来赞颂教师，表现出对教师的尊重和敬仰；但另一方面，由于教师工作辛苦，待遇过低，人们又不愿意当老师。造成这一结果的原因是长期以来我们对教师专业化缺乏认识。

形成并推动国际社会对教师专业化认识的是国际劳工组织、联合国教科文组织共同发布的《关于教师地位之建议书》（1966），该文提出："教育工作应被视为专门职业，这种职业是一种教员经过严格而持续不断的研究才能获得并维持专业知识及专业技能的公共业务，它要求对所辖学生的教育和福利具有个人的及共同的责任感。"[①]这一对教师职业的特性的表述，非常清楚地说明了教师职业的内在含义，它包含了专门训练、职业准则和职业道德等职业要素，也清楚地表明了教师职业的目标定位和发展方向。

1985年1月21日，第六届全国人大常委会第九次会议做出

① 陈永明等.教师教育研究[M].上海：华东师范大学出版社，2003：98.

决议，将每年的9月10日定为我国的教师节。这是教育界和社会各界对教师专业化认同的重要措施，提高了教师的政治地位、社会地位和职业地位。

《中华人民共和国教师法》规定，“教师是履行教育教学职责的专业人员”，第一次从法律角度确认了教师的专业地位。1995年国务院颁布《教师资格条例》，2000年教育部颁布《教师资格条例实施办法》，教师资格制度开始在全国全面实施。1999年，我国出版的第一部对职业进行科学分类的权威性文件《中华人民共和国职业分类大典》，首次将我国职业归并为八大类，教师属于“专业技术人员”一类。

上述这些法律和政策文件确定了教师职业的定位，肯定了教师专业化，这对提升教师的社会地位起了重要作用。但是，改变人们的认识是一个长期过程。教育行政部门对教师专业化的建设进行了积极的推动，在加强师范教育体制、师范教育课程改革、教师培训等方面都做了不懈的努力，尤其在继续教育上，先后推出了继续教育体制建设、学历达标、园丁工程等多项措施，以解决在专业化建设方面存在的学历不合格、专业性不够强、教师整体素质不高等问题，重塑教师形象，赢得社会地位。不过，教师社会地位不高是与教师的经济收入不高相关的。中小学教师八小时内在学校上课、活动，回家后还要备课、批改作业、家访等，几乎把全部时间和精力都用于教书育人。教师的付出与他们的所得极不相称。改变这一状况，需要国家、社会层面的持续努力，所以，教师职业社会地位的提升还需要一个过程。

2. 教师的职业特点

（1）服务对象的特殊性

教师的服务对象是学生，学生是活生生的人，多数是不成熟、没有社会化的非成人。教师的任务不仅是“传道、授业、解惑”，还有育人重任，要引导、帮助学生健康成长。所以，教师必须不断地研究学生掌握知识的过程及其方式，了解学生的兴趣爱好、个性心理等特征，遵循一般教育学、心理学理论，选择合适的方式组织实施教学。从这个意义上讲，教师已超出了通常意义上的职业的特点，像医生一样，更具有“专业”的性质，是专门育人的职业。

（2）教师的不可选择性

教师专业与其他专业的差别表现在：一般的客户可以选择他们的医生或律师，可以决定在何地、何时、怎样进行工作等，而在学校，学生却无法选择他们的教师，教师一般也无法选择他们的学生，教师工作的时间（教学时间）等也受到限制，不可选择。

（3）有较多的自主权

由于教师所面对的是学生，学生在教师的带领下，不仅要掌握丰富的知识，而且还要发展智力、能力，培养情感，健全个性，等等，而所有这些目标都是抽象而模糊的，没有具体的规定。这样，教师在教学中不仅可以选择教学内容、教学手段、方法等，而且还可以根据学生的特点去发展学生的兴趣爱好、个性特长，以使学生得到充分的发展。可见，在教书育人方面，教师具有较大的自主权。

（4）教师需要终身发展

钟启泉教授提出，教师工作是一种“终身学习的专业”。[①] 随着社会的发展，特别是科学技术与信息技术的迅猛发展，教

① 钟启泉．我国“教师教育”制度设计的课题[M]．教师教育改革与教师专业发展：国际视野与本土实践．上海：华东师范大学出版社，2007：27.

师职业将处于不断变化和发展之中。由于社会的发展变化，教育对象、目标、内容、方式等都会发生变化。那种一旦成为教师就可以一劳永逸的思想与时代的发展不相吻合，教师将成为终身发展的职业，社会的发展需要教师不断地自我更新知识。社会终身教育首先要从教师开始，只有教师做到了终身教育，他培育的学生才能做到终身教育，整个社会才能做到终身教育。

（5）育人首先要育己

教师要以身示范，要教育别人，首先必须自己做到。这就要求教师志存高远，爱国敬业，忠诚于人民教育事业，以培育人才、发展先进文化和推动社会进步为己任；要求教师为人师表，教书育人，既注意言教，更要注意身教；要求教师既要有脚踏实地、乐于奉献的工作态度，又要有淡泊明志、甘为人梯的精神境界；要求教师严谨笃学、与时俱进，在教育创新中承担重要使命，具备严谨自律的治学态度和学术精神，成为热爱学习、学会学习和终身学习的楷模。

二、教师专业化

1. 教师专业化的含义

1966年联合国教科文组织在巴黎召开了“教师地位与政府间特别会议”，会议提出，应当把教师工作看作是一门专业，它需要教师的专门知识和特别才能，并需要经过长期的努力与研究才能得以维持。[①] 以这种形式来确认教师职业的专门性质，开创了教师职业专业化发展的先河。1986年霍尔姆斯小组（The Holmes Group）和卡内基教学专业研究工作组明确提出了“教师专业化”这一概念，并将其视为提高公立学校教育质量的必

① 教育部师范教育司．教师专业化的理论与实践[M]. 北京：人民教育出版社，2003：23.

要途径。美国学者科尔文等人提出："凡是称得上一门'专业'的，必须具备以下一些特征：为公众服务，可以成为终身投入的事业；具有专门的知识和技能，非一般人可以轻易获得；能够投入大量的精力进行研究并将理论应用于实践中；有足够长的专业受训时间；对工作和顾客负责并注重服务质量。"[①]按照这样的标准，教师这一职业显然也是一门专业，因为教师所追求的基本社会利益是："通过满足每个学生的需要、考虑其兴趣、挑战其能力，教学专业使每个学生的学习机会最大化，以实现其知识、个性、情感、道德、精神和其他方面的充分发展。"[②]

从西方有关教师专业化研究的文献来看，对专业化、教师专业化、教师专业发展等重要概念均有不同理解，各概念之间的关系也较为复杂。下面我们对这三个概念做一个简单的介绍：

（1）"专业化"（Professionalization）是一个社会学概念，一般来讲有两层含义。一是指一个普通职业逐渐符合专业标准、成为专门职业并获得相应的专业地位的过程，用"Professionalization"一词来表示，侧重讲过程含义；二是指一个职业的专业性质和发展状态处于什么情况和水平，用"Professionalism"一词来表示，侧重讲性质含义。一般讨论教师专业化更侧重于前者。

（2）教师专业化（Teacher Professionalization）是指教师职业具有自己独特的职业条件和培养体制，有相应的管理制度和措施。其专业性表现在国家规定的学历标准、必要的教育知识和教育能力、职业道德、教师资格的管理制度等。从个人来讲，是指"教师个人成为教学专业的成员并且在教学中具有越来越

① 教育部师范教育司．教师专业化的理论与实践[M]．北京：人民教育出版社，2003：48.

② 教育部师范教育司．教师专业化的理论与实践[M]．北京：人民教育出版社，2003：50.

成熟的作用这样一个转变过程”。①

教师专业化的基本含义包括：第一，教师专业既包括学科专业性，也包括教育专业性，国家对教师任职既有规定的学历标准，也有必要的教育知识、教育能力和职业道德的要求；第二，国家有教师教育的专门机构、专门内容和措施；第三，国家有对教师资格和教师教育机构的认定制度和管理制度；第四，教师专业化是一个发展的概念，既是一种状态，又是一个不断深化的过程。②

在现有的教师专业化理论上，对教师专业化内涵可以从三方面来理解。其一，教师专业化，是指教师职业由非专业或半专业发展成为一门专业的过程。理解上应该是“教师专业一化”，主要是从教师群体的角度关注。其二，指新教师个体成长为专家型教师的过程，主要关注的是教师个体，理解上应该是“教师一专业化”。其三，既包含教师职业的专业化，也包含教师个体的专业化（专业发展）。由此可见，教师专业化包含两层意思：第一层，从群体和外在的维度，是一种自上而下的要求；第二层，主要指教师在整个专业生涯中，依托专业组织，通过终身专业训练，习得教育专业知识技能，实施专业自主，表现专业道德，逐步提高自身从教素质，成为一个良好教育专业工作者的专业成长过程，即一个人从“普通人”变成“教育者”的专业发展过程。③

教师专业化的过程是一个内涵不断丰富、发展的过程，是

① 邓金．培格曼最新国际教师百科全书 [M]. 北京：学苑出版社，1989：553.

② 陈永明等．教师教育研究 [M]. 上海：华东师范大学出版社，2003：98.

③ 刘捷．专业化：挑战 21 世纪的教师 [M]. 北京：教育科学出版社，2002：21.

专业知识不断积累、专业技能不断提高、专业情意不断完善的过程。从这个意义来讲，我国的教师专业化还处在由“半专业化”向“专业化”方向发展的过程中。“专业化”已经成为未来教师发展的努力方向。①

（3）教师专业发展（Teacher Professional Development or Growth）主要指教师个体专业性发展，它是教师以自身专业素质（包括专业思想、专业知识、专业能力、专业心理品质等方面）的提高与完善为基础的专业成长、专业成熟过程，即由一个专业新手发展成为专家型教师或教育家型教师的过程。教师的专业成长是多阶段的连续过程，是职前教育、入职教育和在职提高一体化的过程，即教师终身学习与不断解决问题的过程。②

教师专业发展是教师专业化的核心内容，其特殊内涵在于教师素质的提升与发展，关键在于提高教师实施教育的能力和水平。

国内外对教师专业发展的理解多种多样，归纳起来主要有三类：第一类是指教师的专业成长过程，霍伊尔（Hoyle E.）、佩里（Perry P.）、富兰和哈格里夫斯（Fullan M.&Hargreaves A.）、利伯曼（Lieberman A.）等人持此观点；第二类是促进教师专业成长的过程（教师教育），利特尔（Little J.W.）、斯帕克斯和赫什（Sparks D.&Hirsh S.）、台湾学者罗清水等人持此观点；第三类认为以上两种含义兼而有之，比如威迪恩（Wideen M.）等人。我国学者倾向于把教师专业发展理解为教师的专业成长或教师内在专业结构不断更新演进和丰富的过程。③

① 陈琴、庞丽娟等．论教师专业化[J]. 教育理论与实践，2002（1）.

② 熊焰．试论教师专业化与校本培训[J]. 课程·教材·教法，2002（7）.

③ 叶澜等．教师角色与教师发展新探[M]. 北京：教育科学出版社，2001：222-226.

依据我国学者的理解，教师专业发展从教师专业结构来看，涉及观念、知识、能力、专业态度和动机、自我专业发展需要意识等不同侧面。教师专业发展的具体内容是：专业理想的建立、专业知识的拓展、专业能力的发展和专业自我的形成。①

（4）教师专业化与教师专业发展，“就广义而言，两个概念是相通的，均用以指加强教师专业性的过程；当将它们对照使用时，主要可以从个体、群体与内在、外在两个维度上加以区分，教师专业化主要强调教师群体的、外在的专业性提升，而教师专业发展则是教师个体的、内在的专业性的提高”。②“教师专业化”是从社会学的角度强调；“教师专业发展”则是从教育学的角度加以界定。此外还可以认为，“教师专业化”体现的是一种教育思想或思潮，还是一种教育制度；而“教师专业发展”则包含的是一个教师的成长过程，是一种具体的实践过程。

教师职业是动态发展的，其专业特性存在着一个专业化过程。专业化既是过程，也是结果。教师专业化从动态角度来说，是指教师在严格的专业训练和自身不断主动学习的基础上，逐渐成长为一名专业人的发展过程。这一过程的实现不仅需要教师自身主动地学习和努力，以促进和提高自己的专业能力，而且需要创设良好的外部环境。从静态角度来看，教师专业化是指教师职业真正成为一个专业，以及教师成为专业人员得到社会承认的结果。

从个人角度看，教师专业化是指个人成为教学职业的成员，

① 全国十二所重点师范大学联合编写．教育学基础[M]．北京：教育科学出版社，2002：118.

② 叶澜等．教师角色与教师发展新探[M]．北京：教育科学出版社，2001：208.

并且在教学中越来越成熟的转变过程。它既表现为阶段发展目标，也预示着最终的发展结果。它是一个连续不断的过程，涵盖了教师从职前到职后直至退出教师职业前的整个时期。从这一点来说，人们更多地使用“教师专业发展”这一术语。

为了提升教师专业化程度，人们最初采用的是群体专业化策略，即着力提高教学工作的专业化水平。在这一过程中又存在两种不同的取向：一是通过订立严格规范的资格许可和任职制度提升专业性的“专业主义”取向，二是通过谋求社会对教学工作专业地位的认可和社会地位的提升来获取专业性的“工会主义”取向。此后，教师专业化的重点由群体转向个体。教师个体的专业化也经历了一个重心转移的过程，先是强调教师个体的被动专业化，获得个人职业阶梯的上升和各种专业荣誉，后来才转向强调教师个体的主动专业化，即教师专业发展，强调内在专业素质的提高和专业实践的改进等。①

本书主要研究教师个人的素质和能力问题，因此除特殊需要外，一般采用“专业发展”的提法。

2. 教师专业化的特征

刘捷提出了一个成熟的“专业”工作应该具备的六个特征与标准：运用专门的知识与技能；服务的理念和职业伦理；长期的培养与训练；不断地学习进修；享有有效的专业自治；形成坚强的专业团体。②

教师专业化是指教师职业具有自己独特的职业要求和职业条件，有专门的培养制度和管理制度。因此，它的基本特点是：

① 叶澜等．教师角色与教师发展新探 [M]. 北京：教育科学出版社，2001：208.

② 刘捷．专业化：挑战 21 世纪的教师 [M]. 北京：教育科学出版社，2002：62-64.

第一，教师专业既包括学科专业性，也包括教育专业性，国家对教师任职既有规定的学历标准，也有必要的教育知识、教育能力和职业道德的要求；第二，国家有教师教育的专门机构、专门教育内容和措施；第三，国家有对教师资格和教师教育机构的认定制度和管理制度；第四，教师专业发展是一个持续不断的过程，教师专业化也是一个发展的概念，既是一种状态，又是一个不断深化的过程。①

钟启泉在论证教师专业发展时，提出教师专业发展应该具有如下特点：

（1）专业发展含义的多面性：专业发展过程是教师经验与环境持续互动的过程。因此，教师的专业发展应从个人、课堂教学和学校发展等多层面来检视。

（2）专业发展方式的多元化：存在不同的学习方式与过程，包括参与研修训练、行动研究等，均有其意义与价值。

（3）专业发展囊括认知技能与情意改变：认知与技能的发展固然重要，但过分偏重可能导致教师沦为教育技术人员，因此，教师专业化应兼顾情意的改变。

（4）专业发展发生在人际网络及情境之中，它总是基于学校的具体情境。教师面对教学环境中的不确定性与挑战，需要得到同事的鼓励与支持，因此，教师的专业发展必然表现在人际关系上。②

上述对专业化特征的陈述尽管很不统一，但在一些基本问题上还是形成了比较一致的看法。总括起来，教师专业化特征主要涉及这些方面：强调长时间的系统培训，掌握专门的知识和技能，拥有自己的专业伦理；强调工作的智力性实践和在实

① 陈永明等．教师教育研究 [M]. 上海：华东师范大学出版社，2003：98.

② 钟启泉．“教师专业化”的误区及其批判 [J]. 教育发展研究，2003(4-5).

践中不断学习的需要；重视专业团体对工作质量和不断学习的监控；强调严格控制入职标准；等等。这些特征界定的是教师教学工作的特征，它是教师专业化的核心。

3. 教师专业发展实践中存在的问题

我国经济基础薄弱，生产力水平较低，东西部发展不平衡，城乡发展不平衡，较大地影响到教师专业化建设。与发达国家相比，我国的教师专业化程度还很低，还存在着一系列的问题。随着教育整体水平的提高，特别是随着基础教育新课程改革的不断深化，我国的教师质量与全面实施素质教育要求的差距明显表现出来。此外，我国教育界对教师专业化的认识不足，开展教师专业化的研究也只是近一二十年的事，许多问题尚未达成一致认识，必然会影响到教师专业化的实施。

教师专业发展实施过程中存在着以下问题：

（1）教育部门、学校和教师对教师教育和教师专业发展认识不足，没有形成教师专业发展机制，教师缺乏专业发展的意识

如前所述，教师专业发展的研究仅有一二十年的历史，许多问题还在研讨之中，没有形成能够指导实践的系统理论。多年来，我们的教师教育、教师培训等都未纳入教师专业化体系中进行，目标也不是促进教师的专业发展，因此，极大地影响了教师专业化进程。

教育管理部门还没有教师专业发展的意识，对这一系统知识知之甚少。他们平时也抓继续教育，抓教师培训，但多是针对教材教法和教学中存在的问题，很少从教师专业发展角度来要求教师，不能从根本上指导教师自我提高，实现专业发展。

而教师本人很少关注教师专业发展，不能自觉地进行“专业理想的建立、专业知识的拓展、专业能力的发展和专业自我的形成”。

（2）教师数量大体上满足低水平需求，合格教师数量不足

各地中小学的教师数量基本上能满足教学的需要，但在少数民族地区仍有缺额。比如新疆的南疆地区普遍缺双语教师，汉语系学校的教师缺编更大，因为许多少数民族家长把孩子送到汉语系学校就读，造成少数民族学校生源不足，汉语系学校学生爆满，相应的，汉语系学校教师严重不足。此外，南疆地区少数民族高中普遍缺教师，影响到少数民族初中生的升学率。

由于不少学校是近几年才通过招聘补足教师缺额的，教师队伍新手多，合格的教师明显不足。而那些缺教师的学校，现有教师超负荷工作，造成教师没有精力和时间来学习进修。这样大大影响了教师自身素质和教学能力的提高。

（3）教师的专业理想不高，专业自主性差，教育理念比较陈旧

正因为没有实施教师专业化，在教师队伍中普遍存在缺乏专业理想和专业目标，应付日常教学多、思考自身专业发展少，钻研教材教法多、研究自身素质提高少等现象。从调研中我们发现，汉语系教师同样存在这一现象。比如，高校设立教育硕士专业，招收中小学专业教师读研深造，但每年报考的人数寥寥无几，考试成绩普遍不高。从我们带的几名在职语文学科研究生来看，专业素质参差不齐，普遍缺乏专业理想，对所学专业和教学的相关研究知之甚少。多数教师只熟悉自己教学的内容和教学方法，没有掌握本专业应该掌握的知识和能力。特别是实施新课程改革以后，不少教师还是沿用传统教学理念和方法，没有领会课改的精神，在实践中实施、创新者就更少。

（4）教师的职业道德状况不尽如人意，专业精神不强

教师应该树立育人的理想，在当前浮躁的社会大环境下，能够有清醒的头脑，甘当人梯，乐于奉献。然而能这样做的人不

多，多数教师只能保持对教学工作的责任心，而不是对学生的责任心。我们讲的“教学工作责任心”是指较好地完成教学任务，不出教学事故。而“对学生的责任心”是从育人的角度，追求教学效果，追求人才培养。这是两种不同的教学理想和教育境界。

在少数民族教育中，有责任心、尽心尽力为提高民族教育质量而努力者明显偏少。在调研中、教师培训中，我们都可以发现教师学习和工作上的敷衍态度。上课只是照本宣科，自己都一知半解，讲解错误、书写错误随处可见。更有甚者，见有人来听课，老师就改变教学计划，随便安排学生活动（看录像、读课文等），打发时间。有一些教师上课东拉西扯，不入正题。参加集中培训，上课迟到早退、心不在焉的人很多，认真听课记笔记者寥寥无几；借口家里有事随意请假的人较多，到节假日请假回家的人就更多。类似的现象还有许多，以至于许多培训者怀疑，靠这样的老师能改变民族教育的面貌吗？

（5）教师专业水平和素质不高影响教师培养的质量

教师队伍整体素质不高，表现在教师学历起点偏低、教育观念陈旧、教学方法手段落后、创新意识和实践能力不强等方面。教师专业水平不高还体现在课程设置上。与发达国家的师范教育课程相比，我国教师培养在课程设置上存在着这样一些问题：一是在观念上存在着认识的偏差，认为学术性重于师范性，理论性重于实践性，传统文化重于现代科学知识，因而，师资培养课程缺乏特色，体现不出师范特点；课程设置脱离实际，抽象的深奥的理论课过多，且不少知识已经陈旧落后，培养实际需要的理论知识和能力的课太少，对传统的知识体系比较看重，而对现代科技知识重视不够。二是课程结构的比例不够协调。我国目前师范院校的基础教育类课程占总课程的比例太小，专业课程占总课程的比例过大，而在学科知识上又不如综合性大学；教育专业理论课程过多，与中小学教育脱节，不以中小学教学需要为目标，难以适应当前社会经济和科技文化的需要。三是教学内容陈旧、狭窄和空洞。教材建设速度非常缓慢，陈旧的内容仍保留在书本里，无法与新鲜活泼的现实相匹配，忽视学科之间的交叉，对边缘学科、新兴学科、文理知识的渗透重视不够，造成学生知识结构单一，知识面狭窄，综合素质不高。教育实践课程和教育实习的时数偏少，与中学教育教学改革极不适应。因而，教师专业素质的低水平直接影响到中小学教育质量的高低。

（6）师资培养标准偏低，影响了教师职业的专业地位

我国的教师教育多数是由师范院校承担的。在各学科教学中，普遍重视学科知识和技能教学，忽视教育教学知识和技能的教学，特别是针对中小学学科的教学知识和能力培养不足。在各师范院校的课程体系中，除了教育学、心理学外，和中小学学科教学相关的只有一门学科教学法和教育实习。无论教学理论还是教学实践学习都明显不足，所培养的未来的教师并不熟悉中小学学科教学的内容和方法，更不了解教学目标、教学过程和学生的实际状况。这种师资培养体系和方法完全是受传统观念的影响，不把教师作为教育专业人士来培养，认为只要掌握了一门学科的专业知识就可以去当该学科的教师。

与发达国家相比，我国教师培养存在着学历达标任务和提高教师培养标准两大课题。《中华人民共和国教师法》实施以来，各级政府和学校进行了不懈努力，中小学教师学历达标率有很大提高，基本上达到要求。但由于我国地域辽阔，情况复杂，中小学教师学历达标的任务还未完成。发达国家中小学教师培养基本上达到了高等教育程度，实现了中小学教师由大学培养的目标。我国在完成现有中小学教师培养学历达标任务后，要

把教师的学历提高到高等教育、研究生教育的程度，还要经过相当长的时间，有大量的工作要做。

（7）教师资格证书制度不完善，教师队伍参差不齐

直到2001年，我国才开始实施教师资格制度工作。这标志着我国教师任用开始走上科学化、规范化和法制化轨道。虽然有关教师资格方面的法规出台已有几年，但无论在法规完善还是在配套制度建设等方面都存在许多不足。2001年教育部下发的《关于首次认定教师资格工作若干问题的意见》对个别资格认定环节给予了特许，如第七条："对教育学、心理学等课程的要求。对非师范教育类毕业生申请认定教师资格者补修教育学、心理学等课程的要求，由省级教育行政部门作出规定。"掌握教育学、心理学知识原理并能在教育教学实践工作中自觉地运用，是教师职业所要求的。考虑到当前我国教师队伍建设所面临的主要矛盾，当务之急是广开渠道，吸引优秀人才从教，首次认定教师资格时如果就对此作硬性规定，要求申请者必须要有教育学、心理学的学分或单科合格证书，有可能会把一些愿意从教的优秀人才拒之门外。因此，允许各省（市、区）可以根据当地具体情况拟定对教育学、心理学课程的要求。这就给某些中西部欠发达地区降低教师资格认定时的教育专业要求提供了政策依据，也反映了教师职业地位不高的现状。

教师资格有效期的问题也存在制度设计缺陷。从国际惯例和教师队伍建设的现实需要考虑，应对教师资格的有效期做出年限规定，几年后重新认定教师资格。如美国，对教师的资格认定每五年就要重新进行一次，这是促进教师在业务上不断进取的有效措施。但我国《教师法》和《教师资格条例》等没有对此做出规定，可以解释和理解为教师资格终身有效，而终身有效明显不利于教师队伍的建设，不利于教师的终身学习。

教师学历标准问题。《教师法》《教师资格条例》规定小学、初中、高中和大学教师的合格学历分别是中师、大专、本科。这些条件应该说是取得从教资格的基本条件。但是随着社会经济发展和教育水平的提高，原来规定的学历标准显得偏低，与发达国家基础阶段教师全部由高等教育培养相比，学历标准就更低了。因此，提高教师的学历标准和任职条件是必然的，也是必须的。

各地在教师资格证书的考试、发放等方面，执行情况差别较大，管理不严，以至于许多新的不合格者进入教师队伍。

三、教师教育的专业化及认可制度

近年来，教师教育呈现出专业化趋势，伴随而来的是教师教育认可制度。只有切实制定好教师教育认可制度，推进教师教育专业化，才能从根本上提高教师教育质量。

1. 教师教育的专业化

（1）教师教育专业化的内容

教师教育专业化应该包括两个内容，一是教师职业的专业化，二是教师培养的专业化。我国的教师职业专业化，是近年受西方教育思想的影响而产生的，具有教育改革的积极意义。“关于职业化的标准和特征有几种说法，有的学者认为职业化有四项标准，即有偿、有社会地位、有自主权或权威、社会服务性。还有学者从分类方法的角度来为教师职业化定性，将教师职业化的特征概括为：职业上有自主权；知识基础界限明确，专业性强，具理论性；对新入道者的培训、证书和执照有控制权；有自我管理和自由决策的权威；忠实于公共服务等。”[①]“教

① 朱旭东.国外教师教育的专业化和认可制度[J].比较教育研究,2001(3).

师职业专业化”是指选择教师职业的人要具备教师素质。教师职业道德是教师素质的基础，在教师职业道德基础上建立起来的教育理念、教学经验与教学方法构成了教师个人的教育教学能力；同时教师还必须学习过教育学和教育心理学，且能够自觉不断丰富、完善教学专业特长。教师群体不同于社会的其他群体，在于这个职业是点化生命的职业，是启迪心灵的事业，是生命与生命碰撞的职业，是塑造人生的职业。所以教师职业更需要专业化，衡量一个教师是否专业化，要以教师在这个层次上的专业素养来度量，而绝对不是基于教学内容或如何教等方面来进行的。

教师培养专业化是由教师职业专业化决定的。教师职业特点决定了培养教师也要专业化。和医生、律师、工程师等职业性强的专业一样，教师是一项具有较强专业性的职业，要适应这一职业特点，教师首先必须经过一定期限的系统训练过程，达到国家规定的资格才能任职。同时，专业化性质还要求从事教学工作的人必须不断学习所教学科及其他相关专业知识技能，不断精益求精，才能保持自身的专业水平。因此，教师的培养也必须由专门的教育机构设置专业课程，其中包括教育实践课程，在这一过程中，培养学生的教师素养，使其获得必要的专业知识和能力，能够胜任教育教学工作。

（2）教师职业专业化的途径

在教师职业专业化中，系统知识在教学中占有重要地位。任何一门学科都有其系统知识，从事该学科的教学，首先要掌握其知识系统，然后才有可能实施该学科的教学。知识系统的掌握不能仅靠传授，更重要的是教师自身的主动学习、体验，教师要能够从生活出发，带着问题，进入知识系统的学习，掌握知识以后，再回到生活中运用，检验所学的知识，点点滴滴地去积累，最终完全掌握学科知识。

教师职业的实践性相当强，课堂教学的设计、组织实施、评价等等技能要靠在实践中慢慢体验和积累，成为经验。因此，在课堂教学中要为教师提供条件，使教师能最大限度地影响教学实践的全过程。要为教师提供宽松的职业环境，使教师获得更多的自治权，以充分发挥教师本身的专业潜能和创新能力。

教师职业专业化要求为教师提供专业自主权，也就是说教师要像医学、建筑、法律等其他行业的从业者一样，在教学工作中有做出重要决策的权力，有决定采用最好方法的自由。

教师必须接受广泛而深入的专业教育，就像医生和律师所接受的教育那样。教师职业专业化应该为教师提供专业发展的机会，这些机会包括建立教师集体责任制，提供以教师的业务知识和业务技能为基础的专业晋升机制，为教师创造能够进行知识结构更新的有效途径，为教师建立能与教育专家及同行经常沟通的联系网，为教师提供及时的信息资源，等等。

2. 教师培养专业化

教师教育的专业化需要几个条件：一是确立教师资格证书制度；二是规范教师教育的专业训练；三是加强教育实习，延长实习时间；四是注重培养教师的教育实践能力和专业学科的科研能力。

从这几个条件来看，教师培养需要走专业化道路，而培养专业化还必须有特定的培养方法。教师培养专业化可以利用案例方法来实现。案例教学在国外已经成为包括教师教育在内的所有职业化较强的专业教学的主要方法。

美国教师培养案例方法中存在着各种不同的概念定向，从教师培养案例的理论研究来看大致可分为四类：一是学术定向，它主要集中在对案例方法的一些基本知识的探究上；二是实践定向，集中关注优秀教师在教学中表现出的诸如技巧、技术和艺术的部分，并强调课堂教学的独特性、情境的模糊性和复杂性；三是技术定向，目标是使教师有效地完成教学任务要求，它注重理性的决策形式和科学的原则在案例教学中的应用，教师通过对教学的科学研究来把握教学规律和实践；四是个人定向，强调学习者个人的成长和发展，把学习者作为培养过程的中心，以学生个人经验的获得和他们的反省为主来进行学习。案例方法的实践可分为案例的编写和案例方法的教学两部分。①

3. 教师教育的认可制度

（1）制定多层级的教师资格证书制度

教师资格证书制度由国家或省级教育部门指定专门的机构或师范大学实施，教师证书的报考者直接向这些机构申请，学习必修课并完成其他指定作业，如教学实习、通过考试等。经过上述培训后，报考者便可获得教师资格证书。

证书制度是各种职业的岗位专门化的必然结果，也是社会分工及管理进步的表现，它直接影响到职业和行业的质量及其社会声誉和地位。教师证书制度必须以严格的考核为基础，这种考核不仅表现在对教师的身体、道德、学力知识能力等方面的素质有明确的高标准要求，而且表现在把握毕业、考核、转正考核、晋级考核等措施。

（2）建立教师教育机构的认可制度

教师教育机构必须通过认定，才有资格颁发教师资格证书。不是任何机构都有条件和资格培养教师，对不合格的教师教育机构要予以取缔。

① 朱旭东.国外教师教育的专业化和认可制度[J].比较教育研究,2001(3).

4. 教师质量是教师教育改革的关键

解决教师教育质量问题是一个世界性的教育难题。如何提高教师教育的质量，培养高素质的教师，是各国教师教育机构研究的重点。

就拿我国的师范教育来说，多数师范大学（学院）的学科专业和课程与普通大学没有区别，学习专业知识的课程和课时占了80%以上，仅有的三门教育课程——教育学、心理学和教学法知识陈旧，脱离中小学教育实践，纸上谈兵，对学生未来从事教师职业帮助不大。这样的教师教育是培养不出高质量的教师的。现在的师范院校毕业生大多不会教学，进入岗位后，还需要培训才能上课。

因此，要提高教师的培养质量应该进行综合改革，从体制、课程设置、教育教学方法和教育实践等方面进行。比如从体制上，建立学校内教育科学学院和各专业学院之间的联系，采纳“3+1”或“4+1”制，在专业学院学习3到4年专业课，然后去教育科学学院学习1年教育学科课程。教育学科的学习，除了必要的理论学习外，要突出教育实践学习，课堂教学多采用微格教学、模式示范教学、虚拟课堂教学等形式，还应该延长教育实习时间，甚至实施学生去基层学校顶岗实习制度，由实习学校对实习生进行考核，合格者才允许毕业。

第三节　教师教育改革

一、教师教育的发展趋势

当代国外教师教育日益重视教师教育目标的全面性，强调教师教育的专业化水平和教育层次的提高，突出了教师教育由单一系统向多元系统、由追求数量向追求质量、由一次性教育向终身教育的转变，呈现教师教育的封闭型与开放型模式相结合、学术性与师范性发展取向相结合、理论培养与实践训练相结合、特殊教育教师与普通教育教师培养相结合的发展趋势。

1. 教师教育目标的全面性

目前国外教师教育的目标已经超越学科知识、教育理论和教学能力的范围，扩展到作为教师的所有方面。未来的教师教育目标要把教师培养成为终身学习者、优秀的教育专家和好公民。教师要培养学生学会学习，首先必须自己会学习，具有终身学习的能力。教师要成为专家型的教师，就应该具有扎实的基础知识和深厚的文化修养，精通所教的科目，掌握“教”与“学”的性质和规律，熟悉学生，掌握学习规律，懂得自己周围的世界，具备献身教育事业的责任心和事业心等。教师要做一个好公民，应该广泛地接触社会，参加社会的实践活动，特别要提高对道德教育重要性的认识。

教育部新近制定的学前和中小学《教师专业标准（试行）》，就提出了教师教育的目标群，包括专业理念与师德、专业知识、专业能力三个维度，下分为若干领域和要求。

2. 教师教育的专业化水平不断提高

专业化是实施教师教育的基础。教师专业化的基本理念，在于肯定教师职业的特殊性，承认教师在教育中的重要地位和作用，强调提高教师的专业素质，以提高教师教育质量。实现教师专业化，就必须实现教师教育的专业化。

目前，国外提高教师教育专业化水平的基本思路是：第一，完善国家教师考评制度；第二，加强教师教育机构的内部管理与教学质量建设。韩国专家建议，实行“全国教师资格考试”制度，所有师资培养机构的毕业生，必须参加全国统一的考试才能获得教师资格；考试和资格授予由教育部负责严格把关。专家们强调通过建立保证教师职业专门化的国家制度，促进教师教育专业水平提高。俄罗斯实行教师鉴定和学校鉴定制度，对促进教师专业化发展、保证教师教育质量起着重要作用。美国教育界则强调加强教师培训，培养出训练有素的达到专业化标准的教师，以教师专业化来实现教师职业专门化。①

3. 教师教育的层次不断提高

从国际范围来看，对于教师的学历和素质的要求是不断提高的，教师教育的层次也在不断地提高。科学技术的进步、经济与社会的发展、教育事业自身的发展是重要的影响因素，社会对所培养的学生的素质、能力要求不断提高，对培养学生的教师的要求自然也要不断提高。此外，教育理论的发展状况、与教师专业地位相关的社会心理因素等等也影响着这一过程。

当前，新技术革命深入发展和知识经济的兴起，使得学生中学后教育不断得到扩充，伴随着教学内容的改革，对教师以及教师教育提出了更高的要求。传统的师范教育已经很难培养出适应未来社会发展需要的教师，专科和本科教育也很难培养出知识面宽广、应变能力和教学科研能力强的教师。

国外研究生层次的教师教育普遍发展和教师教育学制的延长（一般为五年以上）是教师教育高层次化的重要特征，综合性大学积极承担教师的培养任务也是教师教育层次不断提高的一种表现。

4. 教师教育由单一系统向多元系统转变

目前世界各国纷纷尝试设立正规学校系统以外的机构，如开放大学、广播电视大学、成人继续教育学院以及虚拟大学等

① 童康、皮文彬.当代国外教师教育的发展趋势[J].教学与管理,2002(1).

等，采取了全日制、部分时间制、函授教育等多种培养方式，以便向社会提供更多更方便的师资培训。

我国也开始打破单一的师范院校培养教师、教育学院培训教师的格局，推进职前培养和入职培训、在职培训一体化。“对师范院校和综合大学的师范专业进行前面改革，实行多层次培养模式，一是采用‘4+1’模式，即4年专业学习和1年教育实习，亦可采用‘3+1+2’模式，即3年专业学习和1年教育实习，再进行2年教育硕士学习，取得教育硕士学位后担任教师。……非师范专业学生，可采用‘4+2’或‘4+1’教师培养模式，即先接受4年大学教育，然后进入本校的教育院系或其他师范学院进行1年或2年的教育专业学习，毕业后颁发教师资格证书。”①

5．教师教育由一次性教育向终身教育转变

当代国外教师教育的一个共同趋势是：有系统地结合教师职前培养和在职进修，从培养、任用、进修各个阶段有效地提高教师的素质能力。发达国家一般已经形成职前教育、入职教育、职后教育一体化的系统，拓展了教师教育服务的范围，使教师教育在教师成长与发展的各个过程都持续发挥作用。许多国家都用立法的形式确保这一过程的实现。

我国也在《教师法》《教育法》《中长期教育改革和发展规划纲要》以及教育部的相关文件中都进行了规定，教师教育开始注重培养教师的终身学习观念，终身教育的思想已成为教师教育发展的重要指导思想之一。

6．封闭型与开放型教育模式相结合

各国都开始教师教育改革，把师范院校进行的教师教育和综合性大学培养教师结合起来。美国普遍要求未来教师先在综

① 靳希斌．教师教育模式研究[M]．北京：北京师范大学出版社，2009：22.

合大学文理学院进行四年的基础教育，然后到教育学院进行一年或一年以上的专业训练，这是封闭型与开放型相结合的一种方式。而法国则主要采用大学和高等师范院校合作制。具体做法是，第一阶段由大学提供基础知识的教学，第二阶段由大学和师范学校共同进行为期两年的教育和科学的培训。

我国也在改变教师教育的格局，打破师范院校独霸教师教育的局面。同时在师范院校内部，试行多层次的教师培养模式。

7. 学术性与师范性发展取向相结合

一般认为，在教师教育发展过程中，经历了一个学术性与师范性不断走向整合的过程。当代社会发展和教育变革对教师提出的高要求使学术性和师范性两个方面都受到了严峻的挑战，因而，两者的结合是时代发展的必然趋势。

一方面，教师教育要重视学科素养教育，培养未来教师多方面的学科素养，使其获得传授两门以上课程的能力。另一方面，也要重视加强教育专业训练，强调“教师专业化发展”。目前，国外教师教育课程中教育科学课程所占的比例，英国为25%，德国为30%，法国为20%（我国为10%左右）。提高教育科学课程所占的比例，显然是学术性与师范性发展取向相结合的必然要求。

8. 理论培养和实践训练相结合

国外在教师职前培养方面有两种理论与实践相结合的模式：一种是把理论培养与实践训练放在一个阶段里进行；另一种是在两个不同的阶段里分别侧重理论和实践，第一阶段以理论培养为中心，辅之以实践训练，第二阶段以实践训练为中心，辅之以理论培养。前者可称为一阶段培养模式或共时态模式，后者称为两阶段模式。这两种模式都致力于解决好理论和实践相结合的问题。

我国的教师教育也是分两步走，在学校侧重理论培养，同时学习与学科教学相关的知识和技能；然后有三个月的教育实习，这一阶段要求把所学理论运用于教学实践，提高教学效果，同时根据教学实践的需要继续学习理论。但总体来说，传统的师范教育侧重理论学习，忽视实践教学，加强实践是今后教师教育改革的方向。如何合理安排实践学习，提高实践学习的效果，是今后教师教育改革重点研究的内容。

二、教师教育政策的发展

1. 制定教师教育课程标准

2011 年，教育部为了贯彻落实教育规划纲要，深化教师教育改革，全面提高教师培养质量，建设高素质专业化教师队伍，制定了《教师教育课程标准（试行）》(以下简称《课程标准》)。这是我国教育史上第一个专门颁布的《教师教育课程标准》，是教师教育课程的基本纲领性文件，是国家对教师教育课程的基本规范和质量要求。

《课程标准》贯彻了《国家中长期教育改革和发展规划纲要（2010—2020 年）》和第四次全国教育工作会议的相关精神，吸收了大量教师教育课程理论研究和改革实践的成果，汲取了大批知名专家学者、一线校长教师、师范院校学生和政府官员的意见，具有相当的先进性、可操作性和权威性。《课程标准》的颁布对师范院校落实教育规划纲要，深化教师教育改革，规范和引导教师教育课程教学，培养和造就高素质专业化教师队伍具有重要的历史和现实意义。《课程标准》中提出的新的课程理念、课程目标以及课程内容，对师范院校的教师教育课程改革具有重大的指导意义。

《课程标准》明确了教师教育的基本理念，设定了幼儿园、小学、中学三个层次的职前教师培养和在职教师教育的课程目标和课程设置，课程目标分为目标领域、目标和基本要求三个项目，课程设置分为学习领域、建议模块和学分要求三个项目。最后提出了实施建议。《课程标准》具有以下特点：

（1）先进的课程理念

教师教育课程改革是一项系统工程，是我国教师教育改革的核心内容。作为教师教育改革的实施者，师范院校应切实转换课程理念，只有实现教师教育课程理念的转换、提升，才能更好地转变课程行为，实现课程创新，为顺利实施新的教师教育课程奠定良好基础。

为此，《课程标准》旗帜鲜明地提出旨在促进每一位教师专业发展的三条教师教育课程理念：育人为本、实践取向与终身学习。育人为本就是要求教师教育课程引导未来教师树立正确的儿童观、学生观、教师观与教育观，掌握必备的教育知识与能力，参与教育实践，丰富专业体验；引导未来教师因材施教，关心和帮助每个幼儿、中小学学生逐步树立正确的世界观、人生观、价值观，培养社会责任感、创新精神和实践能力。实践取向就是要求教师教育课程强化实践意识，关注现实问题，体现教育改革与发展对教师的新要求。终身学习要求教师职前教育与在职教育课程一体化，增强适应性和开放性，体现学习型社会对个体的新要求。这些新理念对日渐脱离儿童需要、脱离社会实际、脱离学术前沿的现行教师教育课程在目标、内容、实施与评价等方面均提出了新的改革要求。

（2）明确的课程目标

课程目标是课程理念的具体化体现。如果说课程理念是课程改革的灵魂，那么课程目标就是课程改革的核心。在整个课程标准体系中，课程目标具有举足轻重的作用，既是教育目标的体现，也是培养目标的具体化。课程目标的确立有助于指明课程编制工作的总体方向，有助于提供课程内容选择的依据，有助于提供课程实施的基础，有助于建立课程评价的标准。

因此，《课程标准》基于新的课程理念，按照幼儿园教师、小学教师、中学教师三个阶段，分别将每阶段的教师教育课程目标分解为“教育信念与责任”“教育知识与能力”“教育实践与体验”三大目标领域。每一个目标领域又分为若干目标，并对若干目标提出了明确的基本要求。总体来看，与以往教师教育课程过于关注知识目标相比，标准中的课程目标对教师基本职业素养提出了明确的要求，并且全面反映了当代教育研究的新成果，吸收了教师专业化和当代中学生、小学生、幼儿园儿童心理研究的新成果，体现了基础教育改革对教师教育的新要求。

（3）丰富的课程内容

课程内容是课程理念和目标的外化和体现，是课程目标实现的基础，是教与学的前提。从教师教的角度，课程内容回答的是“教什么”的问题；从学生学的角度，它是对“学什么”的规定。

课程内容决定了教学内容选择和教学实施。教育科学的发展和基础教育的改革对教师素质要求越来越高，已不满足于师范毕业生仅能完成知识传授的任务，还要求他们能善做班主任，能从事教育科学研究与实验，能针对青少年的心理进行有效的思想品德教育，能开展和组织丰富多彩的班级活动。因此，《课程标准》对课程内容提出了明确而具体的要求，即要把社会主义核心价值体系有机融入课程教材中，精选对培养优秀教师有重要价值的课程内容，将学科前沿知识、教育改革和教育研究最新成果充实到教学内容中，特别应及时吸收儿童研究、学习科学、心理科学、信息技术的新成果；要将优秀中小学教学案例作为教师教育课程的重要内容；要加强信息技术课程内容，提升学生信息素养和利用信息技术促进教学的能力。

课程内容的变化必然对原有的教师教育课程体系带来很大的冲击，原有的课程教材、教学内容、教学方法、教学手段等必须进行改革，以适应新的课程内容。

2. 改革教师教育管理体制

经过多年来的改革实践，我国教师教育的政策思路越来越清晰。当前，要以科学的发展观推进教师教育的制度设计和课程建设。换句话说，要着眼于解决现行教师教育制度及其课程的弊端，确立起新的能够适应乃至引领我国基础教育改革与发展需要的现代教师教育制度及其课程体系。

当前师范院校的课程设置，特别是教育学科的课程设置和课程内容严重滞后，不仅不能引领课程改革，而且不能适应课程改革的需要。教师中心、课堂中心、教材中心的思想根深蒂固。教师教育依然用“学科专业”替代“教师专业”，教师专业课程依旧是“老三门”——教育学、心理学、教学法。理论概念陈旧，脱离教学实践，特别是忽略了案例与策略的研究，没有形成教师专业教育的优势，甚至跟课程改革唱对台戏。因此，教师教育的管理方面，特别是改革课程设置和课程内容、倡导科学的教学理念方面还有很多需要解决的问题。

三、教师教育课程改革

1. 教师教育课程改革的依据——《教师教育课程标准（试行）》

《教师教育课程标准（试行）》的实施，体现了国家对教师教育发展的要求。教师教育改革的核心是课程改革。高师院校应及时根据《课程标准》的要求，以教师教育课程改革为重点，着力推进教师教育课程的理论创新、教学创新和体制创新，大力推进教师教育课程由传统的学科化、理论化、学术化向专业化、职业化、实践化转变，努力构建职前职后一体化且结构完善的教师教育课程新体系，全面提高教师教育质量，培养具有先进教育理念与良好道德素养的专业化新型教师。

高质量的教师教育需要高质量的教师教育课程作为支撑。师范院校要汲取前期改革的成果和经验，针对课程体系存在的问题，按照《课程标准》，结合基础教育改革的实际，深化教师教育课程改革，以现代教师教育研究、教育心理和教育技术能力培养为重点，全面提高教师职业素养。

2. 教师教育课程改革的内容

（1）明确课程目标

教师专业发展具有终身性，是一个不断完善的、连续的、螺旋上升的专业学习和发展过程。教师教育课程建设应把视野扩展到教师一生的专业发展，着重突出教师教育课程的专业化导向、能力导向和实践导向，统筹考虑教师教育课程的总体目标和前后相互联系的阶段性目标，包括知识目标、技能目标、情意目标。

首先，必须坚持以专业化为导向，依托教师专业发展的需要设置课程体系，并以促进教师的专业学习和发展为目标指引。在教师教育各个阶段中，职前阶段课程要注重学生职业素质的准备，要培养教师专业所应具有的职业精神和品质；职后阶段课程要注重帮助教师把职前课程中学到的理论知识转化为实践，注重教师专业内涵的发展，更多地倾向于开设激发教师热情、培养教师抗挫折能力等专业化发展指导课程。其次，应坚持能力导向，以培养现代教师的教育研究能力、教育心理能力和教育技术能力为重点，以全面提高教师职业素养为关键，推进教师教育课程建设，将课程目标指向于教师教育教学能力的发展与提升，致力于培养“反思性实践者”。最后，坚持实践导向，促使教师形成正确的专业情感、态度和价值观，使教师情意发展与专业知识、专业技能相统一，贯穿于人才培养的全过程。研究表明：教师专业情意越高，专业发展的能力就越强，专业参与和表现就越好。

（2）开发课程资源

课程资源是课程改革中的一个核心内容。课程的多样化呈现与实施方式，都离不开大量课程资源的支撑。合理开发和利用课程资源是课程改革顺利达到预期目标，有效提高教育教学质量的重要保障。高质量的、符合教师专业发展规律的优质课程资源对推进教师教育改革，加强中小学教师队伍建设具有巨大作用。

因此，师范院校要切实落实《课程标准》，实现教师教育课程的目标和任务，就必须根据《课程标准》要求，大力开发相应的教师教育课程资源。

首先，要重视教师教育课程资源的建设，利用教师教育基地建设的契机，建立合作开发机制，集中各种教师教育的优势力量，开展教师教育优秀课程资源的征集、遴选、推荐工作，进行较大规模的协作开发，探索区域内优质教师教育课程资源的共享方式。其次，按照《新课程标准》对教师职业素养的要求，结合教师资格考试改革试点的要求，贴近基础教育，突出案例教学，开展系列教材建设。最后，要以国家教师教育精品课程建设为契机，大力加强教师教育精品课程建设，增加投入，完善机制，构建较为系统的学院、学校、省（市、自治区）、国家四级教师教育精品课程建设体系，充分发挥教师教育精品课程的引领与示范作用。

（3）强化课程实施

课程实施是一体化课程建设的重要环节。课程实施是将编制好的课程计划付诸实践的过程，是实现预期的课程理想、达到预期的课程目的、实现预期的教育结果的手段，其关键是实施载体建设。实施载体建设主要包括实施队伍建设、实施平台建设、实施形式创新等。

首先，要加强实施队伍建设。一方面，要让高校教师教育者深入中小学教育教学实践，了解基础教育改革实际，提高教育理论研究和中小学教育教学的切合度；另一方面，要引进或聘任一批有一定教育理论素养的中小学特级教师作为高师院校的专兼职教师，提高教师教育改革的现实针对性，进而逐步形成一支由学术水平较高、精通教师教育工作的专家型学术骨干，以及一些学历高、科研能力强、发展后劲足的优秀中青年教师构成的一体化课程实施队伍。

其次，要加强实施平台建设。一要打造教师教育技能训练中心。训练中心要强化案例教学、问题化教学、任务驱动式教学方式，充分发挥训练中心的模拟、观摩、交流和教师教育研究范本四大功能，努力建成综合性、多功能的校级教师教育技能培训基地，紧密结合教师教育基地建设，不断创新教师教育培训模式，推动学校教师教育再上新台阶。二要创建实践共同体。师范院校应借鉴国外最新实践经验，以实习基地为基础，进一步加强与中小学校的合作与互动，整合重点中小学资源，致力于建设多个种类的促进教师专业学习与发展的“实践共同体”，以便使师范生的教学实践技能训练有一个更好的平台和场所，同时促进所在学校教师的业务进修和专业学习与发展。

最后，要加强实施形式创新。一要开发教师教育实践项目。在现代教师教学能力培养的基础上，深入实施“基于项目的学习”，积极拓宽实践能力的培养范围，推动能力培养点与面的有机结合。其中，“点”是指学校层面对依据规划设立的学生社团项目进行重点资助，“面”是指学校与学院开设各类研习项目。二要开设教师教学技能训练短学期。各师范专业根据能力养成规律，在大学一、二、三年级各设立一个短学期，渐进式地规划设计短学期实习实训工作。三要坚持和完善师范生“顶岗实习”制度，面向农村中小学，与其建立稳固的伙伴合作关系。

（4）改善课程评价

课程评价是课程改革系统中的一个重要组成部分，具有诊断课程、修正课程、比较各种课程相对价值、预测教育需求、确定课程目标实现程度等作用。建立有效的课程评价体系，是构建教师教育课程体系的重要环节。因此，要加强教师教育课程教学的监控与管理环节，建立教师教育课程教学质量认证和评价制度，明确评价标准与目标，构建评价体系与运作机制，定期评估与修订课程方案，监控教师教育的质量，确保教师教育课程方案反映时代发展和社会进步对教师专业素养的要求。

一方面，要制定评价标准。依据《教师教育课程标准（试行）》，根据教师教育课程目标和组织实施要求，重点考查教师教育课程目标和内容的连贯性、系统性和有效性，进一步制定相应的教师教育课程质量标准及实施细则，建立完整的教师教育课程实施的质量标准体系。另一方面，要健全评价机制。建立健全科学的教师教育课程实施的质量管理体制机制，建立体现素质教育思想、促进学生全面发展、激励教师上进和推动课程不断完善的课程评价实施体系，加强对各个阶段教师教育课程实施的质量评估和监控。建立开放多元的教师教育课程质量信息采集渠道，重点把握中小学教师、中小学校以及教育行政部门对教师教育课程教学的反馈意见，并以此作为关键的质量评价信息。要注重形成性评价与总结性评价的有机统一。通过形成性评价，全程监控教师教育课程的组织与实施，并依据评价与监控的具体情况及时调整教师教育课程在各个环节上的目标、内容及组织实施；通过总结性评价，对教师教育课程整个一轮的实施效果进行全面评价和相应判断，为调整、更新整个教师教育课程体系提供科学依据，以切实增强教师教育课程在下一轮组织实施中的针对性和有效性，全面提高教师教育质量。

四、教师专业发展对双语教师教育改革的启示

面对教师专业发展，如何提高教师教育的质量，如何培养合格的双语教师成为高校和教育工作者应该关注的重要问题。

双语教育是一个新生事物，对教师应该有更高的要求，需要新型的跨语言、跨文化的双语教师。遵循教师专业发展的方向，探究教师角色的新形象，大力提高双语教师的专业素质和教学能力，是保证双语教育科学发展的关键。从教师专业发展的角度来看双语教师的培养和培训，可以做以下改革：

1. 构建多元的双语教师教育体系

新疆双语教育的现状是缺乏合格的双语教师，教师数量不足和质量堪忧，严重制约着双语教育的发展。培养更多合格和优秀的双语教师是推进双语教育的当务之急。仅靠有限的师范院校来培养未来的双语教师明显满足不了需要。

综观世界各国教师教育发展趋势和我国的实践，今后的双语教师教育应当走多元化发展的道路，即独立师范院校、综合性大学和民族院校共同承担教师教育的任务，在竞争中谋求教师教育的不断发展。同时，以独立设置的师范院校为主体的教师教育体系也必将随着时代的发展发生深刻变化。根据我国提出的综合性大学也可办师范教育的决定，未来双语教师教育将

形成由师范院校和综合性大学共同承担的格局，在一个相当长的时间里仍然是以师范院校为主体、综合大学为补充，逐步实现完全多元化。

多元化双语教师教育体系构建应当分阶段稳步推进。现阶段就新疆而言，教师教育体系仍要坚持现有的师范院校的主体地位，调动其他高等学校参与教师教育的积极性，努力做到教师培养和培训的有机衔接，积极促进中小学教师来源的多元化。

师范院校要认识到多元化培养师资所遇到的挑战，要分析自身的优势和不足，坚持走内涵发展的道路，在不断提高教育教学质量、提高专业化水平的基础上，扩大办学规模，提高办学效益，以质量和特色求发展。综合性大学也要充分利用学科优势，加强专业建设，逐步增强师范特色，在改革中不断发展和提高办学质量。

双语教师教育体系不同于一般高校教育体系。首先，其培养目标十分明确，就是为基础教育培养双语教师。双语教师和一般教师不同，他们必须是双语、双文化人，能在汉语与少数民族语，国家主流文化、现代科技文化与少数民族文化之间起桥梁作用。其次，双语教师教育的课程体系也应该和普通院校不一样，除了教育理论、学科知识、学科教材教法外，还应该学习包括双语、双文化在内的双语教育理论和实践，也就是说双语教师教育体系应该由这四个板块组成。最后，新疆双语教师教育体系要适应新疆双语教育的发展，密切关注新疆双语教育实际，研究双语教育发展过程中出现的种种问题。双语教师由少数民族和汉族两部分组成，对少数民族教师，要在掌握专业知识的基础上，重点培养他们的汉语能力、汉语授课能力和跨文化交际能力；对汉族教师，同样也要培养他们一定的民族语能力和跨文化交际能力。这样培养出来的教师才是合格的双语教师。

2. 提高双语教师培养水平

教师专业化对教师提出了更高的要求，我国新近制定的学前、小学和初中《教师专业标准（试行）》也对学前和中小学教师提出了较高的要求。因此，要按照《教师专业标准（试行）》来培养双语教师，提高教师培养水平。提高教师培养水平应当包括两个方面：一是提高教师职前培养的标准，确立学前和中小学教师由高等教育来培养的体制；二是改善教师的专业培养环境，提高教师的专业水平。在提高教师职前培养的标准方面，借鉴国外教师职前培养的经验和做法，将学前和中小学教师培养提高到由高等教育培养的程度。《中华人民共和国教师法》和《中华人民共和国教师资格条例》对中小学教师的学历标准的规定是与我国的教育人口大国的实际相适应的，对解决师资、普及义务教育和提高公民受教育水平发挥了重要作用，但随着我国整体受教育程度的不断提高，社会对教育的需求也在不断发生变化，人们已经不仅仅满足于受到一般和基本的教育，而是更希望接受高质量的教育，因而对教育的期望和对教师的要求自然也会越来越高，通过提高教师的培养标准来提高公民的受教育质量就成为必然的结果。

少数民族双语教育有其自身的特点，对双语教师有特殊的要求。双语教师除了一般教师所必须具备的素质、能力外，还要有两种语言的交际能力和授课能力。因此，只能由办有双语专业的师范院校和综合性大学来承担培养任务。如前所述，当前新疆的双语教师是低标准的，无论是双语能力方面，还是专业知识和汉语授课能力方面，都是基本能完成教学任务就算合格。但是，从长远发展上来说，必须提高培养标准，使未来的双语教师离开学校时就是一个完全合格的双语教师，就是一个能够使用双语授课、熟悉少数民族文化和学生、熟悉少数民族中小学课程、具有先进的教学理念以及一定教学方法和经验的教师。不然，新入职的教师还需要回炉重新培训，就说明我们的双语教师教育是不合格的。

在提高双语教师培养的专业水平上，必须改革现有的双语教师培养方式和课程设置，增加双语教育理论、双语能力培养和双语授课能力培养的科目，适应双语教育实践和社会对双语教师素质的需要。要适应社会的深刻变化和人们对教育的较高需求，必须积极探索新的双语教师培养模式，对现有的双语教师培养的专业设置、课程结构、教学内容进行调整；要对双语教师职业技能、教学方法及考试评价方法进行改革；另外，加强计算机科学、信息技术和教育技术等课程建设，提高师范生的信息素养，增强他们运用现代教育技术开展教学和进行教学改革的意识和能力。

3．完善双语教师资格认定制度

近些年来，每年教育部门都在招聘双语教师。为严格把关，防止新的不合格者混入双语教师队伍，完善双语教师资格认定制度很有必要。

完善双语教师资格认定制度可从以下几个方面入手：一是完善双语教师资格认定的法规建设，对双语教师专业课程、双语教师资格有效期、双语教师资格社会考试制度等做出明确的规定，使双语教师资格认定制度的法制化建设进一步完善；二是完善双语教师资格认定机构的功能建设，使之置于法律的监控之下，独立承担政府授权的双语教师资格认定工作，以保证双语教师资格认定工作的公正、公平、公开；三是确立规范、科学的双语教师资格认定程序，这一程序应当是严谨、透明和合理的，符合人性化的要求，便于广大有志于从事教职的人员进行双语教师资格的申报；四是建立监控和申诉机制，遏制腐败，同时负责双语教师资格申报和认定中的争议处理。

与双语教师培养的社会化和开放式相适应，双语教师资格制度应当逐步建立起双语教师培养机构的评估和授权机制。在由独立设置的师范教育体系培养师资过渡到师范院校和综合性大学共同培养师资后，应当根据教育发展和双语教师培养的需要，建立师资培养机构评估标准，通过评估的机构才有权培养师资，从而过渡到完全开放式的师资培养模式，真正体现双语教师资格制度的特点。

4. 倡导终身学习的专业意识

1970 年，联合国教科文组织明确提出："每一个人都必须终身继续不断地学习。终身教育是学习型社会的基石。""我们建议把终身教育作为发达国家和发展中国家在今后若干年制定教育政策的主导思想。"1996 年国际教育大会上通过的《第 80 号建议书》更是明确提出："在一个变化迅速的世界中，在职培训已经成为从事所有活动和专业的至关重要的事情。""对所有教育人士都既是权利也是责任。"因此，终身教育已经成为社会的普遍理念，双语教师教育作为终身教育的重要组成部分已经成为各国的共同选择。要提高双语教师的专业化水平，必须倡导双语教师建立终身学习的专业意识，并将之贯穿于职前培养和职后培训之中。

在双语教师教育中，终身学习应当成为双语教师的自觉行为。目前教师培养和培训的最大问题是学生（教师）对学习的自我意识不足，都是被动的应付式的学习，很难有理想的成效。所以，核心的问题是如何促使学生（教师）能主动学习，积极学习，终身学习。要从政策、激励和惩罚措施、监管方面引导学生（教师）养成终身学习的习惯。同时，社会和教育系统应当为双语教师的终身学习提供各种条件和机会，建立健全各级双语教师继续教育的基地，形成双语教师终身教育的网络，教育机构应当科学地设置各类学习课程和内容。此外，教育行政部门和双语教师所在单位应当制定相关优惠政策，为双语教师的终身教育和终身学习提供政策上的保证，鼓励双语教师通过各类学习和培训提高自己的专业水平和职业水平。

第四节　职前教师培养

一、职前教师培养的目标

教师教育首先要确定明确的目标，而且教师培养的目标应该全面，这样才能引导教师培养工作。教育部颁发的《教师教育课程标准（试行）》列出了三项大目标：教育信念与责任、教育知识与能力、教育实践与体验，这些目标应该成为教师教育目标。

1. 教育信念与责任

这是教师应该具备的思想观念和道德品质。作为未来的教师，应具有正确的学生观、教师观和教育观。学生观指导未来的教师去了解学生，尊重学生学习和发展的权利，保护学生的学习兴趣和自信心；尊重学生的个体差异，相信学生具有发展的潜力，乐于为学生创造发展的条件和机会。教师观指导未来的教师正确理解教师的责任和使命，相信教师工作的意义在于创造条件帮助学生快乐成长；了解教师的职业特点和专业要求，自觉提高自身的科学和人文素养，形成终身学习的意愿；了解教师的权利和责任，遵守教师职业道德。教育观指导未来的教师理解教育对学生成长、教师专业发展和社会进步的重要意义，相信教育充满了创造的乐趣，愿意从事教育事业；了解学校教育的历史、现状和发展趋势，认同素质教育理念，理解并参与教育改革；形成正确的教育质量观，对与学校教育相关的现象进行专业思考与判断。

2. 教育知识与能力

教师自我发展，获得专业知识和教学技能，获得提高教学质量的知识和能力，是教师教育的最主要目标。又分为：

（1）具有理解学生的知识与能力

这些知识和能力包括：了解学生身心发展的一般规律和影响因素，熟悉学生的年龄特征和个体发展的差异性；了解学生的认知发展、学习方式的特点及影响因素，熟悉学生建构知识、获得技能的过程；了解学生品德和行为习惯形成的过程，了解学生的交往特点，理解同伴交往对学生发展的影响；掌握观察、谈话、倾听、作品分析等方法，理解学生学习和发展的需要；了解我国教育的政策法规，熟悉关于儿童权利的内容以及维护儿童合法权益的途径。

（2）具有教育学生的知识与能力

这些知识和能力包括：了解中小学教育的培养目标，熟悉学科的课程标准，学会依据课程标准制定教学目标或活动目标；熟悉学科的教学内容与方法，学会联系学生的生活经验组织教学活动，将教学内容转化为对学生有意义的学习活动；了解学科整合在教育中的价值，了解与学生学习内容相关的各种课程资源，学会设计综合性主题活动，创造跨学科的学习机会；了解课堂组织与管理的知识，学会创设支持性与挑战性的学习环境，激发学生的学习兴趣；了解课堂评价的理论与技术，学会通过评价改进教学与促进学生学习；了解课程开发的知识，学会开发校本课程，设计、实施和指导简单的课外、校外活动；了解班级管理的基本方法，学会引导学生进行自我管理和形成集体观念；了解学生心理健康教育的基本知识，学会诊断和解决学生常见学习问题和行为问题；掌握教师所必需的语言技能、沟通与合作技能、运用现代教育技术的技能。

（3）具有发展自我的知识与能力

教师专业发展的知识和能力包括：了解教师专业素养的核心内容，明确自身专业发展的重点；了解教师专业发展的阶段与途径，熟悉教师专业发展规划的一般方法，学会理解与分享优秀教师的成功经验；了解教师专业发展的影响因素，学会利用以课程学习为主的各种机会积累发展经验。

3．教育实践与体验

教师是一种实践性很强的职业，在培养过程中侧重培养教师职业所应具备的实践能力，包括具有观摩教育实践的经历与体验、具有参与教育实践的经历与体验、具有研究教育实践的经历与体验等知识和能力。

（1）具有观摩教育实践的经历与体验

要求结合相关课程学习，观摩真实课堂教学，了解课堂教学的规范与过程；深入班级，了解学生群体活动的状况以及学校班级管理、活动的内容和要求，获得与学生直接交往的体验；密切联系实习学校，了解学校的教育与管理实践，获得对学校工作内容和运作过程的感性认识。

（2）具有参与教育实践的经历与体验

在有指导的情况下，根据学生的特点和教学目标设计与实施教学方案，经历1～2门课程的教学活动；在有指导的情况下，参与指导学习、管理班级和组织班队活动，获得与家庭、社区联系的经历；参与各种教研活动，获得与其他教师直接对话或交流的机会。

（3）具有研究教育实践的经历与体验

在日常学习和实践过程中积累所学所思所想，形成问题意识和一定的解决问题能力；了解研究教育实践的一般方法，经历和体验制订计划、开展活动、完成报告、分享结果的过程；参与各种类型的科研活动，获得科学地研究学生的经历与体验。

二、职前教师培养机构

教师培养机构是随着教师教育的发展而不断完善的。教师培养机构的变迁经历了师范学校、师范学院和综合性大学中的教育学院三个发展阶段。教师教育机构的变迁体现了多元化、开放化、综合化的特点。

这几年随着社会对学历层次要求的提高，我国的教师培养机构从三级师范教育转向二级师范教育，大多数地区的师范学校已经取消，或转成一般中学，或变成其他教育机构。部分师范专科学校提升为师范学院，保留的师范专科学校也不多了。在前些年的大学合并潮中，部分师范院校合并到综合性大学中，成为综合性大学下属的师范学院，继续承担教育培养工作。部分师范大学开设了教育硕士专业，培养各学科的硕士教师，以满足中学，特别是高中教师学历提升的需要。

总之，教师培养机构越来越高层次化、多元化。教师职前培养的要求越来越高，教师培养机构有大学化的发展趋势。教师培养机构的大学化和多元化扩大了教师的数量，大大提高了教师教育的质量。

三、职前教师培养的课程

随着教师专业化的不断发展，教师的知识结构也发生了很大变化，从原来单一的学科知识结构逐渐变成了融学科知识、教育学知识与一般知识为一体的综合性知识结构。我国学者辛涛、申继亮、林崇德认为，教师知识应包括四种类型：本体性知识、条件性知识、实践性知识及文化知识。[①]

教师知识主要是通过教师的职前培养与在职培训获得的，其丰富性主要体现在教师职前培养与在职培训课程设置上。

1. 职前教师培养课程

（1）课程结构

关于教师的职前培养课程构成，主要包括三部分内容，即教育学课程、专业学科课程和教学实践课程或实习。也有学者提出了不同的课程结构，如饶从满认为，德国的教师职前培养教育课程采取二元结构，分为大学阶段的课程和实习阶段的课程两部分。其中大学阶段的课程包括核心课、专门学科和专门学科教学论课、学校实践课；实习阶段的课程包括普通研习班、专门（学科）研习班、教学实习。[②]

（2）课程发展趋势

近年来，各国师资培养的课程出现了多样化和通识化的趋势。陈永明以英美国家为例对多样化的趋势进行了说明，美国师资培养的课程在本科阶段为四年，最近开设了五年制课程和一般专业结业后再学一年的师资培养课程。英国师资培养一般是在高等教育机关（主要是大学）的师资培养课程中进行。师资培养课程大致分为两类，一是四年制师资培养课程，有教职教育、教育实习和学科的专业教育；二是一年制教职专门课程，接收各种专业的第一学位取得者，进行教职教育和教育实习。[③]

朱旭东认为，师资培养出现通识化趋势。他以俄罗斯为例，指出俄罗斯师范教育体制各层次课程的均衡与全面体现了教学

① 辛涛、申继亮、林崇德．从教师的知识结构看师范教育的改革 [J]. 高等师范教育研究，1999（6）.

② 饶从满、满晶．德国教师教育的演进 [J]. 外国教育研究，1994（5）.

③ 陈永明．师资培养教育的国际比较 [J]. 外国教育资料，1998（2）.

内容的通识化。[1]

各国教师教育课程设置的多样化和通识化对我国的教师教育发展具有启示，部分师范大学的教师教育改革也是朝着多样化和通识化发展的。

2. 少数民族师范院校教师培养课程结构

（1）通识课程

包括思想教育、民族团结等课程。

（2）语言课程

汉语知识和能力培养方面的课程。

（3）专业知识课程

各学科专业的基本知识、基本技能和应用方面的课程。

（4）教育理论与和实践课程

教育学、心理学和教育心理学、教材分析与教法、教学实践课程等。

四、职前教师培养模式

1. 教师职前培养模式的历史转变

从历史上看，教师培养模式正在由封闭式、定向型师资培养模式向开放式、非定向型师资培养模式转变。毕业学生走向市场，自主择业，非师范专业的学生也可以去中小学应聘，成为教师。这样原来的封闭式、定向型师资培养模式就完全行不通了，迫使师范院校改变培养模式。

2. 教师教育模式的改革

当前，由于市场经济的冲击和开放式、非定向型教师培养模式的形成，各师范学院和承担教师培养任务的综合性大学在教师教育模式方面都做了改革，这种改革在学制、课程方面做

① 朱旭东.试论师范教育体制改革的国际趋势[J].比较教育研究,2000(4).

了大的调整。这里先简要说明，第四章会做更加详细的解读：[①]

（1）师范院校的教师教育改革模式

长春幼儿师范学校实施“宽基础，活模块”的职教课程结构，把课程结构分为既相互联系又有区别的两个阶段，“宽基础”是指所学的内容并不针对某一特定工种，而是集合了一批相关职业所必备的知识和技能；“活模块”是指所学的内容是针对某一工种所必备的知识和技能，而且是以技能为主的学习。学生在第一阶段学习结束以后，可以根据自己的特长、兴趣以及人才市场的变化选择自己的学习模块，从而确定自己的就业方向。在课程方面，该校做了大的改动，把课程分为必修课、限选课、任选课三类。必修课包括文化基础课、专业理论课、专业技能课；限选课的内容是从事某一专业岗位所必需的专业知识和专业技能，体现某一专门化方向。通过限选课，实现学生在幼教职业群内的分流。该校还强调实践环节，安排一个学期的实习。此外，该校实行了完全学分制运作，允许学生自主选修课程，以取得的所选课程的总分达到规定学分为毕业标准，学分分为理论课学分、实验课学分和实践课学分。还允许学生在一定的学习年限内，工学交替，分阶段完成学业。

湖南第一师范学院的本科层次小学教师培养模式：以“综合培养，分向发展”为特点，“综合培养”是顺应小学课程综合化的趋势，加强学生的通识教育和综合素质的培养，拓宽学生的知识视野，夯实发展基础；“分向发展”是指学生必须具备多门学科的专门性知识，学有所长。他们提出培养“一专二能三艺四技五证”的新型小学教师。“一专”即学有所长，要求学生掌握本专业的基础知识、基本理论和基本技能，达到本专业的学科专业水平；“二能”即具备教学组织能力和班级管理能力；

① 靳希斌．教师教育模式研究 [M]. 北京：北京师范大学出版社，2009：53-94.

“三艺”即具备识谱视唱、少儿舞蹈和简笔画三项艺术素养；“四技”即具备教师语言技能、三笔字书写技能、心理辅导技能和课件制作技能；“五证”即取得毕业证、普通话合格证、英语等级证、计算机等级证和教师资格证。在课程结构上，按照4：3：2：1的比例安排学科专业课程、通识教育课程、教育专业课程、教育实践课程。特别是该校的实习安排，实行了“综合编队，包班实习”模式，由不同专业的实习生优化组合、相互搭配，组成6人左右的实习小组，每个实习小组去一个班实习，承担该班所有课的教学。

四川师范大学的“2+2”本科教师教育模式：学生进校后不分师范和非师范，也不分专业和专业方向，前2年集中学习共同的基础课、专业基础课和公共必修课，在第4学期末根据社会需要和人才市场的导向，结合学生的兴趣、特长，由学生自主选择教师教育专业学习，从第3学年开始分流培养。选择师范专业的学生开设教育理论和教师职业技能系列课程，并进行教师职业技能考核。

沈阳师范大学的“3+1”本科教师教育模式：全校所有专业的学生前3年主要学习学科基础课程，第4年进入教师教育学院学习1年，主要学习教师必需的教育学、心理学、教材教法等教育理论和教学技能课程，并进行教育实习，修满教学计划规定的学分，取得教师资格证书。该校构建起实践教学体系，与沈阳市教委共建“三校”(教改实验校、定点实习校、重点共建校）工程，请中学校长、教师给师范生教授教法、做示范课等，取得较好的教学效果。

北京师范大学的“4+2”研究型教师教育模式：这是典型分阶段培养模式。本科前3年完全按综合性大学的专业培养模式，在各专业院系学习专业基础课程和专业课程；在第3学年末通过学生自主选择并经过一定程序筛选后，学校对学生全面考核，选择一批愿意从事教师职业的高素质的学生进入“4+2”模式培养；第4学年主要进行本硕衔接培养，除教学完成本科学业外，还可以修读部分研究生课程；从第5学年开始进入教育学院学习2年，以学习教育类课程和完成规定的教育教学实践环节为主。“4+2”模式学生修满本科专业教学计划课程和学分，达到要求者获得本科相应的学士学位；在研究生阶段修满规定课程学分，教学实践环节成绩合格，通过硕士学位论文答辩，获得教育学硕士学位。

华东师范大学“4+2+1”研究型教师教育模式：即4年本科教育，1年中学实践，2年硕士培养。其特殊之处在于，本科毕业时，学生自愿报名参加该培养模式，然后由华东师大、中学和区教育学院组成的专家组对学生进行面试，学生双向选择后与中学签约，以“准员工”的身份进入中学任教一年，之后再回到大学完成硕士学业。其间，学生的硕士课程、教学、论文指导都由大学和中学共同完成。在读硕期间，由中学发工资，大学给予全额奖学金。

上海师范大学“3+3”研究型教师教育模式：前3年在本科学习，通过甄选进入研究生课程学习，首先安排1年教育职业体验，包括教育见习、实习、调研以及课堂教学实践等教育教学实践活动，学生要完成一篇教育实践调研考察报告。然后根据学生的意向分流，愿意从事教育工作的，继续完成后2年教育硕士学习，取得学位后，去上海市中学任教。

以上师范院校教师教育的改革都调整了学制，实行分段教学。

（2）综合性大学的教师教育改革模式

以下几所大学都是由包括师范院校在内的其他院校合并而成。其教师教育任务由大学的教育学院或师范学院完成。

青岛大学：青岛大学的教师教育任务由独立的师范学院完成，其他学院不承担教师教育任务。师范学院也对教师教育模式进行了改革，实行“学程分段，分向分流”。大学 4 年的课程分为通识教育课程、专业基础教育课程和专业方向专修教育课程三个培养阶段，高年级根据培养目标和社会需求设置不同的专修方向，对学生进行分流培养。

宁波大学：采用“3+1”模式，前 3 年为学科专业素质发展时期，不分师范非师范专业，学生在各自的学院学习普通文化知识和本科专业知识，并开设一些教育类选修课。到第 6 学期末，在学生自愿报名的原则下分流，愿意从事教师职业的学生，经考核后进入下一阶段学习，在大学的教育学院学习教育理论、教育技能并接受实践训练。

苏州大学的教师教育模式基本同宁波大学，也是“3+1”模式，只不过“3”和“1”是学习的时限，不存在先后关系，可以同时进行。厦门大学、南昌大学等综合性大学的教师教育模式和上述大同小异。

综上所述，综合性大学的教师教育大多分为两段，前 3 年的专业学习在各专业学院，最后一年的教育课程和实践训练在大学的教育学院，课程和教学内容与前述师范院校没有很大的区别。

第五节　职后教师培训

一、职后教师培训目标

职后教师培训由于教师培训的单位、培训时间、培训方式和参训教师个人的意愿不同，往往会形成不同的培养目标。目标多元化是职后教师培训的特点。

上海师资培训中心课题组在对各国中小学教师在职培训目标进行研究后，概括出教师培训的五大目标：

（1）提高任职教师的知识与技能；

（2）拓宽教师的知识领域，提高其工作能力并为其提供一切必要的工作条件；

（3）使教师正确理解社会上发生的新情况、新变化并能做好应付的准备，进而引导学生在心理上做好面对经济、社会、文化等方面新挑战的准备；

（4）帮助教师取得新的资格，使每个教师都能发挥其特有的才能；

（5）提高整个教师队伍的文化素质，发扬教师的革新精神和创造性。①

目标（1）是总体目标，是所有教师培训最终要达到的目标，任职教师的知识包括学科知识和教育知识，可以涵盖（2）、（3）、（5）的内容，通过教师培训让他们获得最新的学科知识和教育知识，弥补其原有知识的不足。技能也包括学科技能和教育教学技能两部分，有一些学科，比如生物、化学、物理、音乐、体育、美术等，是含有许多学科技能的，培训可以提高教师的学科技能。但对多数教师来说，培训的重点还是教学技能，即怎样改进教学方式和方法，提高教学效果。

总之，教师培训目标是根据一定历史阶段社会发展需求和教师发展需要及可能性提出的，这一目标的提出决定了课程的设置、培训模式的选择以及培训质量的评估，因而培训目标具有导向作用。目前，教师培训目标已经由帮助教师胜任教学工作转为进一步帮助教师获得专业的发展，帮助教师成为优秀教师。

① 上海师资培训中心课题组．面向21世纪中小学教师继续教育的比较研究（上）[J]．外国中小学教育，1998（5）．

二、职后教师培训机构

1. 教育学院

职后教师培训机构因地区和培训组织单位的不同而不同。在传统教师教育中，师范学校和教育学院的分工不同，独立的教育学院是专门承担教师培训任务的。但随着教师培养、教师培训一体化的实现，不少省市的教育学院撤销或合并到师范大学去了，更多的教师培训由师范院校来承担。有的地方是一个单位，两个牌子，比如我们调查过的新疆喀什师范学校，又是喀什地区师资培训中心。

2. 师范大学

每年教育部都要安排“国培计划”，这是国家级的教师培训计划。计划采用招标的方式，由全国各地师范院校和教育学院投标。由于师范大学人才济济，科研力量雄厚，学科门类齐全，特别是教育教学管理好、条件好，所以多数“国培”任务是由师范大学承担的。

因此，按照教师教育发展的方向，今后越来越多的教师培训任务将由师范大学来承担，真正实现教师教育职前培养和职后培训的一体化。

3. 其他教育机构

教师培训的形式很多，除了正规脱产培训外，还包括在职培训、校本培训、个人研修等方式，后几种方式的培训，更多的是在学校内部实现的。所以，中小学本身就是教师培训的机构。教育部门和学校的领导应该具有教师培训的意识，合理地组织安排教师培训。

三、职后教师培训课程

教师培训的课程要依据培训机构、培训形式、培训时间、培训目的来定。培训课程的安排注重实用性。白彦茹指出，许多国家在教师培训课程中力图更新化、实际化，即要求培训课程不断更新内容，注重理论联系实际，使广大中小学教师经过培训后能学以致用。[①]楼世洲也认为，国外教师的在职培训强调内容的实用性，主要表现为重视教师的职业发展，强调教师培训对改进教育教学实践的指导。[②]

总体来看，教师培训课程已逐渐走向多样化和系统化。由于教师的水平、层次各不相同，对在职培训的要求也多种多样，所以教师培训既有学历性培训，也有学术性培训，但更多的培训要满足教师学习和发展的需要，侧重于基础知识、基本技能训练和教学技能训练。目前教师培训内容已走向序列化，依据一定的目的和培训时间的长短安排课程。

这里我们列举“国培”项目的课程安排就可以看出我国在教师培训方面的课程特色。国培项目的课程分为三大类：理念与师德（包括专业理念和师德修养两个模块）、专业知识（包括学科知识和学科教学知识两个模块）、专业能力（包括教学设计、教学实施、教学资源、教育技术、“影子教师”实践等模块）。每个模块下再细分若干专题，根据专题来设计具体课程。不同的专业，课程安排也不同。从“国培计划”的课程安排中，可以看出我国的教师培训课程已经做到系统化、序列化和层次化。

综上所述，教师培训的课程安排更强调理论与实践的结合以及教师自身的不断发展。当然，有些短期的培训、校本培训和在职个人研修，其课程安排更个性化一些，值得很好地研究。

---

① 白彦茹．浅谈国外中小学教师的在职培训 [J]. 外国教育研究，1994（1）.
② 楼世洲．国外教师在职进修制度的改革与发展 [J]. 教育评论，2001（2）.

四、职后教师培训模式

国外教师培训存在三种主要模式："以课程为中心"的模式、"以学校为中心"的模式和中小学与大学合作模式。从20世纪60年代开始，许多国家用"以学校为中心"的模式代替"以课程为中心"的模式。现在，许多国家的中小学教师在职培训倾向于采取"以学校为中心"的模式，但其他的几种模式也往往作为补充模式得到运用。[①]

我国的教师培训多数也是采用"以学校为中心"的培训模式，只不过培训计划是由中央、省市或地区教育部门做，然后安排到相关的培训院校，再由培训院校做好具体的计划安排，教育部门审批以后就可以遵照遵行了。

我们以新疆中小学少数民族双语教师培训工程为例来说明这一问题。为解决双语教师数量不足和质量不高的问题，自治区在国家教育部的支持下，计划于2004—2011年8年间完成全区40岁以下的4.5万名双语教师一年期脱产培训任务。实施一年后，根据实施中的问题，确定了"缩小规模、放慢速度、延长时间、调整重心"的方针，改一年制为两年制，培训教师数减少，承担培训任务的学校也压缩到2～3所。截至2011年12月，国家、自治区累计投入专项资金21 156万元，共安排12 570名教师参加培训。

少数民族双语教师培训的模式，就是全脱产两年，按照通识课（教育学、民族团结、计算机等）、语言课（集中学习汉语）、专业课、学科教学课和教学实践课五大板块安排教学，在培训院校集中学习一年半，然后去乌鲁木齐汉语系学校实习半年。学员结业时除了各课程考试成绩外，还需要拿到汉语水平考试等级证书、实习学校对学员实习表现的评价。

① 黄汉杰．外国中小学教师在职培训 [J]. 外国教育研究，1991（4）.

五、职后教师培训发展的特征

1. 教师在职培训的法制化

我国要构建学习型社会，教师要走在前面，首先实现终身学习化。这一点在我国有关教育的法律法规中都有所规定。国家教育部推出中小学教师的继续教育制度就是具体落实相关法规。教师培训的法制化体现了教师培训制度的不断完善与发展。重视中小学教师的在职培训，并通过立法形式建立教师在职培训制度，促进教师终身学习，已经成为当今世界的一种潮流。

教师培训是确保教师终身学习化的手段和方式。通过教师培训，不仅提高了教师的知识水平、技能和教学能力，更重要的是，培养了教师终身学习的习惯，使他们在教学实践中不断学习提高，以适应快速变化的社会需求。

2. 教师在职培训的制度化

除了以立法形式对教师在职培训进行规范外，我国还建立了一系列教师培训制度。上述的继续教育制度就是其中之一。该制度规定各级各类学校的教师必须在专门的培训机构学习 240 学时以上，并取得省级教育部门颁发的继续教育证书。该证书与教师的职称评定、工资挂钩。这是从制度上确保教师的业余学习、进修提高。

在在职培训制度方面，各国都建立了教师资格证书制度，只有通过教师资格考试，才能获得教师任职许可证。目前，美国已经取消了永久性教师证书制度，代之以教师证书有效期制。教师证书有效期一般为 5 ～ 7 年，教师必须在证书期满之前参加专门培训，获得新的教师许可证才能继续任教。[①]我国也实行

① 上海师资培训中心课题组．面向 21 世纪中小学教师继续教育的比较研究（上）[J]. 外国中小学教育，1998（5）.

了教师资格证书制，除了师范院校的学生外，其他院校的学生要专门学习教育学、心理学，然后通过考试才能够获得教师资格证书。但目前教师资格证书是没有期限的，也就是说只要拿到教师资格证书就可以终身从事教师职业。

教师资格制度是国家对教师实行的一种法定职业许可制度，规定了教师职业必备的基本条件。教师资格制度的建立，肯定了教师职业的特殊性和专业性，有助于教育质量的提高，因此，各国都通过建立教师资格认证制度，使教师资格培训更加有效。

3. 教师在职培训的多样化

（1）培训形式多样化

目前，教师培训形式多种多样，可分为脱产、半脱产与不脱产，长期与短期，校内与校外，面授、函授与网上培训，等等；从内容上可分为系统学习、专题研讨等。多元化的教师培训形式，可以满足不同教师的需要，适应不同地区、不同学校、不同条件下的教师培训。

（2）培训机构多元化

教师在职培训机构有多种形式，出现了多元化的倾向。可以将其分为两类：师范院校或师资培训机构，中小学校。20 世纪 90 年代以来，各国都意识到理论与实践结合的重要性，因而更加重视大学与中小学校的合作，提倡“以学校为中心”的在职培训模式。

第三章　双语教师的专业素质和双语教师能力标准

第一节　新课程改革与教师专业发展

新课程改革，是从上个世纪末起在我国基础教育领域中实施的课程改革。10多年的改革实践证明，教师不仅是课程改革的主力，而且是关键因素，教师的素质和对新课改的认识决定了新课改的成败。新疆的少数民族教育自2005年起正式实施新课程改革以来，遵循新课程改革的安排和要求，组织了大规模的教师培训，在新课程实施中指导、督促教师转变教学理念，改变教学方式，促进了双语教师教育改革的发展。新课程改革所提出的教学理念，特别是关于课程、教学和建立新型师生关系的理念成为指导双语教师教育改革的重要方针。

一、新课程改革的理念与目标

1．倡导新的课程观

（1）生成的课程观

课程是生成的，不是给定的制度化的教育要素。课程是活生生的，随着社会和时代的发展变化而不断发展变化的，不是一成不变的死的教条。

（2）整合的课程观

课程是整合的，不是单一分化的内容体系。各课程之间有密切的联系，提倡跨学科的课程、综合课程。比如“科学”“历史与社会”“艺术”等课程就是整合了的课程。

（3）实践的课程观

课程是开放的，不是封闭的活动体系。课程目标突出培养学生的实践能力、动手能力、交流合作和适应社会的能力。中小学的新课程体系中增加了“综合实践活动”，高中课程中也增加了综合实践活动板块，就是突出了实践学习，培养学生的综合实践能力。

2. 全人发展的课程价值取向

（1）注重课程目标的完整性，强调学生的全面发展

《基础教育课程改革纲要（试行）》指出：“强调课程要促进每个学生身心健康发展，培养良好的品德，培养终身学习的愿望和能力，处理好知识、能力、态度、价值观的关系，克服课程过分重视知识传承的倾向。”从知识和技能、过程和方法、情感态度和价值观等方面设计和实现课程的价值。

（2）课程要关注学生终身发展和实践能力的培养

课程在使学生获得终身发展必备的基础知识和基本技能的基础上，着重强调培养学生以下基本素质和能力：搜集和处理信息的能力；获取新知识的能力；分析和解决问题的能力；交流与合作的能力；探究精神与批判性思维；创新意识与实践能力；人生规划能力。

（3）加强课程、教学与生活、社会的联系

课程要关注学生的“生活世界”与“科学世界”的联系，解决人与自然的关系，人与他人、社会的关系，人与自我的关系。

课程要关注“生活背景”与“知识背景”的联系，突出学生的生活经历、生活环境、生活方式在学习中的作用。

（4）注重多元的学习方式

新课程倡导自主学习、合作学习、探究学习的学习方式，引导学生主动参与，在交往性学习和体验性学习中获得知识和人生体验，通过探究学习或研究性学习，培养学生的创新能力和创新思维。

3. 新课改的教学理念

（1）课程是经验

课程观很多，把课程视为“学生在学校内所获得的全部经验”是影响较大的新观念。它打破了从教师教的角度定义课程的传统观念，而强调从学生学的角度确定课程的内涵。课程源于生活，应超越教科书，更应该是一种经验，它包括更广的范围：人、社会、自然。“课程是经验”的课程观强调，学生在学校或教室中与教师、环境、教材等人、事、物交互作用，获得经验。这就与传统的课程观有较大的区别，这一观点要求学生主要以体验的方式学习。

体验学习与传统的“接受学习”的区别在于：

对于人类已有的知识的学习，接受学习是老师把课本上的知识和自己对这些知识的理解、补充传授给学生，学生的任务只是从书本中或老师那里去接受现成的东西，而不是自己去选择自己所需要的，用自己的方式去主动学习。而体验学习是学生结合自己以往生活、学习、工作的经验和需要，主动选择学习的内容和学习的方式、步骤，从而进一步获得对这些知识的体验、感受，建构和完善自己对这些知识的认知，从而达到对它们的自由运用。

（2）教材是范例

传统的教材观，把教材看成是学科知识的载体，教材是学科知识体系的浓缩和再现。教材中的内容必须是定论或公认的原理、法则、定理，排除有争议的问题，不给学生发挥的空间和讨论的余地。它们对教师的教学、学生的认识具有绝对的权威性。因此教材是唯一的课程资源。教师过于迷信教学大纲和教材，视教材为“圣明”，不敢越雷池半步。学校里师生关注的中心和兴奋点都在教材上，被动地围着教材转，教材成了控制师生行为的工具，从而严重地束缚了学校教育，导致教师只会教教材，而不会真正地用教材。

新课改的教材观把教材看作是引导学生认知发展、生活学习、人格建构的一种范例，不是学生必须完全接受的对象和内容，而是引导学生认知、分析、理解事物并进行反思、批判和建构意义的中介，是案例或范例。它应该具有如下功能：培育学生自主学习的能力，强化科学课程的思想教育，培育学生的创新思维，促进教师创造性教学。

范例，就是说教材只是从众多应该学习的材料中精选出来的有代表性的一部分，而不是学生应该学习的全部。学习教材的过程，只是给学生示范应该如何学习，并让学生获得解决相应问题的方式的过程。教材是师生对话的话题，能够促进学生知识的建构。教材的学习方式是生生互动、师生互动。

（3）教室是实验室

教室不是教师表演的舞台，而是师生之间交往、互动的舞台；教室不是对学生进行训练的场所，而是引导学生发展的场所；教室不只是传授知识的场所，而更应该是探究知识的场所；教室不是教师教学行为模式化运作的场所，而是教师教育教学智慧充分展现的场所。

教室是师生从事知识建构与发展的实验室，不是单纯接受知识的“讲课室”。教室是进行交流、创新的场所，因此，教室的设置应该有利于师生之间、学生之间的交流、合作以及探究活动的展开。要营造一个积极进取的课堂心理环境，促进学生的自主学习、合作学习和探究学习。

（4）教学是对话、交流与知识创新活动

教学本质上是以对话、交流、合作等为基础的知识建构活动，是师生对话的过程，创新的过程，能力、情感获得的过程。因此，在教与学的社会关系中，师生之间不是命令与服从的关系，而应该是平等的“你我”关系，双方互相尊重、互相信任、真诚交往，共同探求真理，交流人生体验。在这里，教师的权威不是“外部强加”的，而是“内在养成”的，也就是说，教师的权威不是凭借制度的力量，而是在师生之间的对话、交流与知识建构的活动中自然形成的。教学过程不只是传授知识，更重要的是通过师生之间的直接对话，达到心灵的沟通，实现双方主体性的建构与发展。

（5）教师即研究者

教师不再只是课程知识的被动的传递者，而是教学活动的研究者、设计者、开发者。教师不再只是真理的垄断者和宣传者，而是一个促进者、帮助者、真理的追求者和探索者。因此，积极的、能动的教师形象取代了消极的、被动的教师形象。

随着基础教育新课程的发展，“教师作为研究者”的理想正逐步得以实现，课程与教师的关系正发生着根本性的变革，教师不仅要考虑教什么和怎样教的问题，而且要思考为什么教的问题。教师要立足于真实的教育情境，展开研究、创生课程的活动，教师作为研究者的角色也因此形成。

（6）学生是知识的建构者

学习是经验的重新组织和重新理解的过程，在这个过程中，学生是自主的学习者。学生来到学校，坐在教室里，不是被动地接受知识，而是要主动地进行知识的建构。通过自主的知识建构活动，学生的创造力、潜能、天赋等得以发挥，情意得到陶冶，个性得到发展。

（7）家长是教育伙伴

课程改革是一个复杂的系统工程，需要全社会的广泛支持和参与，而家长的配合则显得尤其重要。要加强教师和家长的沟通，共同改进教学。特别是新课程的实施才刚刚启动，更需要家长的理解、关心和支持。因此，把家长当作教育的伙伴，寻求家长的有效参与和支持，已经成为本次课程改革的一个非常重要的方面。

二、新课程改革对教师教育和教师专业发展的要求

这次课程改革在于寻求新的“课程范式”，旨在真正实现从“应试教育”向“素质教育”的转型。它提出的一系列“概念重建”“队伍重整”“文化重塑”的课题及由此形成的“冲击波”是以往的课程改革所没有的。

课程改革给教育界带来的最大挑战莫过于对“教师专业化”的挑战。“课程即教师”，课程改革的成败归根结底取决于教师。确实，教师是理想与现实、理论与实践之间的转化者。作为教师，倘若对理想与理论没有充分了解，倘若对实践的条件没有实际的把握，那么，这种转化就会有很大的落差。因此，如何让每一位教师都能拥有较高的专业素养，不是被动地适应新课程，而是主动地引领新课程，应当成为整个教育界、整个社会的共同追求。

新课程改革要求教师成为新课程改革理念的直接应用者，成为新型学生发展的引导者、塑造者，成为课程实施过程中最直接的参与者。新课程改革成功与否，教师起着关键性作用，教师的素质如何直接影响着新课程的实施效果。为保障新课程

的顺利实施，更为了每一位学生的发展，教师的角色必须转换，教师必须认清新型教师的定位。

1．新课程改革要求教师成为课程的建构者、组织者、开发者和创造者

课程作为新课程改革的主要内容，不仅体现在课程设置、课程内容等方面，也体现在课程设置中教师角色的定位上。

开放性、均衡性、综合性和选择性是新课程的特点。新课程标准和教材都有较大的运作空间和时间，要求教师对课程标准有自己的理解和把握，能创造性地使用教材。此外在中小学新课程结构中，综合实践活动课的教学、校本课程的开发，全部要依赖教师。所以，教师应具备创设校本综合实践活动课程的能力和开发校本教育资源的能力。综合实践活动课程要求关注学生的生存方式，能够满足学生成长的需要和社会发展的需要，是基于学生经验、密切联系学生生活和社会实际的课程。它从根本上转变了学生的生活方式，使学生由被动接受式学习转变为主动探究式学习，发展了学生的专注力、实践能力，满足了学生终身学习的愿望。因此，教师在组织实施综合实践活动课教学时，就应该根据学生生活实践来设计、组织教学，形成具有特色的综合实践活动课。校本课程的开发更应该结合当地实际情况和社会需要，着眼于学生未来发展的需要、终身学习的需要来设计、开发、组织校本课程。

教师还应该具有构建课程计划，实事求是地组织、调整课程结构的能力，也就是说教师应根据本地区、本学校的实际情况，合理安排教学目标的基本组成部分与分类，设置综合课程。教学目标是教学的基础，良好的目标应该适应绝大多数学生发展的需要。作为教师应该熟悉教育目标，并能够创设适应学生整体发展的目标，以及区分不同复杂程度的目标。因此，只有

教师扮演好建构者、组织者、开发者和创造者的角色，课程的开放性、均衡性、综合性和选择性才能得以真正落实。

2. 新课程改革要求教师成为学生体验、知识更新（学生学习）的设计者、研究者和促进者

新课程改革确立了学生的主体地位，教学以学生学习为中心，强调学生通过体验学习不断建构自己的认知结构。因此，作为教学主导的教师要改变过去知识传授者这一定位，成为学生学习的设计者、研究者和促进者，促进以学习能力为中心的学生整个个性的和谐、健康发展。“授之以鱼，不如授之以渔。”教师即学生学习的促进者，这是教师最明显直接、最富有时代性的角色特征，是教师角色的核心特征。

新课改实施过程中，学生的学习方式正由传统的接受式学习向创造性学习转变，自主学习、合作学习、探究学习成为主要的学习方式。在这种情况下，教师应该把培养学生正确的学习态度、方法以及灵活的知识迁移能力作为教学的主要任务，加强研究，研究学生，研究学法，设计有效的教学活动，吸引学生主动、积极地参与。教师对学生获取知识过程的关心要甚于对他们掌握知识结果的关心，对学生掌握知识方法的关心要甚于对他们所掌握知识的关心，把主要精力放在设计教学、开展各种活动、指导学生学习上来。

新课程要改变课程内容繁、难、偏、旧和过去注重书本知识的状况，加强课程内容与学生生活以及现代社会科技发展的联系，关注学生的学习兴趣和经验，精选终身学习必备的基础知识和技能。这就要求，教师要根据学生的发展要求，结合现代社会发展的实际，将课程内容生活化，注重学生的最近发展区，使课堂教学更富于生活情趣，以利于学生体验，提高学习兴趣并积累经验。教师必须学会设计活动，而这种设计并非臆

想的，而是教师了解学生的生活体验并加以反思所产生的结果。同时，教师也必须通过自身的教学实践活动和行动研究，根据实际情况，重新设计与生活以及现代社会科技发展相联系的教学内容。因为，新课程的内容更注重学生的体验和终身学习必备的基础知识和技能。因此，新课程目标下的教师必须具备设计课堂教学的能力、教学实践能力和教学科研能力。

3．新课程改革要求教师成为变革学习方式，培养学生能力的合作者、交流者和指导者

新课程改革要求改变过于强调接受学习、死记硬背、机械训练的现状，指导学生主动学习、参与教学活动、乐于探究、勤于动手，培养学生搜集和处理信息的能力、获取新知识的能力、分析和解决问题的能力，以及交流与合作的能力。

传统的教师主要是以传授课本知识为主，采用“填鸭式”教学方法，并以考试成绩作为衡量学生的标准。而新课程的教学更注重学生的学习方法和策略的运用，不以掌握知识多少为主要目标。教学是给学生提供知识平台，在学生学习过程中，教师只是指导和帮助学生主动参与、亲身实践、独立思考、合作探究。

新课程改革强调的是教与学的交往、互动，师生双方相互交流，相互沟通，相互启发，相互促进。在这个过程中，教师与学生分享彼此的思考、经验和知识，交流情感、体验与观念，求得新的发现。对于教师而言，交往意味着上课不是传授知识，而是师生一起提高获取新知识的能力、分析解决问题的能力，以及交流与合作的能力。师生的交往也意味着教师角色的转换，教师由教学中的主角转向“平等中的首席”；由传统的知识传授者转向学生发展的指导者、交流者和合作者，与学生共同探讨问题，分享自己的感情和想法，启发学生，与学生一道寻求真

理。这体现了新课程体系下教学过程是师生交往、共同发展的互动过程，通过交往，重建人道的、和谐的、民主的、平等的师生关系，建立起新的“学习共同体”，倡导合作学习。

此外，新课程目标还要求教师必须与其他教师、与家长以及行政管理机构保持良好的交流和合作关系。因为，教师无法单独对学生进行知识、方法、过程、情感、价值等多方面的系统指导，必须与同事、家长、教育管理机构合作，通过集体讨论研究的方式来解决教学中的问题，通过交流与合作，实现知识和经验互补和信息资源共享。

新课程改革改变了教学的性质，提出教学是一种对话、交流，是师生之间、生生之间的互动。学校教育的效果在很大程度上依赖于师生之间新型合作关系的建立，依赖于教师同他们的同事、同其他可能的合作者之间的新型关系的发展，依赖于教师同学生的家长、同与教育过程有关的社会其他人之间的新型关系的发展。新课程的综合化提出了“教师要合作”这一重大要求，倡导教师与学生合作、教师与教师合作、教师与家长合作、教师与其他社会成员合作。

4．新课程改革要求教师成为学生发展和自我发展的促进者和评价者

新课程改变了课程评价过分强调甄别与选拔的功能，发挥评价促进学生发展、教师提高和改进教学实践的功能。

传统教育对学生来说是通过考试和排名评定学生的优劣，即所谓的一张试卷定终身，忽视了学生其他能力的发展，造成学生得不到全面发展。新课程则要求评价促进学生的全面发展。在学习生活评价中，主要运用质地性、诊断性和激励性评价方法，少用定量性、甄别性和终结性评价方法；针对不同学生、学生的不同需要采用不同的评价方法。因此，在学生的发展过

程中，教师应作为学生发展的促进者，采用多维指标和多样方法对学生进行评价，给予学生身心发展上的支持，培养学生的自律能力，引导学生进行反思或自我评价。其目的是让学生最终得到全面的发展。

另外，由于传统上评价一个学校的教育质量，往往是用“升学率”作为硬性指标。教育主管部门以“升学率”来评价学校，学校以“升学率”来评价教师，忽视了对教师成长与发展过程的评价，挫伤了教师自我发展的积极性。新课程改革把课程评价作为重要内容，建立了发展性评价体系。它不仅建立了促进学生全面发展的科学评价体系，同时，还建立了促进教师不断提高的评价体系和促进课程不断发展的评价体系。因此，在新课程目标下的教师自身必须要树立评价促进发展的新的评价观，对自己的教学行为不断反思，建立以自评为主，校长、教师、学生、家长共同参与的评价制度，以促进自身教学水平的发展，适应新课程教学的要求。

在新课程改革中，教师也是学习者，要通过课程和教学促进自我发展。在教师的角色隐喻中有这样的一句话：“教师要给学生一碗水，自己要有一桶水。”从这个隐喻中就可以看出，在传统的社会中，赋予教师以知识的至高权威的角色，对教师的知识和能力有很高的要求，似乎教师的储备一定要多于学生，逼迫教师去扮演“超人”的角色。但是教师不是万能的上帝，不可能无所不知，特别是今天知识信息日新月异，教师和学生一样也需要学习新知。在科学技术突飞猛进的今天，学生由于所处的年龄阶段的特点，易接受新鲜事物，而且他们在日常生活中还有很多机会接触新鲜事物，学到教师所不知道的知识。为此，教师也要不断地学习，甚至要主动地向学生学习，“不耻下问”，这样既能从学生那里学到尚不了解的东西，也能从学生那里深化还不甚清晰的东西。在课堂教学中就常常有教师感到与学生思想碰撞而产生灵感，得到了不少来自学生的启发。所以，通过师生之间的共同学习，教师才更有可能简洁迅速地获取更多的知识。

所以，在新课程改革中，教师只是一个协调人，是信息源（途径）的提供者之一，即教会学生如何正确选择有效的信息源和判断信息的可靠性，而不是具体的信息的传输者。教师应为学生的学习尽可能多地提供资源，营造一个积极的学习环境，让学生自己健康、和谐地发展。因此，教师不能是一桶水的拥有者，更不能是一眼取之不尽、用之不竭的泉和自来水。而真正取之不尽、用之不竭的是学生，教师以此作为基点，自己的角色相应地也要发生变化，应该是一个引导学生发掘泉水的人，让学生这眼泉水喷涌而出，永不停息。

5. 新课程改革要求教师成为课程民主管理的参与者、决策者和管理者

新课程改革实行国家、地方、学校三级课程管理，增强课程对地方、学校和学生的适应性。

过去的课程是“框框”，教学计划、教学大纲、教材是教学工作的“法律”，教师要绝对执行，要“以纲为纲、以本为本”，教学、考试如果“超纲”，将被视为“大逆不道”。在这样的课程管理体系下，教师只有执行权，根本没有参与权和管理权，更谈不上决策权。

为了培养教师和学生的创新精神和创造能力，为了实现个性化教学，新课程的三级课程管理体系把中央集权和地方分权、社会需要和学生发展、国家统一的教育目的和学校教育的办学特色辩证地结合起来。它不但为地方课程、学校课程预留了自由课时空间，具有相当大的不确定性，而且，从课程标准到教

材都贯彻了民主性、开放性精神。可以说，新课程体系实现了由“制度课程”到“民主课程”的转化。课程的不确定性和民主性要求教师必须要参与课程管理和决策过程，依据自身的经验、情感、价值等多方面的因素，对不统一的教学对象进行个别化教育，对不确定的教学内容加强综合性，让教材留有较大的余地。它体现了教师在教学过程中将拥有更大的自主权。因此，在新课程目标下的教师应发挥主人翁的作用，积极参与到课程的管理中去，对课程的开发、组织和管理献计献策，充分体现教师的参与者、决策者和管理者的角色。这也是新课程对教师提出的新的要求。

6．新课程改革要求教师成为教育教学的研究者，而不是研究成果的消费者

“教师即研究者”这个观念近年来已经在欧美教育界普遍流传着，成为一个流行的“口号”。这个观念来自“专业人员即研究者”的启示，其基本假设是，教师有能力对自己的教育行动加以省思、研究、改进，教师有能力针对自己的事务情境加以批判改进，或是提出最贴切的改进建议。由教师来研究改进自己的专业事务以及事务情境乃是最直接、适切的方式。这个观念特别强调的是，教师不只是别人研究成果的消费者，更应是研究者。

要实现教师从知识传授者到学生学习促进者的角色转换，教师本身就必须是一位积极的、有效的教育教学研究者。这既是时代赋予教师的要求，也是教师作为学生促进者的前提条件。从教师专业发展的外因来看，社会的发展对教师职业的要求越来越高，而随着时代的发展和科学的进步，原来的某些教育内容已经不适应社会发展，许多新的教育内容又在不断地涌现，这就要求教师自觉跟上时代的步伐，不断进行自身知识结构的

新陈代谢，要求现代教师具有不断更新自己教育技术的意识，不断追求新知，并有意识地运用于教育教学活动，必须具备终身学习的观念和浓厚的科研意识。因此，“教师即研究者”是时代对教师的要求。

另外，三级课程的实施意味着原来属于国家的课程开发的权力将部分下放给教师，特别是校本课程开发的主体是教师。校本课程的开发与实施使教师不再仅仅是课程的消费者和被动的实施者，而在某种程度上成为课程的生产者和主动的设计者。校本课程开发要求教师以一个研究者的身份进入课堂教学实践，并成为一个对自己实践不断反思的“反思实践者”。从教师专业发展的内因分析，教师成为研究者是教师自身成长的必要。过去的经验和理论很难解释我们目前教育领域中所发生的一切，指导我们的教育活动。教师必须从“教书匠”的角色中挣脱出来，成为“科研型”的教师。如果教师不把教学作为研究对象，进行深刻的反思，其自身会失去思想和发展的活力。教师一旦以研究者的心态置身于教育情境，以研究者的眼光审视已有的教育理论和教育实际问题，则对已有的理论会更愿意思考，对于新的问题也会更敏感、更有创见。教师以研究者的精神不断地发现问题、解决问题，其教育教学质量也就随之提高。

三、新课程改革对双语教师教育改革的启示

1. 要依据新课改对双语教师的素质、终身学习、教学科研的要求来培养培训双语教师

上述六点是新课改实施以后对教师的新要求，是教师教育的新目标，当然也是双语教师教育的新目标，是广大双语教师应该努力的方向。

从双语教师的培养来说，学校的培养目标、课程设置、教

学方法、教学评价等都应该贯彻上述要求，使未来的双语教师能够具备新课改要求的教师素质和能力，获得新的教学理念，把握教育教学的策略和方法，能够迅速从新入职教师成长为研究型双语教师。

从双语教师培训来说，也要把上述六点理念作为教师培训的目标，并在具体培训过程中贯彻执行，以利于双语教师转变教学理念，养成终身学习的习惯，不断提升自己的教学能力和研究能力，成为优秀的教师。

2. 要依据新课改对双语教师的教学组织、教学策略和方法的要求来培养培训双语教师

新课改的教学理念要求教师具有新的教学观、学生观、教材观，要成为学生体验、知识更新（学生学习）的设计者、研究者和促进者。新课改要求的课堂教学不再是教师一言堂，而要充满师生互动、生生互动，要安排学生自主学习、合作学习、探究学习，特别是合作学习应该成为课堂教学的主要形式。新课改要求教师用好教材，要从学生的生活经验出发组织体验性学习，使课程实现社会化和生活化，加强课程与学生生活和现实社会实际之间的联系。课堂教学要遵照“生活—知识—生活”的良性学习循环来安排。这些教学理念和方式是双语教师首先应该身体力行，然后再用于教学设计、指导学生学习的。它们不仅是课堂教学的范式，也是教师专业发展的范式。

因此，双语教师培养和培训就要把科学的教学设计、教学组织、教学策略和方法等纳入培养培训目标和内容，使得熟练地进行教学设计和组织、掌握教学策略和方法，成为双语教师的基本素质和能力。

3. 新课改要求双语教师成为学生发展和自我发展的促进者和评价者，双语教师培养培训本身就要做到科学学习和评价，

以评价促进学生和双语教师的全面发展

双语教师的培养培训本身必须符合新课改的要求，要用新课改提倡的学习方式和评价方式来培养和培训双语教师。未来双语教师和现职双语教师要以新课改提倡的学习方式和评价方式来组织实施教学，评价学生（教师）的学习成就。学习方式和评价方式要有利于学生（教师）的发展，培养学生（教师）的基础性学力、发展性学力和创造性学力。

4．新课改要求双语教师直接参与教学管理，具备教学研究能力。因此，双语教师的培养和培训要让学生（教师）直接参与，和教师一起共同搞好教学管理工作，从而培养他们的管理意识和能力

成熟的双语教师具备一定的研究能力，能够在教学实践中发现问题、研究问题，以改进自己的教学，促进学生的学习，进一步提高双语教学的质量。所以，双语教师培训要逐步过渡到让双语教师自己边学习边研究，在这一过程中提高知识、能力水平和教育教学能力。

第二节　教师素质和教师能力标准

一、时代呼唤高素质的双语教师

1．未来社会所要求的四种基本能力

自20世纪80年代以来，人类社会进入了一个新的时期，尽管学术界对新时期的特点概括不同，但有一点共识，那就是新时期更加强调知识、信息、科技的作用，强调培养人的高素质。

国际21世纪教育委员会在向联合国教科文组织提交的题为

《教育——财富蕴藏其中》[1]的报告中指出：面对人类未来社会的发展，现代教育应围绕四种基本能力的学习来重新组织与设计。这四种基本能力的学习指的是：学会求知，学会做事，学会共处，学会生存。

（1）学会求知

现代教育的学习，主要不是指获得经过别人分类、概括的系统知识，而是指掌握获取知识的能力。这种知识指广义的认知，认知的对象既包括人类自身及其主观世界，也包括自然、社会等外部世界。学会求知，这已远远超越了从学校教科书和课堂讲授中汲取人类积累的知识的范畴，还包括在个体社会化过程中学习社会关系、民族文化观念、社会行为规范、为人处世等方面的知识。学会求知，还需要学会学习，即掌握认知的工具，掌握终身学习的工具，学会收集、处理、管理信息，以及掌握应用知识于有意义的实践的手段。学会求知，要有强烈的学习动机和科学的求知方法。学会求知，还应致力于培养人的注意力、记忆力和思维能力等。可见这与传统的接受学习有了本质的区别。

新课程改革确立的三维学习目标，第二维即“过程和方法”就是专指学会求知，学会学习，掌握方法。现代社会知识、信息日新月异，如果不具备学习能力，不掌握学习方法，没有养成自己学习、思索的习惯，就很难跟上时代发展的步伐。所以，现代教育要培养学生的学习兴趣和情感，激发他们的智力因素与非智力因素，让其掌握学习方法，养成终身学习的习惯，为其发展打下基础。

（2）学会做事

学会做事，就是要培养社会行为技能。学会求知和学会做

① 联合国教科文组织总部．教育——财富蕴藏其中 [K]．北京：教育科学出版社，2001：76．

事在很大程度上是密切联系在一起的。两者可以说是“知”与“行”的关系，知是行之始，行是知之果。随着科学技术的发展，知识和信息的剧增，产业结构发生了变化，工业生产部门对科技含量的要求越来越高，以知识、信息为基础的服务业将占越来越大的比重。这就要求教育培养的人才具有较高的动手能力，能够在各种岗位上完成不同的任务。而要培养这些能力，就需要教会学生在实践中创造性地运用知识，并将知识转化为适应未来社会的应变能力、创新能力、社会交际能力、管理能力等。

新课程改革确立的三维学习目标第一维中的“知识和技能”，就包括动手能力、人际交往能力和社会适应能力等。学会做事，是所有学科学习的目标，从某种意义上来说，也是最终目标。

（3）学会共处

全球化已成为21世纪的重要特征，人与人之间、民族与民族之间、国家与国家之间依存程度越来越高。学会共处，就是要通过教育，使学生了解人类及其文化的多样性、共同性以及相互之间的依赖性。要学会了解自身，发现他人，尊重他人。了解自己是认识他人的起点和基础。所谓“设身处地”，讲的就是“由己及人”“己所不欲，勿施于人”。同时，社会又是一个群体，社会的发展越来越多地依赖群体作用。个人只有融于群体才有可能发挥作用。

因此，“学会共处”更主要是理解他人、他国、他文化，尊重他人，尊重不同文化。学会共处，就要学会平等对话，互相交流。平等对话是互相尊重的体现，相互交流是彼此了解的基础。通过平等对话和讨论，做到求同存异，和睦相处，构建和谐社会。

在学习目标中，学会共处是学会认知、学会做事的手段和方法。在未来社会中，任何科学技术、创造发明都不是一个人能独自完成得了的，要依靠群体的力量，分工合作。因此，人与人之间的关系将居于重要地位。新课程改革强调教学过程是师生交往、共同发展的互动过程。交往是教和学的统一，是教学的本质。新课改还提倡合作学习，培养学生学会合作，互帮互学，共同进步。这就要求双语教师首先要学会共处，具有交往、合作的意识和能力，能在教学过程中培养和训练学生学会共处。

（4）学会生存

学会生存强调了“教育必须促进每个人的全面发展”这一基本原则。针对世界因科学技术发展而可能出现的非人化现象，新课程改革要求通过教育的改造和社会的合作，使学生成为真正意义上的“非异化的人”，成为在认知、情感、伦理、审美、身体诸方面全面发展的人，完整的而非片面发展的人。

新课程改革的重要理念就是要促进每个学生的全面发展，每个学生的全面发展不是千人一面的发展，而是有个性的全面发展。每个学生都有自己的长处，教师要善于发现学生的长处和特点，引导他们走向成功之路。

未来教育“四大支柱”的提出，不是教育内容与方式上的简单变革，而是以人的发展为中心的全新教育目标、教育理念，它要求现代教育思想转向以人的发展为中心。“四大支柱”代表了一种新的教育价值取向，而这种价值取向的实现取决于教师的素质。要培养学生的四大能力，首先教师必须具备这四大能力。学生学习态度的养成，想象力的发挥，创造能力的培养，都离不开教师的作用。因此，“四大支柱”的基石是教师的高素质，教师要适应教育改革与发展的需要，适应培养创新人才的需要，就必须具有人文品质和教育教学能力。

2. 终身教育与学习型社会

1965年12月，联合国教科文组织在巴黎召开了“第三届促进成人教育国际委员会”会议，法国教育思想家朗格朗在会议上作了《终身教育》这一学术报告，引起了极大轰动。终身教育思想的诞生和发展，标志着教育改革进入了一个新的发展时期。

1973年8月，“巴黎全国讨论会”给终身教育下了一个明确的定义：终身教育是指从幼儿到死亡的不间断的学校及校外教育，它不存在青少年和成年之区别，与培养人格和职业生活的训练相结合。也就是说，终身教育是个综合概念，它包括人的一生中正规的、非正规的各种学习，其目的在于使人的社会生活和专业生活达到最完满的发展。终身教育把教育看作一个整体，包括家庭、学校、社区和工作场所的各式各样的学习活动，是人们在一生中所受到的各种教育的总和。

人类社会发展到今天，科学技术日新月异地发展，知识更新的速度越来越快，信息的作用更加突出。随着经济的发展，生活质量的提高，以及休息、空余时间的增加，人们越来越需要学习和接受更多的教育。在达到高度物质文明和精神文明的社会里，学习和教育已经成为人们的自觉需要和乐趣。因此，终身教育是历史发展的必然，也是人类自身发展和提高的内在要求。未来社会是知识社会、学习型社会，每个人的一生，从幼年到生命终止，都要学习不止。

终身教育的功能主要在于：一方面不断更新知识，培训技术，使人们适应社会变化、职业变化的需要；另一方面有利于塑造人格，发展和完善个性，提高综合素质和能力。

学习型社会是终身教育思想发展的必然。终身学习的基本目标是建立学习型社会。所谓学习型社会，是指每一个国民为求得自我实现和提高生活质量，获得职业需要的知识和技术，终身自主、主动地不断学习的社会。人类社会的发展水平决定着人类的生活方式。人类社会正跨入信息时代，社会的组织和运作方式将不同于以往任何一个时代。学习将成为人类最主要的日常生活方式，受教育已经成为所有公民的一种权利和义务，学习已不再受教育场所、教育时间的限制，随着科技的不断进步，传播信息的工具和途径越来越多样化，人们有可能在任何地方获取自己所需要的知识。构建学习型社会代表了终身教育发展的必然趋势。

作为以传播知识、引导学习为己任的教师，当然应该首先做到终身学习，并具备终身学习的能力和习惯，才有可能去培养学生的终身学习能力。

3. 新课程改革

当前，我国包括高中课程改革在内的新课程改革正在深入发展，新课程改革的关键是教师。新课程改革要求教师在教学理念、教学目标、教学方法、教学组织、评价手段等一系列方面有大的改变，对教师素质提出了更高的要求。以上我们在阐述未来社会的“四大支柱”时已经说明了未来社会和新课程改革对教师的高素质要求。新课程改革给广大教师带来了巨大的挑战和机遇。新课程改革需要提高教师的自身素质，教师能否跟上课程改革的步伐，决定着课程改革的成败。

在新课程改革中，教师不仅是课程的执行者，更是课程的建设者、调适者，是课程实施过程中问题的解决者。因此，新课程对教师的课程决策、开发、研究能力提出了许多新要求，同时，教师的课程地位和对课程的作用也将获得新的提升。[①]

① 李瑾瑜．新课程与教师专业发展 [M]. 北京：首都师范大学出版社，2003：90.

4. 双语教育呼唤高素质的双语教师

双语教育作为一种特定的教育模式，是少数民族教育在新时期的改革，是社会发展和人才培养所要求的新教育模式。双语教师是实施双语教育的产物，也是实施双语教育的前提。作为双语教师，当然应该具备一般教师必须具备的素质，应该符合时代对教师素质和能力的要求。同时，双语教师又是特定教学模式的教师，对其要求更高一些。

当前，双语教育推进的所有矛盾都集中在双语教师身上，双语教师的数量和质量决定双语教育的生存和发展。因此，双语教师要认识自己的历史使命，自觉地投入教师教育中，在提高自身素质的同时，“学会求知、学会做事、学会共处、学会生存”，成为终身学习的带头人。

二、教师素质

1. 教师素质的含义

国际21世纪教育委员会的报告《教育——财富蕴藏其中》指出：“我们无论怎样强调教学质量亦即教师质量的重要性都不会过分。”教师素质已成为教育发展的关键。教育面临的最大挑战不是资源，而是教师的思想观念、思维方式和人文修养，尤其是教师的教育观、教学观、质量观。教育改革和发展、素质教育的全面实施、合格人才的培养等等，都离不开教师素质的提高。可以这么说，教育的成败关键在于教师的素质。

所谓教师素质，是指教师在教育教学活动中表现出来的，决定其教育教学效果，对学生身心发展有直接而显著影响的心理品质的总和。[①] 这一定义告诉我们：首先，教师素质是一个以

① 林崇德等．教师素质的构成及其培养途径[J]. 中国教育学刊，1996(6).

心理品质为主的系统结构，各成分之间密切相关，形成一个整体；其次，教师素质是在教学活动中表现出来的，是心理品质结构的外化，是结构和过程的统一；最后，教师素质决定教学效果，显著影响学生的身心发展。

2. 教师素质结构

关于教师素质结构的划分，林崇德教授的观点在国内具有较大的影响，他认为教师素质在结构上至少应包括以下几个成分：教师的职业理想、教师的知识水平和教育观念、教师的教学监控能力，以及教师的教学行为与策略。由于教师素质既是教育科学研究中一个十分重要的理论问题，又是教育实践过程中一个亟待解决的实践问题，因此，必须从理论和实践紧密结合的角度对这个问题进行研究。目前，关于教师素质结构有许多提法，如：

（1）教师素质结构应包括教师的思想政治素质、道德素质、文化素质、能力素质、心理素质、身体素质和外在素质七项素质。

（2）教师素质主要包括认知结构、专业精神和教育能力三方面。教师的素质是三个维度组成的精神世界。其中认知结构起导向和支配作用，专业精神起动力作用，教育能力起保证作用，三者是彼此联系，相互影响、制约、渗透的有机统一整体。

（3）教师的素质包括思想政治素质、文化素质、心理素质、生理素质等。

（4）教师素质结构体系是由思想品德、知识、智能（智力和能力）、身体四方面的素质组合而成的一个统一整体。

（5）教师的素质可分为三个结构层面：一是生理结构层面，指体态、仪容等与教师职业有关的生理条件；二是教师特有的气质与个性结构层面；三是教师特有的知识结构以及由知识转化的多重能力结构，还包括思想、政治以及职业倾向等。

（6）教师的素质结构是由动力系统——思想品德素质、知识系统——知识素质、能力系统——能力素质三个系统构成的结构模型。

（7）从长期的教育教学实践出发，尝试构建教师“长×宽×高”的立体素质结构：所谓“长”，是指教师要掌握专业基本知识和专业基本能力；所谓“宽”，指教师掌握知识面的宽度；所谓“高”，是指教师要具有高尚的师德。由以上三方面分三维度，组成一个几何体的教师素质结构。①

（8）教师素质结构由以下8个部分组成：

①师德是教师素质结构的灵魂；②教育理念是教师素质结构的理性支点；③知识素质是教师素质结构的基本因素；④能力素质在教师素质结构中处于核心地位；⑤身心素质是教师素质结构中最基础层面的因素；⑥信息素质是教师可持续发展的必备素质；⑦校本课程开发的意识和基本能力；⑧对课程内容和课程实施的评估能力。

综上所述，教师素质结构，主要由思想道德素质、知识和能力素质、心理素质、审美素质等方面构成。其中思想道德素质是教师素质的灵魂，是统帅；知识和能力素质是教师素质的核心，是教师素质的主体；心理素质是教师素质的基础，也是完成教育教学任务的基本条件；审美素质，也是教师的必备素质，是追求高品位、完善教师人格、展示教师形象的重要内容。教师素质的构成要素，是既相互联系又各有内涵的对立统一体，只有达到辩证统一，才能实现教师素质的协调发展。

3. 教师素质的内容

根据教师素质的构成要素，教师素质的基本内容包括思想

① 朱仁宝．现代教师素质论[M]．杭州：浙江大学出版社，2004：79.

道德、教育观念、知识结构、能力结构、心理素质等方面，具体阐述如下：

（1）教师的思想道德

教师的思想道德素质是教师综合素质的灵魂，对其他素质起着统帅作用。教师的思想道德素质不仅对教师自身的发展起支配作用，而且关系到受教育者的思想道德素质，影响着学生的成长、成才。

思想道德素质包括：具有坚定的理想信念，科学的世界观、人生观、价值观；忠诚于人民的教育事业；爱岗敬业的奉献精神；热爱学生，为人师表；团结协作，相互尊重；学而不厌，勤于进取；严于律己，严谨治学；等等。

（2）教师的教育观念

教育观念是指教师在对教育工作本质理解的基础上形成的关于教育的观念和理性信念。教育观念是教师素质中起导向作用的组成部分，没有现代教育观念，教师就不可能有现代的教学行为。教师的观念影响教师的知觉、判断，进而影响他们的课堂行为，影响教育效果。[①]

根据建构主义学习理论，现代教育观念主要体现在新型的学生观、新型的教学观、新型的课程观和教育活动观等方面。新课程改革所提倡的教学理念即这种教育观念的体现。

新课程改革对教师的基础教育观、学生观和教育活动观提出了新的要求。新的基础教育观把每个学生潜能的开发、健康个性（指个体独特性与社会规范性的有机统一）的发展、适应未来社会发展变化所必需的自我教育与终身学习的意识和能力的初步形成作为最重要的任务。这与传统教育中把基础主要定

① 叶澜．新世纪教师专业素养初探 [J]．教育研究与实验，1998（1）．

位于基础知识、基本技能和技巧的训练有很大的区别。基础教育的价值取向应趋向于学生终身学习能力、综合素质的培养。

学生观是对教育对象的认识的集中体现。传统教育对学生的看法，强调的是他们缺乏知识、能力和经验的一面，即主要看到的是学生的现在状态，而不是他们的潜在状态、内在的积极性和发展的可能性；传统观念把学生发展的过程，主要看作是把人类已有的文化和知识传递给学生的过程，忽视了学生作为学习主体的作用。新的学生观把学生看作虽有不足和幼稚，但具有旺盛的生命力、具有多方面发展需要和发展可能的人，具有主观能动性、可能积极主动参与教育活动的人；把他们看作是学习活动中不可替代的主体。只有具备了这样的学生观，教师才不会把教育仅作为一个灌输的过程，把学生当作一个可装大量知识的瓶子。除此以外，学生观还包括对学生学习的认识。建构主义学习理论告诉我们，学习是学习者不断建构自己的认知结构的过程，通过“同化”和“顺应”完善自己的认知结构，强调在参与、体验中获得知识和能力。学生是学习的主体，是课堂教学的主人。学生观还应该包括对学生差异性、个别性的尊重，不要按一个模式来培养学生等。

教育活动是学校教育的实践方式，它是沟通教育理想“此岸”和学生发展“彼岸”的具有转换功能之“桥”，是师生学校生活的核心构成。课程观和教育活动观是指教师对教育活动和行为的看法和选择，明白什么样的课程和教育活动有利于学生的全面发展，有利于培养学生的创新思维，从而促进学生健康成长。教师作为教育活动的策划者、承担者、指导者和评价者，必须围绕活动的目的与任务，为学生积极主动地学习、在学习中培养和发展能力、学会学习与创造等提供可能并创设条件，使学生在活动中得到多方面的满足和发展，增强独立发现问题、解决问题的综合能力。

教师的教育观念是影响教师成长和学生发展的深层心理活动。因此教师的教育观念是教师成长的支撑品质。

（3）教师的知识结构

科学文化知识是教师素质的核心内容，缺乏科学文化知识素质的教师是不合格的教师。随着信息社会的发展，今天的教师已不可能也无必要成为百科全书式的人。但这并不意味着，拥有知识已不再是教师的素质要求。事实上，在信息社会中，对教师的知识结构的要求更高，即要求教师具有广博与精深相结合的知识结构，只有这样才能适应教师工作的需要。

国外学者对教师知识结构的内容的看法主要有以下几种：舒尔曼认为教师的知识结构应由教材内容知识、学科教法知识、课程知识、一般教学法知识、有关学习者的知识、情境（教育目的）的知识、其他课程知识等七方面的内容组成；伯利纳则认为包含学科内容知识、学科教学法知识、一般教学法知识三部分内容；格罗斯曼主张教师的知识结构由学科内容知识、学习者和学习的知识、一般教学法知识、课程知识、情境知识和自我知识组成；博科和帕特南认为教师知识结构包括一般教学法知识、教材内容知识和学科教学法知识三大块；考尔德黑德认为有六大部分，分别是学科知识、机智性知识、个人实践知识、个案知识、理论性知识以及隐喻和映象。综观国外学者的观点，教师的知识结构大多涉及学科知识、教与学的知识和教师自我知识这三部分。

国内学者大多也从三方面来论述教师的知识结构，认为教师的知识结构主要包括以下内涵：①专业知识，即某一学科或某一领域的知识。较全面并且坚实地掌握这一学科或专业领域的知识，是对一个教师的基本要求。②科学文化基础知识。教师除了具有一定专业知识外，还应当拥有较广泛的科学文化基础知识，有较深厚的文化修养。③教育学、心理学知识。教师要搞好教学，必须了解教育活动的规律和教育过程中学生的心理活动的规律。这就必须掌握一定的教育科学知识和心理科学知识。

还有的学者认为教师的学科知识以及教育学、心理学的知识很重要，但是更为重要的是，教师在具体的教育情境中，要有足够的知识和能力实现教育目标。因此，他们将教师的知识结构阐述为三个方面，即教师的本体性知识、实践知识、条件性知识：

①教师的本体性知识。教师的本体性知识是指教师所具有的特定的学科知识，如语文知识、数学知识等。掌握一定学科或专业领域的全面和坚实的知识，是对一个教师的基本要求。但是研究表明，具有丰富的学科知识并不是个体成为一个好教师的决定条件，特别是新课程改革实施以后，教师应该面向未来学科的发展和学生学习的指导组织来提升自己的能力。所以说教师需要知道一部分学科知识，以达到某种水平，但并非本体性知识越多越好。

②教师的实践知识。教师的实践知识是指教师在教学活动中所具有的课堂情景知识以及与之相关的知识，更具体地说，这种知识是教师教学经验的积累。教师的教学不同于研究人员的科研活动，它具有明显的情景性。在这些情景中，教师所采用的知识来自个人的教学实践，具有明显的经验性。而且，实践知识受一个人经历的影响。所以这种知识的表达包含着丰富的细节，并以个体化的语言而存在。

③教师的条件性知识。教师的条件性知识是指教师所具有的教育学与心理学知识。这种知识是目前广大教师所普遍缺乏

的，应着重强调，因为儿童、青少年的心理发展规律、学习规律，是教育改革和教育实践的出发点。教师条件性知识可以体现为：A. 学生身心发展的知识。教师要对学生的生理、心理发展的情况有科学的认识，这样才能合理地采用教学方法、教学手段，避免因无视学生身心发展的具体要求，而使学生成长受到限制，甚至阻碍学生成长。教师不但要根据自身多年的教育实践，探索总结学生身心发展的规律，而且还应积极学习国内外关于学生身心发展的研究成果，将其运用于教学中，促进教学效率的提高。B. 教与学的知识。教与学的知识包括对学生学习心理、学习规律的掌握，以及采取正确的教学策略、教学手段，从而把教与学有机地结合起来，使教学过程趋于优化，既利于学生发展，又使教师能采用科学的方法，以轻松、自信的心态投入教学工作。①

我们认为，教师的知识结构不应再局限于"学科知识＋教育学知识"的传统模式，而是多层复合的结构。

处于教师知识结构最基础层面的是当代科学和人文两方面的基本知识，以及工具性学科的扎实基础和熟练运用的技能、技巧。这是作为知识分子的教师所必需的，也是作为能够激发学生的求知欲、胜任教育者角色的教师所必需的，同时也是随着时代、科学发展而不断学习、不断自我完善和发展的教师所必需的。在未来社会，每一个人都将是终身学习者，是精神生活的富有者，教师更应如此，他不仅应有强健的自然生命力，同时应有旺盛的精神生命力——学习的需要、信心与能力。只有这样的教师才会从自己的生命体验中懂得终身学习的价值，努力在自己的教育实践中培养学生学习的兴趣、习惯与能力。

① 李瑾瑜 . 新课程与教师专业发展 [M]. 北京：首都师范大学出版社，2003：248-250.

根据现代科学的综合性发展和新课程改革后基础教育课程的综合性发展趋势，教师知识结构的第二个层面是具备一两门学科的专门性知识与技能。两门学科的性质可以是临近、相关的，也可以是相距甚远的，由学习者根据本人的兴趣和能力进行选择。这部分知识是教师胜任教学工作的基础性知识。与学习同样学科的其他专业人员相比，教师有其特殊的专业要求。首先，教师应该对学科的基础性知识、技能有广泛而准确的理解，熟练掌握相关的技能、技巧。这不仅是因为不能把不准确和错误的东西教给学生，还因为只有在对知识和技能准确熟练掌握的基础上，教师才有可能花更多的精力去设计教学，在课堂上更多关注学生和整个教学的进展状态，而不是把注意力集中到自己不要把知识讲错、习题做错上。其次，教师要对与该学科相关的知识，尤其是相关点、相关性质、逻辑关系有基本了解，使自己有可能与相关学科的教师在教学上取得协调，在组织学生开展综合性活动时相互配合。再次，教师需要了解该学科的发展历史和趋势，了解推动其发展的因素，了解该学科对于社会、人类发展的价值以及在人类生活实践中的多种表现形态。了解这些知识的意义在于使教师能在教学中把学科知识与人类的关系、与现实生活的关系揭示出来，使学科具有更丰富的人文价值，同时也能激起学生发现、探索和创造的欲望，为人类和社会的发展做贡献的愿望。最后，教师需要掌握每一门学科所提供的独特的认识世界的视角、界域、层次及思维，熟悉学科专家身上展现出来的科学精神和人格力量，这对于增强学生的精神力量和创造意识具有重要的、远远超出学科知识的价值。

总之，教师要具有丰富的、扎实的知识底蕴，能在科学体系中把握自己讲授的学科，能使知识在教学中不只是以符号形式存在，以推理、结论方式出现，而且能展示知识本身发展的无限性和生命力，能把知识活化，在教学中真正实现科学精神与人文精神、理论与实践、知识与人生的统一，充分发挥学科知识全面育人的价值。

教师知识结构的第三个层面是教育学知识，它主要由帮助教师认识教育对象、教育教学活动和开展教育研究的专门知识构成。过去在教师培养中尽管也包括此类知识，但大多停留在一般理论与教学法方面，过于简单，并没有突出教师认识学生与教育工作所必备的知识。在这方面，教师要加强对教育对象的认识、教育哲理的形成、管理策略、教育教学活动设计、方法选择、现代教育技术手段的运用及教育研究等方面的知识与技能。这些知识之所以必需，都是由教师承担的工作和角色的丰富化决定的。教师不仅是实践者，而且是研究者；教师不仅要会教，而且要有自己的教育追求与风格，能为教育事业和科学的发展做出创造性的贡献。

教师知识结构的多层复合性，还体现在三个层面知识的相互支撑、渗透与有机整合上。只有实现了整合，而且这种整合了的专业知识表现为教师教育行为的科学性、艺术性和个人独特性，表现为教师精神生活的丰富性和发展性，这一结构才充分显示出教师作为一个专门职业对丰厚而独特的专业知识的要求，绝对不比其他专门职业低。

（4）教师的能力结构

教师的能力结构也是教师素质的核心内容。能力是素质的外在体现，同时，能力的提高反过来又能增强一个人的素质，二者是相辅相成的。学术界对教师能力结构的具体成分，可以说是众说纷纭，差别较大。

有的认为教师的能力结构包括教学能力，语言表达能力，教育观察能力，注意分配能力，思维的系统性、逻辑性和创造性，教育想象能力和教育机智。有的认为教师的能力包括信息的组织与转化能力、信息的传递能力（语言表达能力、非语言表达能力）、运用多种教学手段的能力、接受信息的能力。有的认为教师应有三方面能力：①对教学对象——学生的调节、控制和改造的能力（了解学生的能力、因材施教能力、启发引导能力、教会学生学习的能力、组织管理学生的能力）；②对教学影响的调节、控制和改造的能力（对教学内容加工处理的能力、对教学方法手段的选择运用的能力、对教学组织形式合理运用的能力、言语表达能力、检查教学效果的能力）；③教师自我调节控制能力（较强的自学能力、较强的自我修养的能力、敏感地接受反馈信息的能力）。有的认为教师能力结构包括认识能力（思维的逻辑性、创造性）、设计能力、传播能力（语言表达能力、非语言表达能力、运用现代教育技术的能力）、组织能力和交往能力。有的认为教师的能力结构包括基础能力（智慧能力、表达能力、审美能力）、职业能力（教育能力、班级管理能力、教学能力）、自我完善能力和自学能力（扩展能力、处理人际关系能力）。有的从教师专业化的角度来谈教师的能力结构，认为教师的能力结构包括组织教学能力、开发学生潜力的能力、准确评价学生的能力、元认知的监控能力、反省能力和实验能力等等。上述观点，总结归纳的角度、出发点不同，因而得出的结论也不同。

叶澜教授认为教师的能力结构应包括一般能力（智力）和教师专业特殊能力两方面，教师在智力上应达到一定的水平，它是维持教师正常教学思维流畅性的基本保障。教师在专业特殊能力方面，还可以分为两个层次：第一个层次是与教师教学实践直接联系的特殊能力，如语言表达能力、组织能力、学科教学能力等；第二个层次是有利于深化教师对实践认识的教育科研能力。[①]

综合以上各派的观点，我们认为，新时期对教师的能力提出了新要求，教师要为这个时代培养全面发展的、具有创新精神和实践能力的人才，至少应具备以下几种核心能力：

①终身学习的能力。随着教育和专业知识更新速度的加快，教师必须具有终身学习的能力，才能不断更新思想、观念，掌握新的信息和教育技术，才能不断更新自己的知识、能力和素质结构，才能适应不断变化的教育、社会和时代，才能不断创新教育以满足个人和社会发展的需要。同时，随着教师身份、职能的变化，要培养学生成为终身学习者，首先自身必须是终身学习者。

②信息能力。在信息社会中信息能力是教师的基本功，是教师专业发展的基础。所谓信息能力，一是指获得信息的能力，即接受、加工、处理信息的能力。教师要通过各种信息渠道，吸取新知识、新理论、新技术，经过选择、加工、提炼、综合，传递给学生。二是指善于利用信息，即能利用信息进行判断，做好决策，搞好教学。信息能力对教师专业发展有极大的作用，掌握学科领域的新动态，了解他人的研究成果和教学经验，了解学生的学习、心理活动等，是搞好教学的基础。教师要学习进步，同样也离不开信息能力。

③激活创造性的能力。变革和创造将是21世纪人们生存和发展的基本方式。人类发展史表明，人的创造潜力是无限的。人的创造潜力必须通过激活才能变为现实的创造力。21世纪的教育必须将学生培养成为会创造之人，使他们通过会创造的头

① 李瑾瑜．新课程与教师专业发展[M]．北京：首都师范大学出版社，2003：251-252.

脑和会创造的手，创造出新的生活、新的时代和新的世界，这是教育的根本追求。因此，教师必须具有通过创造性教育培养学生的创造性人格、创新精神和激活学生创造力的能力。

④教师的教学监控和管理能力，包括对教育活动的监察、评价、反馈，以及对教育设计和活动的反思，对教育过程的调节和校正的能力。教师为了保证教学的成功，达到预期的教学目标，在教学的全过程中将教学活动本身作为意识的对象，不断地对其进行积极主动的计划、检查、评价、反馈、控制和调节；在教学活动结束后，对其结果进行反思，不断总结成功和失败的经验。这种能力可分为三大方面：一是教师对自己教学活动的事先计划和安排；二是对自己实际教学活动进行有意识的监察、评价和反馈；三是对自己的教学活动进行调节、校正和有意识的自我控制。由于教学活动极其复杂，包括的方面和涉及的因素多种多样。因此，教师的教学监控能力也具有多方面的内容和多样化的表现。

教师在学校教育活动中承担着组织者和管理者的责任。管理不是方法问题，更重要的是按教育目的规划教育活动的决策与设计能力，这种能力对教育活动的有效性具有重要影响。此外，教师作为组织者与领导者，也必须具有管理能力。教师要组织教学，管理至少一个班的学生，因此，要使管理本身也成为一种教育力量，把学生管理工作变为锻炼学生、培养学生自我管理和团结合作能力的手段，让学生在为集体贡献过程中展现特长、发挥优势。教师具有这样的管理能力，就不会把学生仅仅作为管理对象，把他们管死，而会把学生组织起来，发挥他们每个人的聪明才智，为形成有利于每一个学生生动活泼发展的集体而共同努力，使人人都能在集体中有自己的地位，能为集体做出自己的贡献，又能从集体中汲取力量、感受温暖、学会协作。

⑤研究能力。提高教师职业专业化水平，必须强调研究能力。具有科研的意识、知识与能力，是所有专业人员的共同特征。研究能力在这里主要是指研究学生及教学实践的能力。教师的研究大量是结合自己的实践工作与对象开展的，因此，研究能力也是高质量教育和教师自身专业发展的必要条件。教师的研究能力，首先表现为对自己的教育实践和周围发生的教育现象的反思能力，善于从中发现问题、发现新现象的意义，对日常工作保持一份敏感和探索的习惯，不断地改进自己的工作并形成理性的认识。教师研究能力的进一步发展则是对新的教育问题、思想、方法等进行多方面探索和创造的能力，运用多方面的经验和知识，综合地创造性地形成解决新问题的方案，这使教师的工作富有创造性和内在魅力。同时，教师创造意识和能力在教育实践中的成功，会使他们十分看重对学生创造意识和能力的培养，无疑，这是未来教育十分期望实现的。

（5）教师的心理素质

心理素质是教师素质的基础，也是实施素质教育的重要保证。教师良好的心理素质主要包括：强烈的工作责任心，乐观的生活态度，健全的个性人格，正确的自我评价，良好的人际关系，坚忍不拔的意志，较强的社会适应能力，等等。教师没有良好的心理素质，不仅难以履行教育教学职能，而且还会影响学生的心理健康。教师的心理素质与学生的心理健康之间存在着十分密切的关联，在某种意义上说，教师的心理素质状况会直接影响学生的心理健康水平。因此，教师心理素质也是教师素质的重要组成部分。

三、教师能力标准

1．教师能力

对教师能力标准，学术界也有诸多定义。国际培训、绩效、教学标准委员会（简称 IBSTPI）是一个专门研究教师能力标准开发的国际性组织，由 15 位专家组成，他们在各自领域都享有最高声誉，致力于国际教师能力标准的研制。该组织所制定的《教师能力标准》是一个较为权威的国际标准，能最为全面地评价教师能力，因而得到全世界的广泛认可。

IBSTPI 将能力标准定义为：一套使得个人可以按照专业标准的要求有效完成特定职业或工作职责的相关知识、技能和情感态度。[①] 对教师来说，其能力标准包括知识、技能和情感态度三个方面，以保证教学和育人任务的有效完成。

2．教师能力标准研制

IBSTPI 于 1993 年制定了第一个《教师能力标准》，后来考虑到教学实践和技术领域所发生的巨大变化，特别是现代技术条件下教学对教师的新的能力要求，于 2004 年对该标准进行了修订更新。

《IBSTPI 标准》（以下简称《标准》）包括专业基础、计划与准备、教学方法与策略、评估与评价、教学管理等 5 个方面的 18 项能力指标，适用于各种教学情境中的教师，如面对面教学（课堂教学）、在线教学和混合教学情境等。事实上，在很多情况下，教学更多的是在一种混合情境中进行的，需要教师具备综合运用各种教学方法、策略和技术的能力。

IBSTPI 推出该标准旨在促进教师培训、教学和学习，改善

① James.D.Klein 等．教师能力标准——面对面、在线及混合情境 [M]. 上海：华东师范大学出版社，2007：12.

教师个人和组织的绩效，提高教师专业实践的教学质量。

IBSTPI 教师能力标准①

专业基础

能力 1：有效地交流沟通

（1）根据受众、情境及文化背景，采用合适的语言。

（2）使用合适的语言及非语言符号。

（3）寻求并吸收多样的观点。

（4）根据不同的情境采取积极有效的倾听技巧。

（5）运用适当的技术进行交流。

能力 2：更新和提高自己的专业知识和技能

（1）拓展有关学习原理和教学策略的知识。

（2）不断更新技术知识和技能。

（3）建立并保持专业联系。

（4）参加专业发展活动。

（5）建立个人工作文档备用。

能力 3：遵守已有的道德规范和法律条文

（1）认识教学实践中潜在的道德和法律问题。

（2）遵循组织和职业道德规范。

（3）确保公平对待所有学习者。

（4）尊重保密及匿名请求。

（5）避免冲突。

（6）尊重包括版权在内的知识产权。

能力 4：树立和维护职业声誉

（1）示范职业操守。

（2）尊重他人的价值观和见解。

---

① James.D.Klein 等 . 教师能力标准——面对面、在线及混合情境 [M]. 上海：华东师范大学出版社，2007：18-23.

（3）具备学科专业知识。

（4）对变革和改进持开放态度。

（5）将教学与组织背景及目标相联系。

计划与准备

能力5：设计教学方法和教学内容

（1）确定学习者、其他参与人员和教学环境的相关特征。

（2）设计或修改教学活动以适应学习者、教学环境和呈现方式的需要。

（3）明确目标、任务及次序。

（4）选择合适的教学方法、策略和呈现技巧。

（5）设计或修改课程内容、教师手册、评估工具和支持材料。

（6）根据需要创建或修改基于技术的资源。

能力6：教学准备

（1）对学习者的困难和问题进行预测并做好准备。

（2）进行学习者分析。

（3）确定关键知识点、相关实例、轶事及其他补充材料。

（4）确认支持教学的后勤和物质保障。

（5）确保所有学习者都能获取所需教学资源。

（6）确认设备、技术和工具准备就绪。

教学方法与策略

能力7：激发并维持学习者的学习动机和学习投入

（1）吸引并保持学习者的注意力。

（2）保证学习目标清晰明确。

（3）培养良好的学习态度。

（4）建立提高学习动机的策略。

（5）帮助学习者设定合理的期望值。

（6）为学生提供参与学习并获得成功的机会。

能力 8：表现出有效的表达技巧

（1）根据学习情境采用合适的表达方式。

（2）采用多种方式表述关键概念。

（3）提供案例，阐明含义。

（4）让学习者参与表达过程。

（5）根据学习者需要采用合适的表达方式。

能力 9：表现出有效的促学技巧

（1）利用所有参与者的知识和经验。

（2）为全体学习者指明努力方向。

（3）使学习活动高度聚焦。

（4）鼓励和支持合作。

（5）引领学习活动及时终止。

（6）监控、评估和适应动态变化的情境。

能力 10：表现出有效的提问技能

（1）提出清晰和恰当的问题。

（2）有效跟进学习者所提问题。

（3）使用多样的问题类型和问题层次。

（4）提出并重新引导到那些促进学习的问题。

（5）用问题激发和引导讨论。

（6）以回答问题来连接学习活动。

能力 11：提供阐释和反馈

（1）为学习者提供机会请求阐释。

（2）使用多样的阐释和反馈策略。

（3）提供清晰、及时、中肯和具体的反馈信息。

（4）提供和接受学生反馈时保证开放与公平。

（5）为学习者提供机会进行反馈。

（6）帮助学习者提供和接受反馈。

能力 12：促进知识和技能的巩固

（1）将学习活动与已有知识联系起来。

（2）鼓励学习者对概念和思想观点进行细化。

（3）提供综合和整合新知识的机会。

（4）提供实践新学技能的机会。

（5）提供反思和回顾的机会。

能力 13：促进知识和技能的迁移

（1）提供与知识技能、运用环境相关的案例和活动。

（2）示范知识和技能在真实情境中的运用。

（3）提供在真实情境中的实践机会。

（4）提供为未来的运用做出规划的机会。

（5）和学习者一同探究可能促进或阻碍知识和技能迁移的情形。

（6）提供自主学习的机会。

能力 14：使用媒体和技术来加强学习、改进绩效

（1）认识教学媒体和技术的潜能与局限。

（2）运用媒体和技术开展最佳实践。

（3）以多样的方式呈现内容。

（4）为学习者使用媒体和技术做好准备。

（5）发现并解决小的技术故障。

评估与评价

能力 15：评估学习和绩效

（1）针对评估标准进行交流。

（2）监测个人和小组绩效。

（3）评估学习者的态度情感和反应。

（4）评估学习结果。

（5）提供自我评估的机会。

能力 16：评价教学效果

(1) 评价教学材料。

(2) 评价教学方法和学习活动。

(3) 评价教师绩效。

(4) 评价教学环境和设备的影响。

(5) 记录与公布评价数据。

教学管理

能力 17：管理促进学习与改进绩效的环境

(1) 预测并处理可能影响学习和绩效的情形。

(2) 确保学习者能够获得所需资源。

(3) 与学习者共同制定基本规章和学习期望。

(4) 在教学中运用时间管理原则。

(5) 采取合适的方式方法，及时阻止不良行为举止。

(6) 及时并公正地解决冲突和问题。

能力 18：适当地使用技术管理教学过程

(1) 使用技术支持教学管理功能。

(2) 使用技术查找和共享信息。

(3) 使用技术存储和重复利用教学资源。

(4) 使用技术维护学习者个人信息的安全及隐私。

分析《标准》的体系结构、项目内容和具体指标，可以断定它是一个综合性的教师专业标准。《标准》所界定的教师能力，是广义的，包括了称职教师所应具备的知识、技能和情感态度三个维度。下面结合我国中小学教学和教师状况从这三个方面加以阐释。

(1) 情感态度

结合上述教师素质的内容，情感态度可以表达为教师职业道德（简称师德）。师德是中小学教师专业化发展的重要内容。

《标准》中，在能力3、4项中有11条具体指标大致属于师德范畴，占《标准》总指标的11.22%；其他部分条目的指标也间接涉及师德标准。《标准》把情感态度列为专业基础，和语言表达、知识更新并列，可见其对情感态度的重视。

我国的新课程改革也把情感态度设定为教学总目标之一。由于师德是我国教师应具备的基本条件，师德建设是我国教师队伍建设的首要任务，因此我们在研制中小学教师能力标准时，师德标准应占总指标的15%左右。

关于师德标准，我国的《教育法》《义务教育法》《教师法》等法律都有着明确规定。《中小学教师职业道德规范》(2008)更是专门针对中小学教师职业道德颁布的纲领性文件。它规定的6条标准是：①爱国守法；②爱岗敬业；③关爱学生；④教书育人；⑤为人师表；⑥终身学习。其中每一条标准都有具体要求，如第②条“爱岗敬业”的要求是：热爱教育、热爱学校，尽职尽责、教书育人，注意培养学生具有良好的思想品德；认真备课上课，认真批改作业，不敷衍塞责，不传播有害学生身心健康的思想。第③条“热爱学生”的要求是：关心爱护全体学生，尊重学生的人格，平等、公正对待学生；对学生严格要求，耐心教导，不讽刺、挖苦、歧视学生，不体罚或变相体罚学生，保护学生合法权益，促进学生全面、主动、健康发展。这些内容都是我们研制中小学教师能力标准中师德标准的重要依据。

(2)专业技能

《标准》主张，教学能力是制定教师能力标准的核心取向。《标准》在“计划与准备”“教学方法与策略”“评估与评价”“教学管理”4大项中，有77条具体指标属于教学能力范畴，涉及教师所有方面的能力，占《标准》总指标的78.6%。从大项上来看，教学能力包括教学设计、教学方法和策略、教学评价和教学管理四个方面，是对教师能力的全面要求。

从教学能力在《标准》中所占的比重来看，《标准》把教学能力看成是教师素质和能力的最主要部分，是决定教师合格与否的主要标准。这就告诉我们，衡量教师的好坏仅看他的专业知识结构是不够的，更重要的是要看他的教学能力，看他设计、组织教学，带领、引导学生学习的能力，这才是教师区别于其他同类专业技术人员的标志。

在我国新课程改革的教学目标中，有“技能”“过程和方法”与本项相关。因此，在制定中小学教师专业标准时，教学能力标准可占总指标的70%左右。

关于教师教学能力标准，我国的《教育法》《义务教育法》等中也有规定。例如，《义务教育法》规定：“教学工作应当符合教育规律和学生身心发展特点，面向全体学生，教书育人，将德育、智育、体育、美育等有机统一在教育教学活动中，注重培养学生独立思考能力、创新能力和实践能力，促进学生全面发展。”“国家鼓励学校和教师采用启发式教育等教育教学方法，提高教育教学质量。”2004年，教育部颁布了我国第一个中小学教师专业能力标准：《中小学教师教育技术能力标准（试行）》，提出了4个能力维度、14项能力指标和42条能力细化绩效指标，即从“意识与态度、知识与技能、应用与创新、社会责任”4个方面具体规定了中小学教师应该达到的教育技术能力标准。这些都可以为我们制定中小学教师能力标准提供参照。

（3）专业知识

由于《标准》是针对所有教师的普适性标准，所以只在“专业基础”一项中列了语言交流和知识更新、提高专业水平方面的10项具体指标，大致涉及专业知识系统，占总指标系统的10.2%。

传统教学中教师主要靠讲解传授知识，因此，教师的专业知识水平决定了其教学的好坏。但在现代教育中，教师主要是带领、指导学生学习，不再以讲授、灌输为主要教学方式。因此，对教师的专业知识要求，不是专业知识越多越好，这也是《标准》中没有提出具体专业知识标准的缘故。《标准》提出语言交流能力是教师职业的重要能力，同时，由于知识更新的加速，教师必须具备获取知识、提高专业知识水平的技能，方可成为合格的教师。这是符合未来教师发展的需要的。

当然，作为学科教师，应该掌握本学科的全部专业知识，包括基础理论、实践运用和方法论、研究方法等方面的知识。特别是针对少数民族双语教育的教师专业基础知识不足的状况，在制定双语教师能力标准时应该提出专业知识方面的具体标准，以改变这一现状。

总之，《标准》为所有教师的专业发展提出了指导方针，为教师教育课程和培训课程的规划工作提供了纲领，使教师在培养学生、掌握教育技术、提高教学能力方面有目标可依。

此外，国际上著名的还有加拿大安大略省的《教师能力标准》、英国《ICT应用于学科教学的教师能力标准》等教师能力标准，它们一个侧重教学，一个侧重专业课程，明显突出教学要求或专业要求，均不像《标准》那样具有普适性。

教师是具有特殊要求的职业，需要具备较高的职业道德和专业水平。教师又是一个不断发展的职业，随着时代的变化和社会的发展，中小学教师的专业能力标准也在变化。在全球化和信息化的背景下，教师教育要根据中小学教师专业能力标准，确立不同类型教师的培养目标和规格，建立教师教育机构资质标准、课程标准和质量评估标准，形成一整套完善的教师教育标准，从而建立起适应教师教育发展需要的、具有中国特色的现代教师教育制度。

上述《标准》，对于我们研究制定中小学双语教师专业能力标准、推进双语教师专业化发展有着积极的借鉴意义。

四、教师专业标准

为了建设一支高素质、专业化的教师队伍，我国教育部组织专家专门研制了《教师专业标准》，并于2012年初正式颁布试行。

这是我国第一套《教师专业标准》，其对教师专业发展和教师教育的重要作用不言而喻。《专业标准》分为《幼儿园教师专业标准（试行）》《小学教师专业标准（试行）》《中学教师专业标准（试行）》。同时，教育部要求把《教师专业标准》作为对学前、小学和中学教师专业素质的基本要求，作为各类教师实施教育教学行为的基本规范，作为引领教师专业发展的基本准则，作为教师培养、准入、培训、考核等工作的重要依据。下面对三种《教师专业标准》做简单的介绍。

三种《教师专业标准》都分为基本理念、基本内容和实施建议三部分。

1. 基本理念

三种《教师专业标准》的基本理念大致相同，只是针对幼儿、小学生和中学生的不同特点而稍作区别。基本理念包括师德为先、学生（幼儿）为本、能力为重、终身学习四部分。把师德放在首位，从职业理想和道德、热爱学生、为人师表和教书育人等方面对教师提出要求。以学生为本，要求教师调动和发挥学生的主动性，遵循学生身心发展特点和教学规律实施教育，促进学生生动活泼学习、健康快乐成长。以能力为重，要求教师具备教书育人的实践能力，提升教师专业化水平，不断提高专业能力的要求。要求教师学习教育理论，提高文化素养，具备终身学习与持续发展的意识和能力。

2. 基本内容（以《小学教师专业标准》为例陈述）

把教师应具备的思想、知识、能力分成3个维度，13个领域，每个领域下面提出若干基本要求。

第一个维度：专业理念和师德

（1）职业理解与认识

贯彻党和国家教育方针，遵纪守法，热爱教育事业和教育工作，具有良好的职业道德修养。

（2）对学生的态度和行为

关爱、尊重、信任学生，创造条件，促使学生快乐成长。

（3）教育教学的态度和行为

具有育人为本、德育为先的理念，遵循学生身心发展规律实施教育，引导学生学会学习、快乐学习，养成良好的学习习惯。

（4）个人修养与行为

从爱心和责任心、亲和力、平和心态、学习进取、举止文明礼貌等五个方面提出具体要求。

第二个维度：专业知识

（5）学生发展知识

了解相关的法规、政策、规定；了解不同年龄学生的身心发展特点和规律，掌握保护和促进学生身心健康发展的策略和方法；了解不同年龄学生的学习特点；了解对学生进行青春期和性健康教育的知识和方法；了解学生安全防护的知识。

（6）学科知识

了解多学科知识；掌握所教学科知识体系、基本思想和方法；了解所教学科与社会实践、其他学科的联系。

（7）教育教学知识

掌握教育教学基本理论；掌握学生品行养成的特点和规律；

掌握不同年龄段学生的认知规律和教育心理学的基本原理和方法；掌握所教学科的课程标准。

（8）通识性知识

具有相应的自然科学和人文社会科学知识；了解中国教育的基本情况；具有相应的艺术欣赏与表现知识；具有适应教育内容、教学手段和方法现代化的信息技术知识。

第三维度：专业能力

（9）教育教学设计

合理制定教育教学计划；合理利用教学资源，科学编写教案；合理设计主题鲜明、丰富多彩的班级和少先队活动。

（10）组织与实施

建立良好的师生关系；创设适宜的教学情境，根据学生的反应及时调整教学活动；激发学生的学习兴趣；运用启发式、探究式、讨论式、参与式等教学方式；把现代教育技术手段整合应用到教学中；较好地使用口头语言、肢体语言与书面语言，使用普通话教学，规范书写钢笔字、粉笔字。

（11）激励与批评

观察学生的日常表现，发现和赏识每一位学生的点滴进步；灵活使用多元评价方式，给予学生恰当的评价；引导学生进行积极的自我评价；利用评价结果不断改进教育教学工作。

（12）沟通与合作

使用符合学生特点的语言进行教育教学工作；善于与学生进行有效沟通；与同事合作交流，分享经验和资源，共同发展；与家长进行有效沟通合作，沟通促进学生的发展；协助学校与社区建立合作互助的良好关系。

（13）反思与发展

主动收集分析相关信息，不断进行反思，改进教育教学工作；针对教育教学工作中的现实需要和问题，进行探索和研究；制定专业发展规划，积极参加专业培训，不断提高自身专业素质。

3. 实施建议

为了实施《教师专业标准》，国家对各地教育行政部门、开展教师教育的院校和教师本人提出要求，力争通过贯彻《教师专业标准》进一步搞好教育教学，提高教师的素质。

第三节　双语教师素质和双语教师能力标准

一、双语教师的素质

研究者在界定“教师素质”时都力图体现教师职业的特殊性，体现教师素质的系统性和动态性。教师素质是指教师在育人过程中，建立在一定生理条件基础上的稳定的必备的职业品质，是教师职业形象、育人知识、育人能力的综合反映。教师素质是在一般生理条件具备的情况下，经过后天科学训练、系统培养与反复实践而形成的。[①] 王立国用下表来表示教师的素质结构：

表 7　教师素质结构 [②]

自然属性与社会基本属性	基本素质	身体素质
		心理素质

① 王立国 . 基于教师专业发展的教师素质标准研究 [D]. 西北师范大学，博士论文，2007：9.

② 王立国 . 基于教师专业发展的教师素质标准研究 [D] . 西北师范大学，博士论文，2007：46.

续表

自然属性与社会基本属性	基本素质	基础文化素质
		仪态素质
专业化属性	专业发展素质	学科知识素质
		教学素质
		科研素质
	职业发展素质	信念素质
		协作素质
		信息素质
		教育科学技术素质

在上表中，基本素质处于底层，是基础；教学所需的专业发展素质是实用素质，是基本素质的实际表现；职业发展素质是最高素质，是促进上述两种素质发展的动力。

1. 双语教师素质

姜宏德认为："双语教师进行双语教育活动的基本条件是具有复合的能力素养，其中包括：双语表达能力，即双语教师借助汉英两种语言文字表达教学内容和自身思想感情的能力，这是双语教师应具备的最起码、最基本的能力；双语教学能力，是指双语教师驾驭双语教学、体现双语教学水平的最基本的专业技能，包括双语教学设计能力、驾驭双语课堂教学的能力、创设双语教学环境并发挥环境育人功能的能力以及双语教学测量与评价的能力等，这是双语教师能力素养的主体；自我完善能力，其中又包括双语教育研究能力、双语教育创新能力和与其他教师合作共事的能力。”①

曹乃玲认为合格的双语教师除了达到常规教师的能力要求外，还应具备如下几方面的能力：①扎实的双语能力。双语师资语言能力包括：获得英汉两种语言的基础知识和基本理论的能力（包括语法知识、词汇知识和语音知识等），以及语言的使用能力。②牢固掌握专业知识的能力。一种学科知识不扎实的人，即使英语再好也不能成为一名合格的双语教师。③运用不同教学模式的能力。具备这种能力的前提是熟知双语教学的定义、概念、研究对象、多种教学模式及模式产生的背景等。④接受新颖教学理念的能力。双语教师在用英语传授学科知识的同时，也在传授着一些西方开放型教学思想理念，如果没有较快接受新事物的能力，将难以做到教学行为的转变、教师角色的转变以及对学生认知和评价的转变。②

杜秀花则将双语教师的素质结构归纳为两方面内容：“一是专业教育素质（一般素质），一是外语教育素质（特殊素质）。双语教师的专业教育素质与其他类型教师的基本素质是一致的，即具有良好的职业道德、正确的教育价值观和现代教育理念，拥有精深的专业知识、广博的文化基础知识、丰富的教育理论知识，具备突出的教学能力、组织能力、科研能力。双语教师的外语教育素质是必须精通一门外语，掌握双语教育的原理和技能、技巧，具有用正确的外语口语进行教育、教学和管理的能力，能得心应手地在各种场合为学生创设模拟的外语情境。双语教育教师素质结构中的专业教育素质与外语教育素质必须平衡、协调地发展，这样才能胜任对学生进行双语教育的

① 姜宏德．试论双语教师的专业素质[J]. 当代教育科学，2003（23）.

② 曹乃玲．职前双语教学师资培训策略[J]. 苏州教育学院学报，2004（2）.

重任。”①

概言之，双语教师除了具有与普通教师一样的素质以外，还应该具有以下特殊的素质：

（1）双语教师必须是双语双文化者。既要具备较高的双语能力，达到能够听、说、读、写和熟练交流的程度，又要具有尊重多元文化的态度，熟悉两种语言的文化背景，了解两种语言的文化差异，尊重两种语言的文化传统。更为重要的是，双语教师还要了解学生母语的语言背景和语言文化。

（2）双语教师要具有从事双语教学的综合能力。他们要有很强的人际交往能力，与不同语言和文化背景的学生建立良好的师生关系，同时还要与不同语言和文化背景的学生家长合作。此外，双语教师还要具备有效创造跨文化语言环境的能力，使不同语言背景的学生能够自由交流，尽快提高语言水平。

（3）双语教师必须具有特殊的教学策略。双语教育是一种特殊的教学活动，由于用不同的语言授课，学生的语言能力、学习习惯和适应程度不完全一样，因此，采用的教学策略也应该不一样。针对特定的语言课程和学生的语言水平，采用合适的学习策略，可以激发学生的学习积极性，解决他们在学习过程中遇到的问题。

（4）双语教师要具有高学历，要经过专门的培训，并持有政府教育部门颁发的双语教师资格证书。除了专门培养双语教师的专业外，一般教师进入双语教育岗位都要经过 1 ～ 2 年的双语教师培训，学习双语教育政策、双语课程、双语教材，接受特殊的双语教师技能技巧训练。培训结束后，要经过严格的考试与遴选，合格者可以获得国家教育部门颁发的双语教师证

① 杜秀花.初探双语教育及其师资培养的途径[J].中国高教研究,2002(1).

书，才能承担双语教学任务。

2. 双语教师的知识结构

刘丽姣认为："双语教师必须具有扎实的外语知识和母语知识、双语教学理论知识、双语学习心理学理论知识、双语教学的历史背景知识，以及精深的学科专业知识。"①

合理的知识结构是双语教师专业化发展的重要基础，双语教师的知识结构可概括为：

（1）广博的双语基础知识。双语基础知识是双语教师知识结构中最基础层面的知识，包括两种语言文化的基础知识和教学知识。它可以增进学生的双语知识并满足学生的求知欲望，同时还是教师自身不断学习和进步的需要。

（2）精深的双语专业知识。双语专业知识处于双语教师知识结构的核心层面，是双语教师专业化发展的重要标志。它包括三个层面：基础性双语专业知识、主体性双语专业知识和前沿性双语专业知识。基础性双语专业知识是双语教师从事学科双语教学必须掌握的最基本、常见的专业知识，是双语教师胜任双语学科教学的基础。而主体性双语专业知识则是在双语教师专业知识结构中起主导作用的核心知识体系。只有系统掌握这类知识，双语教学质量才能得到保证。前沿性双语专业知识是双语教师所教双语学科发展的最新信息。学习和吸收这类知识有助于完善自身的双语知识结构。②

（3）包括双语教育在内的教育科学知识。教育科学知识是教师教育专业的基础知识，双语教师应掌握一般教育理论、学习理论、教育心理学和双语教育的有关知识，才能够很好地设计、组织实施教学，获得好的教学效果。

① 刘丽姣、欧阳艳．双语教师素养刍议 [J]. 成人教育，2003（4）.

② 姜宏德．试论双语教师的专业素质 [J]. 当代教育科学，2003（23）.

二、少数民族双语教师素质

少数民族双语教师的素质从大方面来看，应该包括在上表中，但由于少数民族教育的特殊性，滋生少数民族教育的社会、人文环境的特殊性，特别是少数民族双语教育的特殊性，少数民族双语教师的素质也应该有不同的一面。概括起来有以下几点：

1．双语语言能力

少数民族双语教师应该具有两种语言能力，即能用汉语和少数民族语进行交际、实施学科教学的能力。当然，诚如 W. F·麦凯、M·西格恩在《双语教育概论》中所讲的那样："一个人除了他的第一语言外，对另一种语言能达到同样熟练的程度，并且能够在任何场合中同样有效地使用其中任何一种语言，这才能称他为操双语者。显然，这是一种完美或理想的双语现象，因为我们在现实生活中所遇到的个体或多或少都不那么理想。"① 双语教师的双语能力也不可能是两种语言都达到同样的熟练程度，平衡发展，可以有所偏向，或汉语能力强一些，或少数民族语能力强一些。

根据目前新疆实施的双语教育模式，我们更强调双语教师要有很强的汉语听、说、读、写能力，尤其是口头表达能力，要求发音标准，语言规范，能用汉语流畅地组织学科教学，只有这样，才能较好地组织学科专业知识和技能的学习，调动学生的学习积极性，解难答疑。和一般教师不同，双语教师必须达到汉语特定级别水平才有资格申请聘任为双语教师。双语教师高超的语言水准表现在能够用两种语言（特别是汉语）思考、理解和掌握学科知识，能够融会贯通地表述、解析专业知识，

① W．F·麦凯、M·西格恩．双语教育概论 [M]．北京：光明日报出版社，1989：1．

能够通过网络获取最新信息，更新知识。双语教师还必须掌握双语教育的技能和技巧，能够用汉语设计、指导学生开展各种学习活动，为学生创设各种汉语情境，得心应手地进行教育教学管理。

至于少数民族语言，特别是在学前和小学低段，即在学生学习的启蒙阶段是应该使用的，以此帮助学生理解和实现语言过渡。随着学习的深入和学生汉语能力的提高，应该逐渐减少少数民族语言的使用，直到完全不使用。因此，对双语教师的少数民族语言能力也有不同的要求，学前和小学低段的双语教师可以要求高一些，一般要求能用少数民族语言交流沟通，而到了小学中高年级以后则可以要求低一些，只要一般了解即可。

2．对少数民族文化、社会生活、风俗习惯的了解

双语教育的复杂性与特殊性，要求双语教师还必须具备广博的双语文化基础知识，即同时具备汉语和少数民族语文化基础知识。由于我国的主流文化和少数民族文化多少还存在一些差异，学生所学的课程内容和教材大多数是根据国际标准和汉族地区情况设计编写的，学生不可能完全适应，存在理解和运用方面的困难。因此，了解少数民族社会生活和文化有利于双语教师预测教学中学生学习的难点和不适应的一面，从而采取有效的方法加以引导，帮助学生克服文化障碍。

教育是一种社会现象，有着很强的社会情境功能。教育生态学强调研究教育必须研究教育与其周围生态环境之间相互作用的规律和机理，要把教育与生态环境联系起来，把教育放在自然环境、社会环境、规范环境中，研究这三种生态环境与教育的相互关系，对学生学习和成长的影响。

双语教学的对象是少数民族学生，其中大多数学生是生活在少数民族聚居地区，在浓郁的少数民族社会文化环境中成长

的。自然环境和社会文化环境必然在他们身上和学习中留下深刻的痕迹，形成他们学习的特点和规律。双语教师要有效实施教学，提高教学质量，必然要了解学生所处的自然环境和社会文化环境及其对学生成长和学习的影响，然后采取有效的方法，引导学生学习。

3. 对少数民族学生知识结构、心理特征、学习习惯的了解

因材施教就是要了解学生的知识结构、心理特征，了解学生的学习习惯，从而采取积极有效的方法，促使学生克服不良的心理和学习习惯，逐步养成良好的心理素质和学习习惯，这些是学生健康成长的标志，也是学生搞好学习的根本保证。

4. 扎实的专业要求

这一条要求是针对新疆双语教学中存在的问题提出的。由于双语教学师资的缺乏，不少地区让懂汉语但不是学某一学科的老师或机关工作人员去担任某一学科的教学工作，这就违背了教师的职业性和专业性特征。双语教师不是语言教师，首先必须具有系统的学科知识和教学方法才能从事该学科的教学。如果不具备某一学科的系统知识和学科教学方法，即使有较高的双语应用能力，也无法从事双语教学。

5. 双语教学能力

包括教学管理、学生管理在内的教学能力是教师的基本能力，也是双语教师的基本素质的体现。教师教学能力的高低，直接影响学生的学习和教学成效。因此，教学能力是双语教师能力的核心部分。

三、制定少数民族双语教师能力标准的重要意义

1. 教师能力标准在教师专业化和教师专业发展中的核心地位

我国教师教育改革的重心是教师专业化，教师专业化是

以教师专业发展为最根本目的的，而教师专业发展的核心内容是教师素质的提高，教师素质的提高必须依赖于可以衡量的标准——教师能力标准。反过来说，只有制定明确的教师能力标准才能使教师素质的提高有据可依；只有教师素质提高了才能真正实现教师专业发展，才有教师专业化。

教师专业发展的相关研究包括三大主题：教师教育改革研究，包括政策改革、课程改革、制度改革等；教师专业标准研究，包括师德与专业素质标准、学科教师标准等；校本教师发展研究，包括新课程教师培训、学科教师发展、德育教育发展、双语和外语教师教育、职业教师教育等。其中教师素质是极为重要的课题，教师教育最根本的任务就是培养高素质的教师，因此，研制教师能力标准有着重要的指导意义。①

综观教师专业化和教师专业发展的相关研究文献，教师能力标准已经成为教师教育理论与实践中的核心、重点、热点、前沿问题，更是一个难点问题。如何合理客观地确定教师能力标准已经成为制约教师专业发展、教师专业化乃至教师教育发展的瓶颈，更是关系整个国家教育发展的重要课题。②

2．教师教育改革和培养符合时代发展要求的双语教师的需要

无论是教师教育制度确立还是教师教育课程体系建立必然涉及教师素质的问题，都是建立在教师专业发展的能力标准基础上并以其为前提的。因为，教师教育制度的确立与教师教育课程体系的建立是以养成和发展教师素质为根本目的的，离

① 叶澜．教师发展研究的理论思考与实践探究 [C]. 中英甘肃基础教育项目教师教育暨特殊教育需要和低年级儿童发展国际研讨会论文集. [出版者不详]，2005：19.

② 王立国．基于教师专业发展的教师素质标准研究 [D]. 兰州：西北师范大学教育学院，2007：3.

开了对教师素质构成的梳理和教师素质标准的确立，则难以谈论有关教师的其他问题。所以，教师能力标准成为教师教育、教师专业化研究领域的核心问题。

我国教师教育的问题在于缺少确保教师质量的教师教育标准体系，因此建立一套规范的、可操作的教师教育标准体系是我国教师教育改革的当务之急。根据世界教师教育改革的经验，要实现这一目的，必须制定体现教师专业发展的教师专业标准，在教师教育课程中则要制定符合教师专业标准要求的教师课程标准，通过衡量、评估和规范教师教育课程培养立足于专业发展的高素质教师。[①]

概括地说，基于教师专业发展的教师能力标准研究，一方面是出于教师专业发展的需要，另一方面也是基于为促进教师专业的发展、推动教师专业化的步伐不断前行、实现教师教育的不断完善而进行的教师素质标准研究。因此，教师专业发展是教师能力标准研究的出发点，也是落脚点。

双语教师更具有特殊性，双语教师教育更需要明确的教师能力标准，要从源头上保证双语教师的质量，就必须改革、完善教师教育，培养合格的双语教师。为此，研制双语教师能力标准对促进双语教师教育改革有着明确方向的作用。

3．教师培训规范化和教师招聘的需要

当前，国家投入大量的资金和人力，实施双语教师培训工程，以解决双语教师稀缺的问题。与此同时，自治区还面向全国招聘大批双语教师。这两项工程都需要双语教师能力标准，这对于规范所有培训机构的培训要求与培训行为，以及建立双语教师准入制度与评价体系都具有重要的指导作用。

① 胡惠闵、李海英．基于教师专业发展的教师教育标准 [C]. 国际教师教育论坛论文资料集．[出版者不详], 2005：95.

双语教师能力标准的制定有两方面的目的。一方面作为教师必备的有关教育教学的知识、能力的客观指标，用于教师自我评价，确定发展方向；同时也为学校和教育部门对双语教师进行评价提供依据。另一方面则是为人事部门和教师管理人员、师资培训部门提供一种工具，可以使他们在招聘和培训不同专业的教师时，根据不同的需要和背景确定培养目标，设计培训方案和计划，同时为教师的继续教育提供指导和帮助。

四、《双语教师能力标准》的研制

1. 制定《双语教师能力标准》的依据

（1）相关的法律法规和教师职业活动特点

我国的《教育法》《义务教育法》《教师法》《国家通用语言文字法》等法律和新疆的相关政策规定都对教师的素质问题提出明确的要求。例如,《教育法》规定:“教师享有法律规定的权利，履行法律规定的义务，忠诚于人民的教育事业。”“国家实行教师资格、职务、聘任制度，通过考核、奖励、培养和培训，提高教师素质，加强教师队伍建设。”《义务教育法》规定:“教师享有法律规定的权利，履行法律规定的义务，应当为人师表，忠诚于人民的教育事业。”“教师在教育教学中应当平等对待学生，关注学生的个体差异，因材施教，促进学生的充分发展。”“教师应当尊重学生的人格，不得歧视学生，不得对学生实施体罚、变相体罚或者其他侮辱人格尊严的行为，不得侵犯学生合法权益。”《教师法》规定:“教师是履行教育教学职责的专业人员，承担教书育人，培养社会主义事业建设者和接班人、提高民族素质的使命。教师应当忠诚于人民的教育事业。”“制止有害于学生的行为或者其他侵犯学生合法权益的行为，批评和抵制有害于学生健康成长的现象。”“不断提高思想政治觉悟和教育教学业务水平。”“中国公民凡遵守宪法和法律，热爱教育事业，具有良好的思想品德，具备本法规定的学历或者经国家教师资格考试合格，有教育教学能力，经认定合格的，可以取得教师资格。”《国家通用语言文字法》规定：“凡以普通话作为工作语言的岗位，其工作人员应当具备说普通话的能力。”“以普通话作为工作语言的播音员、节目主持人和影视话剧演员、教师、国家机关工作人员的普通话水平，应当分别达到国家规定的等级标准；对尚未达到国家规定的普通话等级标准的，分别情况进行培训。”

新疆维吾尔自治区《实施<教师资格条例>细则》中提出教师资格认定条件：“申请认定教师资格的人员应当遵守宪法和法律，拥护党的基本路线，反对民族分裂主义和非法宗教活动，有良好的政治素质和道德品质，热爱教育事业，履行《教师法》规定的义务，遵守教师职业道德，为人师表。”

这些法律法规或提出政治思想标准，或提出专业素质标准，都是我们制定双语教师能力标准的依据。

（2）学科专业培养目标

我国的师范院校各专业都有自己的培养目标，这些培养目标对学生的政治思想、知识水平、教育教学能力等做了具体的规定。学科专业培养目标是培养未来教师的基本要求，亦即从事该专业教学工作的基本要求。

比如某师范大学的数学与应用数学专业培养目标如下：

本专业培养在思想政治、知识水平、教育教学能力和科研能力等方面达到国家规定的高等师范本科毕业水平，适应社会主义现代化建设改革和发展需要的，能够从事中等学校数学教学、教育管理及其他数学工作的，德、智、体全面发展的高素质应用型高级人才。

具体要求：

①坚持四项基本原则，热爱社会主义祖国，忠诚于党的教育事业，具有高尚的教师职业道德，能为人师表。

②系统掌握数学专业的基本概念、基础理论和基本技能，熟悉数学教育的重要思想方法，了解现代数学科学的发展趋势和相关学科的发展。

③具有较广博的知识面和较强的抽象思维、逻辑推理和运算能力。

④熟练掌握和运用基本的教育理论、教学方法和教学手段，了解中等学校教学改革的新情况，具有较强的教学能力、教育科研能力和自学提高能力。

⑤在身体素质方面，身心健康，能精力充沛地工作。

上述目标对培养对象的政治思想、专业知识和能力、教育教学能力、身心健康等做了明确的规定，涵盖了一名数学教师应具备的基本素质和能力。

（3）新疆少数民族双语教育的目标

少数民族双语教育有其特殊的教育目标、课程体系、教育模式、教学方法和评价体系，其培养目标体系如下[①]：

①语言目标。基于我国的实际情况和汉语是国家通用语这一现实，少数民族双语教育的语言目标应该是汉语与少数民族语并行，或以汉语为主、少数民族语为辅。

②专业目标，又称课程目标。两种语言授课的各课程都有自己的专业目标，要求学生在知识和技能、过程和方法、情感态度和价值观三个维度上达到《课程标准》所规定的专业目标，获得学习经验和方法。同时，少数民族双语教育课程体系中还包含有少数民族传统文化和部分地方性课程，这部分课程的专

① 方晓华．少数民族双语教育的理论与实践 [M]．北京：学苑出版社，2010：29.

业目标有其特殊性。

③社会目标，又称为文化目标。双语教育系统的建立是为了满足社会和文化环境的要求。双语教育有助于增强不同语言使用者之间的交往和理解，有助于不同文化的认同，从而促进社会的融合和稳定。在少数民族双语教育目标体系中，包括学生适应社会发展需要的综合素质目标，这一目标应是一种具有双语特点的、全面综合的素质教育目标。

文化目标，具体来讲是通过国家通用语言文字——汉语文来继承和发扬中华民族的优秀传统文化，学习和掌握其他知识和课程，扩大视野，形成开放的文化心态；通过本民族语（文），来传承和发扬民族文化。

少数民族双语教育的目标决定了承担双语教学任务的教师应该具有与上述目标相关的素质和能力，这也是双语教师区别于一般教师的特殊素质和能力。

2.《双语教师能力标准》制定的原则

（1）整体性、规范性原则

研制《双语教师能力标准》要突出整体性，根据当前基础教育的发展对教师素质和能力的要求，从政治思想品德、专业知识、教育教学知识和能力、双语文化知识等方面综合设计应该达到和可能达到的标准。

规范性原则是指教师能力标准应当符合国家法律法规、政策和相关的规定，内容结构、表达方法应符合相关要求。要遵循教育教学发展的规律，对每个具体指标进行必要的分析，确保其唯一性、不可替代性。

（2）等级性原则

在研制《双语教师能力标准》时要充分考虑新疆双语教育的复杂性和差异性，考虑不同地区或不同学校的专业教师在教学能力上可能存在的差异，同时还应考虑其发展趋势。应当适当关注不同地区、民汉教师之间、新老教师之间、城乡之间的差异，一方面要明确承担双语教学的教师应具备的基本素质和能力，另一方面也要考虑当前新疆双语教育推进的特殊性，特别是绝大多数双语教师是从原来以民族语教学转换过来的这一现实，制定切合双语教师实际的标准，以鼓励双语教师的专业发展。

《双语教师能力标准》的等级性主要体现在操作层面上，即标准为一种，但据此标准对教师进行评价时分为A、B、C、D四个等级，A为优秀等级，B为良好等级，C为合格等级，D为不合格等级，提供给各地对不同地区、不同学段、不同类型的双语教师实施评价时参照，并给双语教师提升等级指明方向。

（3）可操作性原则

研制《双语教师能力标准》既要全面反映各级各类学校教师教学工作的要求，同时还要符合教师接受培训和学校日常管理的需要。《标准》的各项要求应当力求具体化、可度量、可检验。

同时，《标准》还应该尽可能反映当前双语教师的素质和水平，既符合培养目标，又接近双语教师实际，不要超越现实条件，追求发达地区的教师标准，否则会使《标准》成为有名无实的“摆设”，可望而不可即。同时，也不能降低要求，使得《标准》失去了评价意义。开发出来的《双语教师能力标准》应该是对双语教师能力的基本要求，而不是最高要求。

3. 设计《双语教师能力标准》（以下简称《能力标准》）的基本构架

我们在借鉴《IBSTPI标准》的基础上，按照新疆少数民族双语教育的发展需要和实施双语教学的要求，采用当今世界普遍采用的“功能分析法”与传统的“工作分析法”相结合的方法，来设计制定《能力标准》构架。《能力标准》的体例格式基本采用《IBSTPI 标准》的体例格式，在内容方面增添适合双语教育的具体内容标准。

《能力标准》围绕双语教师的基本能力，设计了五个维度，包括专业基础、教育教学能力、教学方法与策略、教学评估与评价、教学管理与研究等。每个维度包括了数种能力，是从事双语教学必需的基本能力。每种能力又包含了数条具体的绩效指标，以反映使该能力得以具体展现的技能、知识和情感态度。当然，每一种绩效指标不能单独存在，各条绩效指标所描述的技能、知识和情感态度应该是紧密联系的。

（1）专业基础维度

专业基础维度又分为政治思想与职业道德、双语能力、专业知识和终身学习能力四个方面。它们是教师专业化的基础，也是双语教师能力的基础。作为表率，双语教师要遵守已有的政治思想标准、道德规范和法律法规，树立和维护职业声誉。教师的两种语言能力，特别是汉语能力是双语教学的特殊要求，是每一个称职的双语教师都应表现出来的基本能力。此外，双语教师还必须具备有效交流沟通的能力，才能够组织教学，指导学生学习。教师专业化要求教师必须掌握学科知识技能和与之相关的广博的科学和人文知识。终身学习能力既能保证双语教师不断更新和提高自己的专业知识和技能，同时也是双语教师搞好专业发展、提高教学艺术的基础。这些能力和相应的绩效指标反映了人们对教师职业的基本认识：教师是具有特定服务功能和职责要求的专业实践者。

（2）教育教学能力维度

教育教学能力是双语教师能力结构的核心，它包括教学观念、教育教学能力、教学方法和教学策略这三个维度。教学观念是指导双语教师从事教育教学的根基。狭义的教育教学能力包括对课标、教材的分析处理能力和教学设计能力；教学方法和教学策略是指双语教师对教学方法和策略的运用能力。这两个维度包括了称职教师所应具备的核心知识、技能和情感态度。教师工作和教师专业都把教育教学作为教师的职业本质，和一般职业不一样，教师的能力主要体现在教育教学上，教学对象和教学情境的多样化，要求教师具有较高的教学能力，特别是技术与教学的整合，这就使得教师的工作越来越丰富多彩，同时也越来越富有挑战性。

（3）教学评价、管理与研究能力维度

这一维度又包括教学评估与评价能力、教学管理与研究能力两个维度。这两个维度的很多能力，通常被认为是教学管理人员，比如职业评估人员和培训管理人员实施操作的。但是，这两个方面所要求的知识、技能和态度，也与有效教学紧密相关，是教师所必须具备的能力。特别是教育教学研究能力，是区别一般教师和研究型教师的分水岭，是双语教师专业发展的趋势，也是提高双语教育质量的根本保障，因而也是双语教师必须具备的能力。

五、《双语教师能力标准》的内容

专业基础（20条）

能力1：思想品德与职业道德

（1）遵守法律，拥护党和国家的方针政策，反对民族分裂主义和非法宗教活动，不向学生传播宗教思想和其他不健康的思想行为，有良好的政治素质和道德品质。

（2）国家认同，中华文化认同，有宽容的文化心态。

（3）热爱教育事业，履行《教师法》规定的义务，遵守教师职业道德，为人师表。

（4）关心、爱护全体学生，尊重学生人格，促进学生在品德、智力、体质等方面全面发展。

（5）认真对待教师工作和教学，严于律己，树立和维护职业声誉。

能力 2：有效地交流沟通

（1）汉语发音标准，普通话水平达到三甲以上（含三甲）程度。能流利地运用汉语进行交际，讲解学科知识，指导学生学习；能查询汉语资料，辅助教学，促进专业发展。

（2）能运用学生的母语进行交流沟通，辅助汉语授课，指导学生学习。可以通过学生的母语了解情况，解释疑难点。

（3）根据不同的情境采取积极有效的语言技巧，能根据教学和生活实际选择语言和语用策略，语用基本得体。

（4）对不同的语言文化有开放的心态，能积极主动地学习双语，不断提高双语水平。

（5）能运用适当的技术和手段帮助交流沟通，能搜集各种声像资料，运用多媒体进行教学。

能力 3：知识结构

（1）对学科的基础性知识、技能有广泛而准确的理解，全面而坚实地掌握中小学学科知识，能够有条理地阐述相关的原理、概念，能够用生活中的实例解释学科知识。

（2）了解该学科发展历史和趋势，了解该学科对于社会发展的价值以及在人类生活实践中的多种表现形态。

（3）掌握一般教育学、心理学知识，能够认识学生的心理发展规律、学习规律，采取正确的教学策略、教学手段，优化教学过程。

（4）注重积累学科教学的经验性知识，能够结合教学情景分析归纳和深入浅出地解释相关学科知识，形成自己的经验知识体系。

（5）掌握科学和人文两方面的基本知识，特别要具备与本学科相关的各门学科知识，以及工具性学科的扎实基础和熟练运用的技能，具有广泛的文化修养和兴趣爱好。

能力 4：终身学习能力

（1）结合教学实践和专业发展需要主动学习，不断拓展有关双语教学原理和教学策略的知识。

（2）深入钻研，了解学科发展趋势，不断更新学科知识和技能。

（3）有求知的欲望，有良好的学习习惯，能利用一切机会学习。

（4）多渠道获得信息，善于利用信息，搞好教学，促进专业发展。

（5）重视教师专业发展，坚持自学提高。

教育教学能力（14 条）

能力 5：正确的教育观念

（1）尊重学生个性发展，重视学生学习潜能的开发。

（2）积极倡导并组织实施以学生学习为中心的教学活动。

（3）把学科课程与社会和学生的生活实际紧密联系在一起。

（4）创新教学设计，使学生在教学活动中得到多方面的满足和发展。

能力 6：课标与教材分析处理能力

（1）熟悉课程标准，掌握课标规定的教学目标、教学理念、教学方法。

（2）用课程标准指导教学，不断探索教学改革。

（3）能解读教材，掌握教材的结构、重点难点，根据不同教学内容采用不同的教学策略和方式。

（4）根据学生实际，创造性地运用教材，实施有效教学。

（5）积极参与课程资源的开发与利用，满足教学需要和学生发展需要。

能力 7：设计教学方法和教学内容

（1）认识学生、教学内容和教学环境的相关特征。

（2）有效设计教学活动，以适应学习者、教学环境和呈现方式的需要。

（3）分析教学内容，确定关键知识点、背景、相关实例及其他补充材料。

（4）选择合适的教学方法、策略和呈现技巧。

（5）根据需要创建或修改教学课件。

教学方法与策略（28条）

能力8：激发并维持学习者的学习动机和学习投入

（1）保证学习目标清晰明确，吸引并保持学习者的注意力。

（2）培养良好的学习态度。

（3）为学生提供参与学习并获得成功的机会。

（4）针对不同教学内容、教学对象采用合适的学习策略。

能力9：表现出有效的表达技巧

（1）根据学习情境采用合适的表达方式。

（2）采用多种方式表述关键概念。

（3）提供案例，阐明含义。

（4）让学生参与表达过程。

能力10：表现出有效的促学技巧

（1）给全体学生指明努力方向。

（2）使学习活动生动、活跃。

（3）鼓励和支持自主学习、合作学习和探究学习。

（4）使用多样的问题类型和问题层次，激发和引导讨论。

能力11：提供阐释和反馈

（1）使用多样的阐释和反馈策略。

（2）提供清晰、及时、中肯和具体的反馈信息。

（3）为学生提供机会进行反馈。

（4）帮助学生提供和接受反馈。

能力 12：促进知识和技能的巩固

（1）将学习活动与已有知识联系起来。

（2）鼓励学生对概念和思想观点进行细化。

（3）提供综合新知识的机会，实践新学技能的机会。

（4）提供反思和回顾的机会。

能力 13：促进知识和技能的迁移

（1）提供与知识技能、运用环境相关的案例和活动。

（2）示范知识和技能在真实情境中的运用。

（3）提供在真实情境中的实践机会。

（4）和学生一同探究可能促进或阻碍知识和技能迁移的情形。

能力 14：使用媒体和技术来加强学习、改进绩效

（1）认识教学媒体和技术的潜能与局限。

（2）运用媒体和技术开展最佳实践。

（3）以多样的方式呈现内容。

（4）为学生使用媒体和技术做好准备。

评估与评价（8条）

能力 15：评估学习和绩效

（1）熟练掌握评估标准和评估手段。

（2）建立个人和小组学习过程和绩效档案。

（3）组织学生自我评估和互相评估。

（4）以评估促学习。

能力 16：评价教学效果

（1）评价教学材料。

（2）评价教学方法和学习活动。

（3）分析评价教师绩效。

（4）评价教学环境和设备的影响。

教学管理与研究（10条）

能力17：管理促进学习与改进绩效的环境

（1）预测并处理可能影响学习和绩效的情形。

（2）与学生共同制定基本规章和学习期望。

（3）确保学生的学习活动紧张有序进行。

（4）在教学中运用时间管理原则。

（5）采取合适的方式方法，及时制止不良行为举止。

能力18：教学研究能力

（1）及时反思、总结学生的学习和自己的教学。

（2）善于发现教学中的问题，思考解决问题的办法。

（3）对日常工作和教学保持敏感，养成探索的习惯，不断改进自己的工作并形成理性的认识。

（4）独立或参与学校或他人组织的课题研究，有自己的研究成果。

（5）围绕教学撰写论文。

六、《双语教师能力标准》实施指南与操作手册

1.《能力标准》实施指南

（1）《能力标准》适用于全部学前和中小学双语教师，同时也适用于其他双语教师，如职业技术教师、师范院校的学生以及继续教育、教师培训的学员等。

（2）《能力标准》是指导双语教师自我提高和发展的纲领性文件，是对教师实行客观公正评价的依据。各地双语教师要认真学习《能力标准》，对照检查自己，制定达标计划或晋级计划。

（3）由各地教育管理督导部门和专家（专家型教师）等组成双语教师能力考核委员会，按照《能力标准》对各学校的双语教师定期进行考核，评定等级，对不合格的教师提出限期达标的要求。

（4）双语教师培训单位、教师教育单位可以按照《能力标

准》重新修订、调整培养计划，在培养、培训期间全面培养教师（准教师）的综合素质和能力，结业（毕业）时，对照《能力标准》对教师做出合格或不合格的结论，或决定是否颁发双语教师资格证。

2.《能力标准》操作手册

（1）准备阶段

首先明确评价的方法，是采用专家法，还是教师自我评价法。采用专家法要确定评价人员。为了减少评价信息在统计概率上的误差，增加评价的客观性，评价人员最好多于10人。对评价人员进行培训，使他们清楚评价目的，熟悉评价指标体系的结构和内涵。

（2）实施阶段

发放评价量表，使评价人员明确自己的职责，并对评价过程进行有效的监督。收集评价数据，做好原始数据的整理归类。

（3）数据处理阶段

综合评价共3大模块、5个维度、18项能力、75条绩效指标，每条绩效指标按照A、B、C、D和0级给予评价。其中涉及的数据众多，需要专业人员精心计算，或者利用程序进行计算。

数据以表格的方式呈现（见表10）。

（4）总结阶段

采用定量分析和定性分析的方法，根据评价量表，确定双语教师的整体素质和能力。综合评价可以参照以下方式：

专业基础：C

能力1：A级，2项；B级，2项；C级，1项。总评：B

能力2：A级，1项；B级，1项；C级，2项；D级，1项。总评：C

能力3：B级，2项；C级，2项；D级，1项。总评：C

能力 4：B 级，1 项；C 级，2 项；D 级，1 项；0 级，1 项。总评：D

评语：该教师的专业基础中等，语言能力、专业知识较弱，终身学习能力欠缺。

以下各项照此评写。

通过评价结果，发现问题，并制定相关的绩效改进方案。

《双语教师评价量表》附下：

表 8　双语教师评价量表

姓名：________　民族：________　年龄：________　单位：________								
专业基础	能力 1		能力 2		能力 3		能力 4	
	（1）		（1）		（1）		（1）	
	（2）		（2）		（2）		（2）	
	（3）		（3）		（3）		（3）	
	（4）		（4）		（4）		（4）	
	（5）		（5）		（5）		（5）	
教育教学能力	能力 5		能力 6		能力 7			
	（1）		（1）		（1）			
	（2）		（2）		（2）			
	（3）		（3）		（3）			
	（4）		（4）		（4）			
			（5）		（5）			
教学方法与策略	能力 8		能力 9		能力 10		能力 11	
	（1）		（1）		（1）		（1）	
	（2）		（2）		（2）		（2）	
	（3）		（3）		（3）		（3）	

续表

教学方法与策略	能力 8		能力 9		能力 10		能力 11	
	（4）		（4）		（4）		（4）	
	能力 12		能力 13		能力 14			
	（1）		（1）		（1）			
	（2）		（2）		（2）			
	（3）		（3）		（3）			
	（4）		（4）		（4）			
评估与评价	能力 15		能力 16					
	（1）		（1）					
	（2）		（2）					
	（3）		（3）					
	（4）		（4）					
教学管理与研究	能力 17		能力 18					
	（1）		（1）					
	（2）		（2）					
	（3）		（3）					
	（4）		（4）					
	（5）		（5）					

第四节　发展性双语教师评价体系

一、发展性教师评价

1. 发展性教师评价的缘起和优点

发展性教师评价起源于 20 世纪 80 年代的英国。1985 年，英国皇家督学团发表了《学校质量：评价与评估》的报告，明确提出教师评价制度应与奖惩制度分离，这一规定对实施发展性教师评价制度起到了决定性的作用。1986年，英国教育与科学部、皇家督导团、男女助理教师协会、萨克福研究小组以及几十位著名专家，为推行发展性教师评价制度进行了若干方面的前期调查研究，为期两年。1989年10月研究小组提交了专门报告，报告详细阐述了发展性教师评价制度的目的和意义。报告认为：发展性教师评价制度将有助于提高教师士气，加强信任感，改善人际关系，深化课程改革；发展性评价制度将会形成一种积极支持教师创新意识的氛围，在贯彻和实施课程改革方面，有利于教师产生创新意识。①

发展性教师评价制度是针对传统的奖惩性教师评价而提出的，奖惩性教师评价是自上而下的、面向过去的、片面性的教师评价，它挫伤了教师的积极性，受到众多的批评。发展性教师评价是依据一定的发展目标和发展价值观，以促进教师的专业发展和终身成长为最终目的的教师评价制度，所以深受广大教师的欢迎。

王斌华从教师和学校两个方面总结了发展性教师评价制度的优点：

（1）有益于教师个人：

① 通过提出明确的发展目标，增强教师工作的积极性。

② 激励教师个人的自我发展和创造性。

③ 提高教师个人的自尊心和自信心。

④ 创造平等的和自由的面谈机会，减少人们之间的隔阂。

① 王斌华．发展性教师评价制度[M].上海：华东师范大学出版社，1998：7.

⑤ 获得提出建议和发表意见的机会。

（2）有益于学校组织：

① 在确定教师个人发展目标的基础上，确定学校的发展目标。

② 让教师了解学校的发展目标。

③ 发挥教师的积极性，努力实现学校的发展目标。

④ 集思广益，征得教师的不同意见。

⑤ 促进学校的财务管理。

⑥ 促进学校的师资管理。

⑦ 提高教师的士气。

⑧ 加强纵向联系和横向联系，形成更加开放的学校氛围。

⑨ 创造一种新的机制，即在没有物质奖励的情况下，激励教师的积极性。

⑩ 促进教师个人与学校组织的结合。

⑪ 促进正式组织与非正式组织的融合。[①]

2. 发展性教师评价过程

发展性教师评价过程包括以下四个主要环节：

（1）初次面谈：评价双方的初次面谈主要是明确发展性教师评价的整个过程；明确发展性教师评价制度对教师个人发展和学校办学质量的意义；探讨信息搜集的渠道、方式和类型，确定征求意见的人选；消除评价对象的疑虑。

（2）信息收集：教师自我评价、课堂听课。

（3）评价面谈：这是发展性教师评价过程的核心部分，面谈的内容有，总结评价对象的工作，包括成绩和需要改进的方面；探讨评价对象在制定学校管理政策方面发挥的作用，学校的现状在哪些方面限制和影响了评价对象的参与；商定评价对

① 王斌华．发展性教师评价制度 [M]. 上海：华东师范大学出版社，1998：129.

象未来的发展目标，撰写评价报告，双方共同商定评价报告的格式和内容。

（4）复查面谈：这是评价者和评价对象之间比较随便的面谈，可以隔年举行。主要是回顾评价过程，探讨一年前确定的发展目标是否妥当，进一步落实实现发展目标的措施，了解参加进修的价值等。[①]

通过以上介绍可以发现，发展性教师评价是在评价双方平等协商、充分合作的基础上进行的，有利于客观地总结教师的成绩和不足，并科学确定教师未来的发展方向，帮助教师实现可持续发展。但是，这一评价也有不足，主要是评价的方式不够丰富，评价主体不完整。学生、家长、班主任、其他教师也应该是教师评价的主体，可以通过座谈、问卷等方式，征求他们对教师和教学能力的看法。从评价的手段来看，除了教师自评、听课外，还可以用座谈、问卷、查教案和作业等方式来收集教师信息。

二、发展性双语教师评价指标体系

由于发展性教师评价具有简单易行、操作性强的特点，我们在上述《双语教师能力标准》的基础上，依据发展性教师评价的原则和要求，设计了发展性双语教师评价指标体系，主要从评价主体变换的角度，分别设计了评价内容和标准，以供各地各学校具体操作。

在发展性双语教师评价中，确定评价指标体系，按照评价指标体系来对双语教师进行客观公正的评价十分重要。评价指标体系明确了评价内容和评定标准，体现了评价的客观性和公正性，有利于取得符合实际的结论。

① 王斌华．发展性教师评价制度 [M]. 上海：华东师范大学出版社，1998：148-153.

下面我们参照曾蓓蓓的教师评价指标体系，编制了发展性双语教师评价指标体系①：

表 9 发展性双语教师评价标准 A（供教师自己、同行和管理者使用）

评价对象	指标体系	权重	评价标准	
			等级内容	评价等级
双语教师专业发展	1. 职业道德	0.16	①遵守法律，拥护党和国家的方针政策；②国家认同，中华文化认同，有宽容的文化心态；③关心、爱护全体学生，尊重学生人格，促进学生全面发展；④认真对待教师工作和教学，严于律己，树立和维护职业声誉	
	2. 双语能力	0.17	①能运用少数民族语进行交流沟通，辅助汉语授课，指导学生学习；②能通过少数民族语了解学生情况，解释疑难点；③能流利地运用汉语进行交际，讲解学科知识，指导学生学习；④能查询汉语资料，辅助教学，促进自身专业发展	
	3. 学科知识	0.16	①有广博的学科知识，全面而坚实地掌握中小学学科知识；②能够有条理地阐述相关的原理、概念，能够用生活中的实例解释学科知识；③有扎实的教育理论知识；④不断更新和充实学科知识和技能	
	4. 教学技能	0.16	①积极倡导并组织实施以学生学习为中心的教学活动；②把学科课程与社会和学生的生活实际紧密联系在一起；③能根据学生的实际灵活运用教学方法；④有自己的教学特色和良好的教学效果	

① 本评价指标体系参照曾蓓蓓的硕士论文《促进教师专业发展的教师评价研究》（上海师范大学 2008 年硕士论文）提出的评价指标体系修改而成。

续表

评价对象	指标体系	权重	评价标准	
			等级内容	评价等级
双语教师专业发展	5. 教学效果	0.17	①三分之二以上学生对教师课堂教学过程满意；②学生热爱所学学科，积极参与课堂教学活动；③学生学业有明显进步，成绩不断提高；④在平行班中，学生的成绩处于中上	
	6. 教育科研	0.06	①能从教学中寻找研究课题；②能撰写教学反思或总结；③能撰写学术论文且与同行进行学术交流；④有公开发表的学术论文	
	7. 专业发展	0.12	①学历和语言能力达到要求；②学历和语言能力在原有基础上继续提高；③通过培训和教学实践，教学水平不断提高；④学科教学水平处于学校和全县中上水平	

填表说明：如果做到“评价标准”栏等级内容中的4项，请在“评价等级”栏填A；如果做到等级内容中的3项，请填B；如果做到等级内容中的2项，请填C；如果只做到等级内容中的一项或一项都没做到，请填D。在做到的等级内容上打“√”。

教师自评时请回答以下问题：

①您认为自己专业发展的优势和不足表现在哪些方面？

②您对自己的专业发展有何打算？

同行和管理者评价时回答以下问题：

①您认为该教师专业发展的优势和不足表现在哪些方面？

②您对该教师专业发展有何建议？

表 10　发展性双语教师评价标准 B（供学生使用）

评价对象	指标体系	权重	评价标准	
			等级内容	评价等级
双语教师专业发展	1. 职业道德	0.16	①熟悉每一个学生；②爱生敬业；③仪表举止大方；④为人真诚热情	
	2. 双语能力	0.17	①能用学生的母语和学生交流，建立情感；②能用学生的母语关心学生学习和生活；③能用汉语指导学生学习专业；④能帮助学生学好汉语	
	3. 学科知识	0.18	①知识面宽；②熟悉教材教法；③能深入浅出地解释学科知识；④能不断引入新的知识	
	4. 教学技能	0.18	①授课通俗易懂，重点突出；②授课内容条理清晰，逻辑性强；③课堂气氛活跃，吸引学生；④学习、活动方法多样	
	5. 教学效果	0.19	①学生喜欢教师的教学，积极配合参与；②学生学业成绩有所提高；③学生掌握一定的学习方法；④学生对该学科学习有较大兴趣	
	6. 专业发展	0.12	①能自觉听取学生对课堂教学的意见和建议；②能根据学生的意见和建议主动调整教学进度和方法；③注意学习其他教师的长处；④虚心向有经验的教师请教	

请回答以下问题：

①你认为该教师教育工作的优势和不足有哪些？

②你对该教师改进教学工作有何建议？

表 11　发展性双语教师评价标准 C（供家长使用）

评价对象	指标体系	权重	评价标准	
			等级内容	评价等级
双语教师专业发展	1. 职业道德	0.18	①对学生要求严格；②批改作业认真；③有良好的师生关系；④与家长经常保持联系	
	2. 双语能力	0.17	①能用少数民族语与家长沟通；②能及时回答家长的问题；③能用汉语对学生进行辅导；④能帮助学生查询汉语资料	
	3. 学科知识	0.17	①知识面宽；②对教材非常熟悉；③能及时解答学生的疑难问题；④作业本上批阅意见针对性强	
	4. 教学技能	0.17	①有家庭作业；②作业量合适；③作业内容有梯度；④有课本以外的补充题目	
	5. 教学效果	0.19	①学生优先做本学科的作业；②学生能及时和独立地完成作业；③学生学业成绩提高幅度较大；④学生喜欢上该教师的课	
	6. 专业发展	0.12	①能自觉听取家长对课堂教学的意见和建议；②能根据家长的意见和建议主动调整教学进度和方法；③注意学习其他教师的长处；④虚心向有经验的教师请教	

请回答以下问题：

①您认为该教师教学工作的优势和不足表现在哪些方面？

②您对该教师改进教学工作有何建议？

表 12　不同评价主体的权重分配表

评价主体	教师、同行和管理者	学生	家长
权重	0.55	0.35	0.10

三、发展性双语教师评价的实施步骤

1. 成立双语教师评价小组

由校长、教导处主任、学科组组长和教师代表组成学校教师评价小组，负责全校教师评价工作。

2. 制定评价标准和评价细则，准备各项评价工具

由评价小组的负责人或指定专人负责研制或选择评价标准、评价细则，确定评价实施过程，由评价小组讨论，修改通过，作为双语教师评价的工具。然后，对参与评价的教导主任、教研组长、年级组长、教研员进行培训，使其掌握评价标准，熟悉评价工具，统一认识和操作要求。

3. 召开全校教师大会，宣传动员，布置实施双语教师评价工作

在开展发展性双语教师评价活动之前，开展一次广泛、深入、细致的宣传动员工作。通过宣传，使参与评价的评价者和被评价者充分了解本次评价的意义和目的，了解评价活动的具体安排，以便积极参与和配合协助，同时激发参与评价的全体人员的热情和积极性。总之，为了使评价活动能够顺利展开，要加强评价人员之间的沟通，统一思想，协调行动。

4. 教师自评

教师填写《双语教师评价标准 A》（见表 11），并撰写一学期（学年）的工作总结，包括教学态度、教学水平、教学效果、教师专业发展等方面的评价和看法。

5. 双语教师评价小组开展各项评价活动，收集信息

双语教师评价小组通过发放评价表、召开座谈会、进行问卷调查、个别征求意见等形式广泛听取学生、其他教师、各部

门领导对教师工作和表现的看法；检查教师教案、教学笔记、学生作业、学生试卷等教学资料，了解教师的工作状况；进课堂听课，实际感受教师的教学。

6. 信息处理

（1）定量数据的处理

对评价信息进行编号，然后依次把评价表的定量数据输入 Access 2000 数据库，并运用 Access 2000 数据库中的查询功能进行数据的统计工作，计算每条指标的得分和总得分（运用加权平均法和累积分数法算得）。

（2）定性信息的处理

沿用定量数据处理时的编号，将所有定性评价的信息输入计算机，对应各问题把输入的信息进行整合，参照《评价报告表》（见表 15）做有条理的表述。

7. 双语教师评价小组与教师面谈

面谈时，先对教师的整体工作和专业发展做出全面评价，以肯定成绩和进步为主，再向教师公布评价结果，征求教师意见，帮助教师正确认识自己，进一步发扬优点，克服不足，制定专业发展规划。

8. 评价结论反馈阶段

总结评价结果，撰写评价报告，提交给决策者和被评价者。报告包括两个部分：一是对评价对象的评价结果，填写《双语教师评价报告表》（见表 15）；二是对评价结果的分析，找出教师存在的问题，提出改进建议。

表 13　发展性双语教师评价报告表

姓名：________　　　　　　评价日期：________

评价结果	教师、同行和管理者的评价							
	职业道德	双语能力	学科知识	教学技能	教学效果	教育科研	专业发展	得分

评价结果	学生评价							家长评价						
	职业道德	双语能力	学科知识	教学技能	教学效果	专业发展	得分	职业道德	双语能力	学科知识	教学技能	教学效果	专业发展	得分

总分：________　　　　　　等级：________

1. 该教师专业发展的优势和不足表现在哪些方面？

（1）优势：

（2）不足：

2. 对该教师专业发展有何建议？

填表人：

年　月　日

第四章　双语教师培养

第一节　双语教师教育改革

一、我国新型教师教育模式的试验

1. 教师专业化对教师教育模式的要求

我国的教师教育是专业型教师教育，教师教育的根本目的在于促进教师专业发展。教师专业化和教师专业发展既是教师培养模式转型的出发点，也是教师教育模式变革的最终目的。教师教育模式的转型，是教师由非专业化发展或半专业化发展过程向全面的终身专业化发展过程的转变。

我国的《教师法》规定，教师是履行教育教学职责的专业人员。把教师定为专业人员体现了国家对教师职业发展的专业化要求，要求教师专业向终身专业化发展。教师专业化是国际教师职业发展的趋势，也是提高教师专业地位的内在需要。教师专业化主要包括两方面内容，一是教学专业化，二是教师培养和培训专业化。教师是专业型教师，因此教师教育机构在管理、专业设置、课程安排等方面，应促进教师专业发展；从教师成长过程看，教师教育过程是接受专业化教育的过程，应该做到职前教育专业化、入职教育专业化、职后教育专业化。教师专业化包括专业道德、专业知识、专业发展、专业自主和专业组织等方面。其中专业知识要求包括通用知识、学科知识、教育科学知识和研究知识。专业能力包括通用能力、学科能力、课程与教学能力、心理辅导能力和研究能力等。专业精神主要指师德。[①]

根据教师教育培养目标，专业化教师教育课程应由四个板块构成，即普通教育课程、学科专业课程、教育理论课程、教育实践课程。

2．教师教育改革

《中共中央、国务院关于深化教育改革，全面推进素质教育的决定》明确提出："完善教师教育体系，深化人事制度改革，大力加强中小学教师队伍建设。"这是我国在正式文件中首次出现"教师教育"概念。自此"师范教育"的概念逐渐被"教师教育"的概念所替代。所谓"教师教育"，是对教师培养和培训的统称，是师范教育与教师继续教育相互联系、相互促进、统一组织的现代体制，是实现教师终身学习、终身发展的历史要求，即教师教育是对教师职前培养、入职辅导和职后培训的统称。[②]

当前，由"师范教育"向"教师教育"的转变直接关系到我国基础教育师资培养的制度、模式、方法、标准、课程设置、权利责任，关系到我国基础教育的发展水平，是一项复杂而又意义重大的系统工程。[③]面临激烈竞争的师范院校也在进行教师教育模式的改革，构建了多元化教师教育模式。新的教师教育模式都强调对学生进行完整的专业教育，包括专业技能、专业道德、专业发展、专业自主权的训练与培养；都重新规划与调

① 王建磐．教师专业化与教师教育政策的选择 [J]．高等师范教育研究，2001（5）．

② 饶武．美国教师教育课程演进及其对我国的启示 [D]．南昌：江西师范大学教育学院，2006．

③ 靳希斌．教师教育模式研究 [M]．北京师范大学出版社，2009：8-9．

整教师教育政策和内容，包括课程体系及结构，建立评价标准体系，建立适合教师发展的进修与继续教育制度，把教师的校本发展与院校发展有机结合起来等；都强调对学生教育实践能力和中小学教学问题分析处理能力的培养。

课程改革是我国教师教育质量提高的关键。针对过去师范教育课程体系的弊端，现阶段我国教师教育课程改革要从变革现有的课程体系着手，合理调整课程结构，加强学科建设，构建既体现新的学科知识体系，又体现服务中小学教育的科学的课程体系。首先，我国师范院校教师教育课程改革应拓宽专业口径，压缩陈旧重复的课程，适当增加与当前课程改革相适应的课程门类，开设跨系、跨专业的公选课来提高学生综合化的专业素养；其次，调整和更新现有的教育类课程，增大实践性内容，培养学生熟悉中小学学科教学，掌握科学的教学设计和教学方法。已有的教育类课程一般分为三个层次，即教育学科理论、教师教育技能和教师教育实践。对于教育学科理论课程的改革要剔除那些落后于时代精神和教育改革的内容，更新教育内容，以强化作为教师的基本素养和职业精神，着重培养学生从事教育科研的意识和能力。教师教育技能课程由中小学学科教材分析、中小学教学方法研究、中小学学科教学技能等构成，要加大针对中小学学科教学教法的教学与研究，提高学生对教材教法的理解和分析能力，并创设教学实践模拟情境，使学生获得进入教师行业的实际本领。要规范教育教学实践课程，建立教育实习基地，切实保证教育实习按质按量进行。教育实习是学生唯一进行中小学教学实践的机会，要加强实习指导，让学生能够作为一名准教师真正体验授课的全过程。因此，如何合理安排教师专业型的课程体系，调整课程结构，提高学生的教师职业能力，应是课程改革的重点。有的学者提出我国教师教育课程的比重应该是普通文化课占 20%，学科专业课程占 40%，教育理论课占 20%，教育技能课占 10%，教育实践课占 10%。[①]

3. 我国教师教育模式改革试验[②]

总体来讲，多数师范院校的教师教育模式改革，主要以分段模式为主。下面介绍一些有影响的教师教育模式：

（1）北京师范大学实施的“4+2”教师教育模式[③]

本模式设定的培养目标是：具有扎实的专业功底，宽厚的理论基础，较强的教育教学实践和研究能力，熟悉现代教育技术的高素质研究型教师。

具体实施过程是：学生前三年在各院系学习专业基础课程和专业课程。在第 3 学期末，学生自主选择并经过筛选，由品学兼优的学生进入“4+2”模式培养。第 4 学年进行本硕衔接培养，除继续完成本科专业学习外，还可以修读部分研究生课程。第 5 学年开始进入教育学院学习 2 年，以学习教育类课程和完成规定的教育实践为主，同时修满一定学分的专业基础课、专业方向课和专业选修课。学生在修满本科专业教学计划课程学分，达到相应的要求后，即获得本科学士学位；在研究生学段修满规定的课程学分、教学实践成绩合格，通过硕士学位论文答辩后，获得教育学硕士学位。

首先，“4+2”教师教育模式从课程总体结构上完全突破了

---

① 曲铁华，冯茁．专业化：教师教育的理念与策略 [J]. 教师教育研究，2005（1）.

② 靳希斌．教师教育模式研究 [M]. 北京：北京师范大学出版社，2009：53-96.

③ 北京师范大学教务处．创新教师教育模式，构建中国特色教师教育体系 [J]. 教师教育研究，2005（3）.

原有的专业课程和教育课程混排的格局，对原有的课程结构体系进行了彻底的变革。本科4年的专业课程设置遵循“通识教育基础上的宽口径专业教育”的思想。首先，按照“学校—院系—专业”3个平台，设计“平台—模块”式课程结构体系和相应的课内、课外学习活动。在各类专业课程的设计中，注重对学生的科学研究意识的培养以及现代信息技术和外语能力的培养，使学生打下坚实的学科专业基础，拥有研究型教师的基本素质，增强自身发展的潜力和对社会需求的适应性。

为了使“4+2”教师教育模式中的学生顺利进入研究生阶段的学习，该模式在新的课程体系中，注重本科与研究生阶段课程的衔接。其中包括在本科第4学年设置了研究生公共外语和政治课程以及部分研究生学位课程。研究生阶段的课程设置，除了增加教育学、心理学内容在整个教师教育课程体系中所占的比重外，还增加了与基础教育改革相关的发展课程，如从中学聘请资深的校长、优秀教师、有关专家为学生举办教育教学实践领域的专题报告，以及鼓励学生参与相关的课题研究等，帮助学生及时了解并且思考我国基础教育发展的前沿动态。

其次，“4+2”模式还注重加强教育实践的力度。研究生阶段第1学期，就为学生安排了为期10周的每周1天的教学见习，学生到指定的中学去听课，熟悉了解学校各项教育教学工作。要求学生做听课笔记，并对2～3节课做出详细的分析。见习结束之后要求每个学生进行微格教学训练。通过教育见习，让学生增强教师职业意识，以便从教育者的角度感受、熟悉和思考学校的教育教学实际，从而使得他们在学习各类教育课程时能够有一定的亲身体验做基础，增强学习的目的性。教育实习安排在研究生阶段的第2年，要求学生到学校进行为期10周的教育实习。实习期间，要求学生至少承担6节新课，完成8个教案，担任班主任1个月。这些实践内容无论从深度上还是广度上都超过了以往对本科师范生的实习要求。

再次，由于“4+2”模式学生在本科阶段来自不同专业，“4+2”模式根据学生个人基础和兴趣的差异，在课程设置上采取富有弹性和灵活性的管理方式，给学生比较充分的选择自由和空间。

“4+2”教师教育模式最后的学位论文提倡以教育教学实践为导向，研究我国现阶段中学教育改革实践中有典型性和代表性的课题，鼓励学生从教育教学实践中寻找和发现具有现实意义和应用价值的题目。为了把握好这种实践性较强的题目，在论文开题和答辩阶段，都从中学聘请有教学经验的优秀教师参与，与导师共同指导学生的课题研究与论文写作。

北京师范大学从2001年开始实施“4+2”教师培养模式以来，一直推进这项改革。2004—2006届“4+2”模式培养的学生，就业率达到100%，其中90%以上的学生进入教育系统工作，80%以上的学生到北京、上海、广州等大城市的重点中学任教，这些学生具有坚实的专业知识和较高的教育理论水平，受到了用人单位的普遍好评。同时“4+2”教师培养模式改革在社会上产生了广泛的影响，一些中学，如中国人民大学附属中学、深圳南山中学等都希望通过适当形式提前参与“4+2”学生的培养，从中选择他们所需要的高素质毕业生。国内20余所重点中学与北京师范大学签订了共建“4+2”模式学生实践基地的协议，共同完成见习、实习和硕士论文的指导等工作。另外，国内其他一些高师院校也借鉴了北京师范大学改革的经验，开展创新教师培养模式的探索。

（2）华东师范大学“4+1+2”教师教育模式[①]

所谓“4+1+2”教师教育模式，即“4年本科教育+1年中学实践+2年硕士培养”的模式。其培养目标是：培养既有扎实的理论基础，又掌握先进教育理念，既具有教学实践技能，又能适应社会需要的研究型教师。

具体实施过程是：从2006年起，学校每年从免试攻读研究生学位的优秀本科生中，选拔一批有志于从事基础教育事业、综合素质好、具有教师专业发展潜质的学生，纳入新型的“4+1+2”师范硕士生培养体系，用人学校全程参与招生与培养过程。在学生自愿报名的基础上，由华东师范大学、上海市一类中学和区教育学院组成专家组对候选学生进行面试。双向选择后学生再与中学签约，即本科毕业后，以“准员工”身份进入中学工作1年，之后再回学校学习2年。学习期间，学生的研究生课程设置、教学、论文指导等，都由大学和中学共同完成。这批学生在研究生阶段享受“优厚待遇”——中学发给工资，大学给予全额奖学金。

和北京师范大学的模式不一样，学生本科毕业前要和中学签订为期1年的正式劳动合同。学生成为签约学校正式在编教师，在签约学校从事1年教学工作，享受在职教师相关待遇。其间，所在学校安排资深教师对毕业生进行教师入职指导；华东师范大学派出专家小组，听取反馈意见，建立实践档案，并给予相应的指导。正式签约学生到所在学校从事1年教学工作期满后，经所在学校考核合格者，按上海市相关规定续签劳动合同，然后回华东师范大学完成教育硕士学业（第1年以全职脱产课程学习为主，第2年撰写学位论文，同时在中学承担一

① 徐敏．华东师范大学推出“4+1+2”师范硕士生培养体系[N]．解放日报，2006-10-31．

定的教学任务）。课程学习阶段在拓宽专业知识面的同时，注重职业精神、教育理念、综合素养、课堂教学技能和组织能力的培养，强化教学实践和案例教学，聘请重点中学特级教师担任部分课程的主讲教师，定期组织各类专家见面会、沙龙和社会考察等实践活动，将理论和实践有机结合起来。学生的学位论文由华东师范大学导师和签约学校指导教师共同指导。完成教育硕士学业后，学生回签约学校工作。硕士期间学习费用由华东师范大学和签约学校（或区县教育局）共同承担。华东师范大学将继续跟踪青年教师的专业发展，为其提供终身学习机会。

正式签约学生在工作 1 年后，经双方协商决定不再续约的，原签约学校可以不再与学生续签劳动合同，学生可以自行寻找签约单位或以自由身份返回华东师范大学完成硕士学业，毕业后自行落实工作单位，上海市教育委员会和华东师范大学也可协助推荐。硕士期间学习费用由学生本人和华东师范大学共同承担。

目前，上海市的高中教师中，学历达到硕士层次的不到 2%。上海市作为一个国际化的大都市，要实现教育现代化，迫切需要一大批具有高学历、高素质的中小学教师。因此，华东师范大学进行教师教育改革，顺应了社会经济与教育发展的要求。得知华东师范大学试行师范生培养新模式，上海各个中学反应积极。包括中学、区县教育学院在内的 19 家单位，拿出 48 个岗位参与“招贤”竞争，希望成为师范硕士生培养的“试验田”。不少中学校长表示，名师难求，希望通过与大学紧密合作，为上海基础教育界培养一批名师。

（3）上海师范大学的“3+3”教师教育模式[①]

“3+3”教师教育模式是由上海师范大学创建的，是一种融

① 教苑. 上海师范大学“3+3”教师教育模式 [J]. 外国中小学教育，2007（4）.

学历提高、专业发展、学科整合于一体的教师教育新模式，主要为上海市基础教育，特别是中等教育培养高学历、高水平的教师和教育管理人才。

“3+3”模式和“4+1+2”模式相近，学生在本科学习期间，按照综合性大学的培养模式接受为期3年的专业教育。第3学年，学校根据既定标准对全校本科生中志愿从事教师工作的学生进行筛选，择优选拔学生进入教育学院攻读教育学硕士学位。第4学年，学生进入各种教育机构进行为期1年的教育实践、教职体验，并进行自身价值定向，实践结束时授予学士学位。这批学生一般有三种去向：其一，力图使80%的优秀学生进入第5学年攻读教育硕士课程；其二，可能有10%不适应教职的学生，可通过必要的考核攻读其他学科的研究生课程；其三，也可能有10%对教职缺乏兴趣的学生，可作为本科毕业生面向社会就业。“3+3”模式的第5学年回到教育学院的才算正式攻读教育学硕士学位，毕业后主要面向重点学校担任教职。

“3+3”模式的课程设置是建立在严格的学分制基础之上的，后3年的课程调整主要是借鉴国外教师培养方面的经验，首先安排1年的教育职业体验。主要形式包括教育见习、实习、调研以及课堂教学实践等教育教学活动。通过1年的职业体验，学生完成教师职业的心理准备，确定自身的职业取向，同时还可以选择与教育实践密切相关的课题，作为今后2年攻读硕士的研究方向。在这1年的实践课程中要求学生完成一篇教育实践调研考察报告，并计入学分。第2年的教育学硕士课程培养和科研训练阶段的课程由4个模块组成：①政治与外语公共课、现代教育技术课；②教师教育的核心课程；③各学科必修课程和教职课程；④“课程超市”的各种选修课程。政治与外语公共课、现代教育技术课由研究生处统一组织，由相关学院具体开设；教师教育的核心课程由教育学院负责开设；各学科必修课程和教职课程由教育学院协同相关院系研究生导师合作开设；“课程超市”的各种选修课程，集中了全校的精品课程，面向教师教育专业。第3年撰写学位论文。

（4）四川师范大学的“2+2”教师教育培养模式[①]

以上三个模式体现了我国培养研究型、高学历教师的价值取向，但这种类型的教师教育还是少数，大量的教师培养还是要通过本科阶段来进行。四川师范大学创设并实施的“2+2”教师教育培养模式，提倡淡化师范与非师范专业之间以及各专业方向之间的界限，通过拓宽专业口径，达到了教师教育中“强基础、宽口径、高素质”的培养效果。这一人才培养模式的实施，不仅有利于推动教师教育教学内容与课程体系的改革，更为学生综合素质的提高和从教技能的发展拓展了空间。

“2+2”教师教育模式是本着“加强通识教育，提高文化修养，拓宽专业口径，发展个性特长，增强职业技能”的培养目标，按照“夯实基础、拓宽专业、分流培养、强化能力、提高素质”的思路，学生进校后先不分师范和非师范，也不分专业和专业方向，前2年集中学习共同的基础课、专业基础课和公共必修课，在第4学期末根据社会需要和人才市场的导向，结合学生的兴趣、特长，由学生自主选择教师教育专业的学习。并从第3学年开始，根据学生意愿，进行分流培养。选择师范专业的学生将开设教育理论与教师职业技能系列课程，包括教育学、心理学、学科教学论、基础教育研究、多媒体课件制作、“三字一话”、中学课程教材教法、教育实习课程等，并进行教师职业技能考核；选择非师范专业的学生则在专业系列课程上

① 钟仕伦，谢名春，李树勇，杜伟．“2+2”人才培养模式改革的实践与思考——以四川师范大学为例[J]．西南民族大学学报，2004（4）．

进一步加深和拓展。

“2+2”教师教育模式的课程体系是：前2年瞄准宽口径要求设置课程，注重文理渗透，教学计划基本相同；后2年则按师范与非师范专业的不同要求设计教学计划与课程，进行分流培养。与此相适应，将课程区分为6大类，包括德育课程体系、公共课程体系、专业课程体系、文化素质教育课程体系、教育理论与教师职业技能课程体系、副修专业课程体系，每个学生必须在规定时间内修完规定的课程，并根据兴趣和需要选修一定课程。比如，文学院汉语言文学专业有汉语言文学教育、文秘与公关、涉外文秘3个专业方向。学生进校后前两年不分专业方向，开设共同的基础课，包括文学概论、写作、现代汉语、古代汉语、中国古代文学作品选、中国现当代文学作品选、外国文学、逻辑学等。后两年则分流培养，其中汉语言文学教育方向除开设中国现当代文学史、中国古代文学史、西方现当代文学流派、语言学概论、美学概论等课程外，还开设了语文学科教育学、教师语言艺术、教育技术学、语文教学新方法论、当代语文教学改革、中学语文教材改革、语文多媒体教学的应用与设计等教师技能课程。

四川师范大学的“2+2”教师教育模式，在文学院、化学学院1998级本科生中进行试点，并从1999级开始在具备条件的院系全面实施。从用人单位反馈的信息来看，不少学生由于专业知识较扎实、知识结构较完善、动手能力较强而受到单位领导和同事好评；特别是部分师范生知识和技能结构较完善，从教素养较高，创新能力较强。

之后，四川师范大学在“2+2”模式的基础上，结合完全学分制的实施，从2003级开始，全面实行以“宽口径、厚基础”为特征、淡化专业界限的“1+2+X”的人才培养模式。“1”

即本科新生在大一时不再细分专业，根据高考报考专业原则上按“大文”“大理”分为“文科一类、文科二类、理科一类、理科二类和艺术类”5大类，进行同一类不同专业相同基础知识的学习，尽最大努力夯实扩招后素质参差不齐的学生的基础。“2”则指第一学年结束时，学校在同一类别中参照成绩和特长等实际情况，允许一定比例的学生从第二学年开始自主重新选择专业，进入专业学习。“X”则代表着新学制中的弹性学制：学生如果在3年内按照要求修完规定的学分，成绩合格者准予毕业；3年内未按要求修够学分者，则在第四学年，甚至第五、第六学年继续专业学习，直至达到学分要求。与此相配合，四川师范大学从2004级开始，开展了按照二级学科门类设置专业和按二级学科门类招生的试点。这将进一步推进教师教育人才培养模式改革和教学改革，强化教师教育的优势和特色。

（5）沈阳师范大学的“3+1”教师教育培养模式①

“3+1”教师教育培养模式的主要内容是：全校所有专业的学生，入学后的前3个学年主要学习学科基础课程，第4学年时，进入教师教育学院学习1年，主要学习必需的教育学、心理学、教材教法等教育理论和教学技能课程，并进行教学实习，修满教学计划规定的学分，取得教师资格证书。这种模式以经济、快捷、适应社会和基础教育需要、教师专业化为特点，在我国地方高等师范院校中普遍试行。

为了适应基础教育改革发展需要，实现教师教育战略性转变，沈阳师范大学制定了“通识教育交叉融合，学科专业深化内涵，教师专业发展统整，实践智慧能力突出，因材施教分层培养”的教师培养新方案，同时提出培养“合格教师、特色教

① 教师培养模式改革课题组．教师教育的理念与发展趋势研究[J]．沈阳师范大学学报，2003（5）.

师和专家型教师”的目标。并在整合专业教学以及学校特有的中小学教研与教师培训等各类教师教育资源的基础上，构建集教学、科研、职前培养、职后培养为一体的教师教育新体系，确立并实施了以“3+1”教师教育模式为主体的教师培养新方案。同时组建了教师专业发展学院，形成教师学术性发展由院（系）负责、专业发展由专业发展学院负责的新培养格局，开创了具有鲜明特色的教师职前培养和职后研训一体化的教师教育新模式，为基础教育输送宽口径、厚基础、高素质、全面发展的新型教育人才奠定了基础。

沈阳师范大学从2003年开始实施新的课程改革，制定了文理渗透、学科课程与教育课程相结合的“通识平台+学科专业基础模块（含专业实践）+教育学科模块（含教育实践）”培养方案。教师教育课程结构为：通识教育课程、学科专业教育课程（含专业必修课、专业选修课和跨学科选修课）和教师专业教育课程（含教育基本理论课程、教师职业技能课程和教师专业实践课程）。学校加大了教师专业教育课程的比例，压缩其他课程的比例。调整后各类课程的比例为：通识教育课占25%，学科专业教育课占40%，教育基本理论课和教师职业技能课占20%，教师专业实践课占15%。[①] 在通识教育的平台上，按照自然科学、社会科学、哲学与心理学、教育学、语言学、文学与艺术6个基本领域，以必修和选修的形式，进行教育课程建设。在学科专业基础模块中，着力体现厚基础、宽口径的学科课程设置，以培养具有广博的知识与专业素养的高水平教师为目标，切实保证学生的学科素养达到大学水平。在教育学科模块里，按照教师教育专业化的发展趋势，重组教育学科内

① 温凤媛．教师教育转型背景下地方师范大学的发展策略 [J]. 辽宁教育研究，2007（5）.

容，加强实践培养途径，为学生今后终身学习和可持续发展打下坚实的基础。

（6）湖南第一师范学院的本科层次小学教师培养模式[①]

湖南第一师范学院以创造条件给学生更大的学习主动权、选择权为目标，提出了“综合培养，分向发展”的小学教师教育培养模式。“综合培养”就是根据教师专业化的需要，以及小学课程综合化的趋势，加强学生的通识教育和综合素质的培养，拓宽学生的知识视野，夯实发展基础；“分向发展”是指在提高学生综合素质的同时，要求学生必须具备多门学科的专门性知识，使之学有专长。

针对新的小学教师的特点，模式以“宽基础、强技能、高素养、广适应”为前提，提出了新的人才培养规格要求。即培养“一专二能三艺四技五证”的新型小学教师。“一专”即学有专长，要求学生掌握本专业的基础知识、基本理论和基本技能，达到本专业基本的学科专业水平；“二能”即具备教学组织能力和班级管理能力；“三艺”即具备识谱视唱、少儿舞蹈和简笔画三项艺术素养；“四技”即具备教师语言技能、三笔字书写技能、心理辅导技能和课件制作技能；“五证”即取得毕业证、普通话合格证、英语等级证、计算机等级证和教师资格证。通过培养，使学生具有宽泛的文化知识，通晓教育基本理论，掌握实用的教育教学实践技能，成为高素质教师。

该培养模式的课程体系以通识教育和教师教育为基础平台，由教育主修专业方向的主干课程、跨学科专业方向课程组成，后者由几组专业方向课程模块组成，要求学生至少选修两组专业方向模块课程。

---

① 谢培松．综合培养　分向发展——本科层次小学教师培养模式的构建[J]. 湖南师范大学教育科学学报，2007（1）.

通识教育课程由以“两课”为主的德育类课程、以大学英语和公共计算机为主的工具类课程、以人文素质教育和科学素质教育为主的素质类课程组成，构建起德育类课程、工具类课程和素质类课程三位一体的通识教育课程新模式。教师教育课程则由教育理论课程和教育实践课程组成。

在课程结构上，采取“四三二一”模式，即学科专业课程、通识教育课程、教育专业课程、教育实践课程的课时比为4：3：2：1。同时，精简必修课程，增加选修课程，初步构建分工明确、相互融合的整体化课程体系。必须按照少而精、博而通的原则对学科专业课程进行整合：一是整合必修课程，对内容相近的课程进行有机整合，开设综合课程。二是确立核心课程，每个专业都要确立2～3门核心课程，核心课程必须达到同类专业的学术水平，从而确保学科专业课程的整体水平。三是减少必修课程门类，更新课程内容，压缩授课时数，引导学生自学。在精选和更新教学内容的基础上，将师范类各专业课内课时总量控制在文科2 100学时左右，理科2 200学时左右。增加实践课时，实践教学环节占总学时的比例提高到20%以上，并设立创新学分，要求各专业学生除完成课内教学规定的学分以外，还必须取得至少5个创新学分，超过的学分可抵相应的公共选修课学分。四是增加选修课程的比重，注重文理渗透。选修课程包括公共选修课程和专业选修课程两大类。在公共选修课程方面，要求文科专业学生选修一定学分的科学素质课程，理科专业学生选修一定学分的人文素质课程。在4类课程的设置上，学科专业课程依据少而精、博而通的原则进行设置；通识教育课程实行理论讲授与社会实践相结合的模式；教育专业课程注重基础理论、学科教育、职业技能和教育研究4种课程并举；教育实践课程采取分散与集中、校内与校外相结合的方式，重点突出综合性。

在教育实践上，该模式创立了“综合编队，包班实习”的实习模式。所谓“综合编队，包班实习”，就是由若干不同专业的实习生，按照优化组合、相互搭配的原则，组成若干个6人左右规模的实习小队，每个实习小队到小学的一个班级实习，承担该班所有课程的教学工作，每个实习生除任教本专业相对应的科目外，还必须兼教1～2门其他科目。该实习模式的优点是：首先，“综合编队，包班实习”模式改变了传统的教育实习模式中师范院校指导教师包办过多的弊端，学生可以独立自主地开展工作，充分发挥了学生自主自立的主体精神，变“被动”为“主动”。其次，“综合编队，包班实习”模式从根本上改变了实习学校指导教师的角色定位，由“助手”转变为“主导”，从而充分发挥了实习学校指导教师的作用。第三，“综合编队，包班实习”模式将不同专业的学生集中在一起实习，有利于各专业学生相互促进，发挥了整体优势，提高了实习生各方面的素质，保证了教育实习质量。

通过“综合培养，分向发展”小学教师教育培养模式的实施，湖南第一师范学院的毕业生凭借自身过硬的职业素质、牢固的专业思想，在社会上赢得了良好的声誉。近几年学校通过提高学生自身的市场竞争力，及与用人单位确立的稳固的供需关系，为毕业生的顺利就业开拓了畅通的渠道，使该校学生的就业保持着强劲的势头，在同类学校中居领先地位。

（7）长春幼儿师范学校的幼儿教师教育职业培养模式①

长春幼儿师范学校以转变观念为先导，以课程改革为突破口，重点建立以“宽基础、活模块”为特征，以选课制为核心，

① 参仁．东风生万象，性灵绘彩桥——国家级重点中等职业学校长春艺术学校（长春幼儿师范学校）采访手记[J]．职业技术教育，2001（24）．

以学分制为支撑的教师教育模式，取得良好的成效。该模式把课程结构分为既相互联系又有区别的两个阶段，“宽基础”指所学习的内容并不针对某一特定工种，而是集合了一批相关职业所必备的知识与技能，而“活模块”以及所学内容是针对某一特定工种所必备的知识与技能，而且是以技能为主的学习。学生在第一阶段学习结束后，可以根据自己的特长、兴趣，以及人才市场的变化选择自己的学习模块，从而确定自己的就业方向。

具体做法如下：

①重组结构。该模式采用以 DACUM 为基础的职业分析方法，对幼教专业（职业群）的通用综合能力、专业综合能力和专项技能进行了详尽分解，在此基础上把课程分成两个部分、三个层次。第一部分为“宽基础”部分，包括文化基础课程和本职业群（幼师、播音员、节目主持人、家政家教等）通用课程两个层次。第二部分为“活模块”部分，是岗位定向课程层次，包括幼师、播音主持、航空乘务、家政家教、升学等可供学生选择的专业方向模块。每个层次都由两条平行主线构成，一条是知识性内容，另一条是技能性内容。重组课程结构的重点工作是开好、开足选修课。为了贯彻素质教育的思想，该校在“宽基础”部分开设了以人文教育为主要内容的任选课模块，在“活模块”部分开设了以强化技能特长为主要内容的限选课模块。为保证开好、开足选修课，该校还调整了必修课程，增加了课程弹性，扩大了课程间的接口。

②调整内容。在打破学科系统性束缚、以素质形成为主线确定课程的知识与技能体系的理念指导下，长春幼儿师范学校组织教师对原有课程内容进行了大的改动，通过删、并、合、转等办法把课程分为必修课、限选课、任选课三大类。其中必修课内容体现的是与幼教有关的职业群应具备的基本知识和基

本技能，是从事这一职业的基础，包括文化基础课、专业理论课、专业技能课。语文每周4课时，包括3节阅读和写作课、1节听话和说话课。数学每周2课时，使用职业学校统编教材，第1学年定位为初高中衔接，第2学年增加趣味数学内容，第3学年增加手、珠、心算内容。理、化、生三科整合为自然科学基础课。史、地整合为社会科学基础课。专业理论课将幼儿心理学与幼儿教育学整合，使用高等教育出版社教材，每周3课时。第3学年第2学期全部为教育实习。限选课内容主要为从事某一专业岗位工作所必需的专业知识和专业技能，体现的是某一专门化方向。学生通过选择限选课，实现在幼教职业群内的分流。任选课是拓展知识、发展特长、强化某一方面技能的课程，可由学生自主选择。

该模式将课程与职业资格证书对接，使学生在毕业时能尽可能获得相对较好的职业资格证书。主要包括6类证书，即保育员资格证书、育婴师证书、普通话证书、计算机操作证书、幼儿教师资格证书、公共英语证书。在课程实施过程中，将各种知识与能力目标分解为具体的考核标准，以让学生明确具体的学习目标。学校专门性的技能考核小组对学生每一年的学习达标情况进行检测。

③建立新的运作方式，即完全实现学分制的运作。在教学过程中允许学生建构自己的知识、技能与能力结构；允许自主选修课程，以取得的所选课程的总分，和通过不同途径、在不同的时间内取得规定学分作为毕业标准；也允许学生在一定学习年限内，工学交替，分阶段完成学业。该模式规定学生应获得的学分由3部分组成，分别是理论课学分、实验课学分、实践课学分。同时，学生获得的相应技术技能证书、各类竞赛奖励证书以及已有的工作经验，均可转为相应学分。取得毕业资格

的总学分下限为160学分。

与此同时，学校成立了选课指导委员会，专门负责指导学生自主选择课程和教师。学校选择了糅合传统的学年制和学分制的教学管理改革方案，制定了《学分制实施细则》和《学分制考务工作细则》等制度，对学分制运作给予了制度上的保障。

长春幼儿师范学校教师教育模式的主要特点是综合培养加专长培养。为培养学生的实践能力，强化学生的岗位技能，逐步实现学生与实际工作零距离接触，该校首次在幼师专业、学前教育专业确定了符合实际岗位需要的8项岗位技能的考核标准。这8项岗位技能是指钢琴、声乐、舞蹈、美术、儿文、英语、教法、计算机。考核达到了预期的效果。

除了上述分段式培养模式以外，教师教育模式还有模块式培养模式。模块式教师教育模式是在原有师范教育的条件下，调整课程体系与结构，即适当压缩学科课程的内容和教学时间，增加教育课程在课程体系中的比重，以提高学生的教育教学能力，增加教育实习时间。此模式的优点在于能够充分利用原有的教师教育资源，并减少改革成本。但突出的问题是可能加剧原有的师范性和专业性之间的矛盾。[①] 模块式培养模式基本上是局部修改，没有从学制和办学理念上进行改革，因此采用这种培养模式的学校不多。

二、双语教育的发展对少数民族教师教育的高要求

1. 双语教育的发展需要更多高素质的双语教师

新疆的教育分为普通教育和民族教育两部分，高校的教师教育也分为普通教师教育和民族教师教育两部分。过去，这两

① 靳希斌．教师教育模式研究 [M]. 北京：北京师范大学出版社，2009，51-52.

个不同的教育体系以民族划分，即民族教师教育的对象全部为少数民族学生。现在双语教育已经成为民族教育的主流，因此高校的民族教师教育就应该以培养双语教师为主，也不再以民族划分，汉族学生也可以进入双语教师教育培养的行列。

为克服以往教师教育的弊端，双语教师教育要以前述《双语教师能力标准》为培养目标，在“专业基础、教育教学能力、教学方法与策略、评估与评价能力、教学管理与研究”等五个方面达到双语教师的要求，特别是在双语、双文化方面的要求，形成双语教师的特色。

双语教师教育，应该重视基础知识和基本技能（扎实的专业基础、双语教学能力）的培养，对少数民族学生要培养其较高的汉语交际能力，对汉族学生要培养其基本的少数民族语言能力，使他们离校时就是一名合格的双语教师。

2．双语教育的发展要求注重未来双语教师专业发展能力的培养

终身教育、信息化、学习化社会将在新疆逐步实现，这就要求中小学重新认识和确定基础教育的任务，其核心是如何培养学生适应现代社会发展，并为其终身学习提供基础保证。针对现有教师的缺陷，学校在培养双语教师时，应侧重对学生终身学习的能力和习惯、创新学习和探究教学能力的培养，使未来的双语教师有自我提高的意识，具备专业发展能力，能在教学中不断发展，成长为专家型教师。

3．双语教师教育应注重培养未来双语教师的双语授课能力

双语授课能力的基础是双语交际能力，运用双语提高自己素质的能力。培养学生的双语能力是双语教师教育的基础，少数民族学生要有较高的汉语交际能力，不仅能用汉语授课，还能用汉语来提高自身素质和教学，引导学生用汉语学习学科知

识。汉族学生除了用汉语发展自己以外，还要学习少数民族语言和文化，能用少数民族语和学生交际，了解学生，解难答疑。

双语授课能力并不要求两种语言均衡发展，而是应有所侧重。根据当前新疆双语教学模式的要求，双语教师尤其是少数民族双语教师，应该有较强的汉语交际能力。因此，面向少数民族双语教育的教师教育应该培养学生以汉语为主的交际能力和授课能力。

4．双语教师教育应让学生在校期间就熟悉中小学双语教学，增强实际体验

双语教师教育应加强实践教学，让学生在校期间就深入中小学，接触双语教学实践，熟悉教学过程，以适应未来双语教学的需要。

以往的教师教育有轻实践的倾向，教育实习时间有限，短短的两三个月时间远远没法达到让学生熟悉中小学教学，获得基本的教学能力的要求。因此，双语教师教育应该加大教学实践课程的安排，教育实习至少应该安排一个学期。为保证教育实习的质量，在实习之前应在教材教法课程中安排模拟课堂教学，使学生借此熟悉教材和教法，掌握课堂教学的程序和基本技能，从而培养双语教师的基本能力。

第二节 少数民族双语教师的培养

一、新疆双语教师培养现状

1．双语教师数量及结构

至2012年底，新疆学前双语教育岗位有教师1.36万人。其中，少数民族教师1.06万人，占学前双语教师的78.16%；能

用汉语授课的0.90万人，占少数民族学前双语教师的85.08%。2012年自治区新招聘学前双语教师3 723人，其中少数民族2 900人。

中小学双语教师6.27万人。其中，少数民族教师5.60万人，占中小学双语教师总数的89.31%；能用汉语授课的3.86万人，占少数民族中小学双语教师总数的68.97%。2012年，自治区新招聘中小学双语特岗教师7 180人，其中少数民族3 747人。

小学双语教师3.91万人。其中，少数民族教师3.49万人，占小学双语教师总数的89.30%；能用汉语授课的2.41万人，占少数民族小学双语教师数的69.03%。

初中双语教师1.79万人。其中，少数民族教师1.63万人，占初中双语教师总数的90.81%；能用汉语授课的1.09万人，占少数民族初中双语教师数的66.89%。

高中双语教师0.56万人。其中，少数民族教师0.47万人，占高中双语教师总数的84.64%；其中能用汉语授课的0.36万人，占少数民族高中双语教师数的75.66%。

表14　2012年新疆双语教师数据表

学段	双语教师总数	少数民族双语教师		能用汉语授课的少数民族双语教师	
		人数	占双语教师比例	人数	占少数民族双语教师比例
学前	13 605	10 634	78.16%	9 047	85.08%
小学	39 115	34 929	89.30%	24 111	69.03%
初中	17 945	16 295	90.81%	10 899	66.89%
高中	5 592	4 733	84.64%	3 581	75.66%
合计	**76 257**	**66 591**	**87.32%**	**47 638**	**71.51%**

新疆各学段双语教师的数量与该学段双语教学发展所需的

双语教师数不完全一致，相对来说学前和小学双语教师充足一些，而中学特别是高中的双语教师缺额较大。从以上数据来看，在各学段的双语教师中，少数民族教师都占绝大多数，其中中小学的少数民族双语教师占到89%以上，而学前的少数民族双语教师只占78.16%，这是因为学前双语教师几乎都是近几年招聘的，吸收的汉族教师多一些。少数民族双语教师中，真正能用汉语授课的教师比例，高中高于小学和初中，证明高中教师的素质高一些，这是因为高中教师多来自正规大学，在校期间汉语就基本达到要求。

2. 自治区在双语教师培养方面采取的措施

实施双语教育以来，为满足双语教学发展对双语教师的需求，自治区采取了许多措施，加强培养和培训双语教师。

（1）扩大双语教师招生规模

在中等师范学校方面，从2006年起自治区恢复中等师范学校学前双语教育专业招生，已累计招生2.6万名。还实施了“农村‘双语’教师特培计划”，2007年起至今已累计招生4 619名。完成341名内初班分流计划毕业生就业考核，4 611名中等师范学校应届毕业生资格审验。组织开展11所中等师范学校办学评估，确定新疆幼儿师范学校等9所学校为自治区重点中等师范学校。截至2012年底，中等师范学校在校生21 360人，其中少数民族学生16 479人，占在校学生数的77.15%。

在免费师范生培养方面，2012年下达年度招生计划3 580人，实际录取3 155人。其中，学前、中小学学科专业免费师范生2 686人，中职免费师范生393人，特殊教育免费师范生76人，招生计划完成率达89.5%。协助推进免费师范生定向就业工作。2012年免费师范生定向自治区就业1 430人，其中国家免费师范生548人，自治区“特培计划”免费师范生882人。

在农村教育硕士培养方面，根据新疆实际情况，伊犁州、喀什地区、和田地区、克州、阿克苏地区、阿勒泰地区等6个地州申报50名农村教育硕士岗位，由新疆大学和新疆师范大学两所培养院校、用人单位、相关地州教育行政部门三方复试，顺利完成50名农村教育硕士推免和“特岗教师”签约工作。

（2）加强教师教育人才培养模式改革

自治区调整了师范院校本专科生源结构，扩大双语教师培养规模，深化师范院校人才培养模式改革，积极构建融职前培养与职后培训于一体的开放的教师教育体系。

各高校加强了对各专业少数民族学生的汉语教学力度，把汉语水平考试（HSK、MHK）作为少数民族学生毕业的必备条件。进一步强化师范生教育实践学习，免费师范生全部深入南疆少数民族乡村，实习支教一个学期，增强了学生对双语教学工作的适应能力。

（3）加强双语教师培养基地建设

自治区建立了新疆学前双语教师培养、培训基地，主要培养面向全疆农村地区的学前双语教师；建立了新疆中小学双语教师培养基地，培养面向农村地区“下得去、留得住、用得上”的双语教师。

（4）采取多项定向培养政策

在新疆幼儿师范学校设立学前双语教育“两年制1+1模式”，招收学前专业免费师范生，定向招生、实习，在校学习一年，去南疆农村幼儿园实习一年，毕业后留在实习学校就业。

实施内初班毕业生分流纳入中师培养计划，定向南北疆七地州，培养合格学前双语教师。

（5）给母语为汉语的免费师范生开设少数民族语言课程

从 2012 年春季起，全疆师范院校为母语为汉语的免费师范生开设维吾尔语、哈萨克语必修课，每周 4 节课，学习一年，要求学生基本掌握维吾尔语、哈萨克语口语，并了解维吾尔族、哈萨克族民风民俗，为未来从事双语教学打下语言和文化基础。

（6）实施“自治区农村‘双语’教师特培计划”

为了解决新疆特别是南疆地区农村学前和中小学双语教师紧缺的困难，自治区启动实施了“南疆四地州农村中小学‘双语’教师特培计划”（2009 年起改为“自治区农村‘双语’教师特培计划”）。依托区内普通高等学校和内地部分高校，采取“特招”“特培”和“定向就业”相结合的方式，为喀什、和田、克州、阿克苏四地州免费定向培养学前和中小学双语教师。自治区财政按照平均每生每年 4 700 元的资助标准，解决学生在校期间学费、住宿费和教材费，同时，按照平均每生 2 500 元的标准，补贴高年级学生实习支教一学期的往返路费、生活补贴、人身意外保险费。

“自治区农村‘双语’教师特培计划”的招生对象为有志于服务基层双语教育事业的汉语言、民考汉、双语班和汉考民的高中毕业生，以及南北疆八地州贫困县（市）的应届汉语言和民考汉初中毕业生。

二、少数民族双语教师培养存在的问题

我国少数民族高等教育尚未建立双语教育专业，没有针对双语教育的教师培养机制、学科专业，因此还谈不上专门的双语教师培养。

现有的双语教师，大多数来源于传统的师范教育专业，即汉语系各学科专业或民语系各学科专业，前者只使用汉语授课，后者只使用民语授课。学生都不是双语教育专业毕业，没有接

受过双语教师教育。汉语系学生没有学过少数民族语言和文化课程，不熟悉少数民族文化、学习心理与习惯；民语系学生只学习过汉语，没有系统学习过中华民族文化，汉语和汉文化水平有限，很难适应用汉语教授各课程。因此，可以说这两种教师培养模式都不能适应双语教育发展的需要，培养的教师都不是合格的双语教师。

新时期，我国的师范教育面临着新的挑战。陈永明教授在总结我国师范教育的危机时提出了三个问题：①教师是否能继续为师。传统的师范教育培养的是“标准化人才”，常常“以教师为中心、以课堂为中心、以教科书为中心”，而当今信息化时代需要的是“多样化、个性化、创造性人才”，学校教育和教师的社会作用及其评价标准必将重新认定。②师资队伍能否优化。传统的师范教育以培养循规蹈矩的教育工作者为价值取向，而当今的创新教育却在呼唤开放民主的学校文化氛围。“学不高何能为师？身不正岂可作范？师资队伍能否优化？忧哉！”③师范院校危机重重。市场经济打破了师范院校独占教师培养领地的局面，把师范院校推进与综合性大学竞争的大环境中，国家鼓励非师范院校积极参与教师教育工作，鼓励非师范院校的毕业生经过规定的培训，取得教师资格证书后从事教师职业。这就使得师范院校必须打破常规办学模式，改革师范教育，提高培养水平。[①] 传统少数民族教师教育有以下不足：

1. 以本民族语授课为主

新中国成立至上个世纪 90 年代末，新疆的少数民族教育都是以本民族语作为教学语言的。为了适应这种教学模式，各级师范学校都强调使用民族语授课，培养能用民族语授课的教师。

① 陈永明．教师教育研究 [M]. 上海：华东师范大学出版社，2003：48-55.

长期以来，民汉教育差异巨大，少数民族大学毕业生就业困难，迫使少数民族高等教育实施改革。最初是医科大学、工科大学实施汉语授课，而后综合性大学、财经大学、农业院校等也全部使用汉语授课，甚至民汉混合编班，从源头上实现教育公平，确保学生接受较为完善的现代教育。

然而师范院校却保留着用少数民族语授课的形式，原因是中小学的授课语言为少数民族语。但随着计划经济向市场经济过渡，用少数民族语授课的弊端便暴露出来。大学生毕业后国家不再包分配，由于供大于求，教师招聘时，许多非师范院校、非师范专业的学生也参与进来，和他们相比，师范类高校毕业生汉语程度不高，知识面和人际交往能力不如接受汉语授课的其他院校的学生，明显处于劣势。造成这一差距的原因有：

（1）教材问题

少数民族高等教育使用的教材除少量自编的以外，大多数是从汉文教材翻译过来的，且不说翻译质量的好坏，单是这些教材无法做到及时更新，教学内容陈旧，缺乏针对性，就是一个很大的问题。

同时，在众多的同类型汉文教材中，往往由授课老师或出版社来决定翻译什么教材，这就有很大的随意性，很难做到科学实用，往往会因为教材而影响教学质量。

（2）教学资源匮乏

用少数民族语授课，除了教科书，没有其他的参考资料，汉语程度好的教师还可以参考汉文书籍，汉语程度不好的教师，只能凭自己的理解和经验来上课。

学生学习专业知识同样也没有任何参考书，只能根据教科书和老师的讲解来学习。这样势必影响到教学质量，造成学生知识面狭窄，理解能力不高。

（3）不利于未来教师的终身学习

由于用本民族语授课，学生所学的知识有限，获得的能力有限，而无书可读容易使学生养成不学习的习惯。薄弱的基础，偏低的能力，不好的学习习惯，使得学生离开了学校和老师以后，很难自学提高，失去了继续学习的能力。这样，他们到工作岗位以后，也很难胜任教师工作。

进入新世纪以来，双语教育逐渐成为少数民族教育的主流，这要求今后的教师应该是双语教师，至少能够胜任用汉语授课。面对中小学的教育改革，高校的少数民族教师教育不得不改为汉语授课为主，培养主要能用汉语授课的教师。但这种改革才刚刚开始，缺乏成功的经验，和其他院校相比，师范院校的少数民族汉语授课还有许多问题值得研究。

2. 教师教育课程设置没有特色

前述师范教育的不足，在少数民族教师教育中都有所反映。师范院校各专业名义上是培养教师，但专业课程却和综合性大学没有多大差别。和普通大学相比，师范院校的课程只是多了教育学、心理学、学科教学法三门课和教育实习。具体来说，课程设置存在以下问题：

（1）课程体系以学科知识为主

以喀什师范学院数学与应用数学专业的课程设置为例（新疆师范大学和其他师范院校的人才培养计划与之大同小异）：

表 15 喀什师范学院数学与应用数学专业课程计划表（维语言本科）

课程类型	课程名称	总课时	周课时	学分数
公共必修课	思想品德修养与法律基础	52.5	3	3
	新疆历史与民族宗教理论政策教程	52.5	3	3
	中国近现代史纲要	35	2	2

续表

课程类型	课程名称	总课时	周课时	学分数
公共必修课	马克思主义基本原理	52.5	3	3
	毛泽东思想和中国特色社会主义理论体系概论	105	6	6
	计算机与信息技术基础	70	4	4
	教育学	52.5	3	3
	心理学	35	2	2
	大学体育	70	4	4
	国防教育	35	2	2
	形势与政策	32	2	2
	小 计	**592**		**34**
专业必修课	初等代数复习	175	10	10
	初等几何复习	140	8	8
	基础物理	52.5	3	3
	数学分析	385	22	22
	高等代数	192.5	11	11
	解析几何	105	6	6
	普通物理	140	8	6
	高等几何	57.5	5	3
	常微分方程	87.5	5	5
	复变函数	69	6	4
	概率论	87.5	5	5
	近世代数	56	4	3

续表

课程类型	课程名称	总课时	周课时	学分数
专业必修课	实变函数	56	4	3
	初等代数研究	70	4	4
	中学数学教学论	70	4	4
	初等几何研究	70	4	4
	小 计	**1 813.5**		**101**
选修课（限定）	中学数学典型教案分析	52.5	3	3
	数学建模	46	4	2
	统计学	46	4	2
	多媒体教学	70	4	3
	小 计	**214.5**		**10**
选修课（任意）	中学数学竞赛	42	3	2
	数学史	42	3	2
	初等数论	42	3	2
	高级语言	42	3	2
	一般拓扑学	42	3	2
	运筹学基础	42	3	2
	微分几何	42	3	2
	小 计	**294**		**14**
公共选修课	综合素质教育课程			
	教师职业技能训练			
	教育技术学			

续表

课程类型	课程名称	总课时	周课时	学分数
公共选修课	小　计	100		6
实践环节	教育实习			6
	毕业论文			4
	劳动实践			4
	军事训练			2
	教学见习			
	社会调查			
	合　计			16

在上述课程体系中，总课时 3 014 学时，181 学分。除去政治思想课程外，只有 5 门课——教育学、心理学、中学数学教学论、中学数学典型教案分析、多媒体教学是与教师教育直接相关的教育课程，但仅有 280 学时，占总课时的 9.29%；15 个学分，占总学分的 8.29%。数学专业课程共 24 门，总课时达 2 129.5 学时，115 个学分，分别占到 70.65% 和 63.54%。

从专业课程科目来看，初等代数复习、初等几何复习两门课是补习中学数学课程，还有两门物理课，其余的课程都是数学学科课程，这些课程的内容不与中学数学学科相联系，只是在培养学生的数学学科的基本理论、基础知识与基本方法，间接为中学数学教学服务。

由此不难看出，师范院校数学专业的整个课程体系和综合性大学毫无差别，主要突出学科专业学习。

（2）课程内容注重学科体系的完整性，很少针对中小学课程学习学科教学强调学科体系的完整性、系统性，很少顾及其实用性，很少和中小学的学科内容挂钩。作为培养中小学教师的专业，理应满足中小学学科教学的需要，培养熟悉中小学学科内容和教法的未来教师。但师范院校的课程都只顾专业体系的完整，不针对中小学学科教学；多数大学教师不了解也不关心中小学学科教学内容，只是根据所设定的课程和教材内容来教，不管对中小学学科教学是否有用。

（3）教育类课程多为理论性课程，实践性课程严重不足

前面已有表述，教师教育的特色课仅有5门。其中教育学、心理学只学习一般教育学、心理学理论和方法，脱离具体教学实践。学生本来就不熟悉中小学教学，学习这些理论课只是纸上谈兵，学完以后仍然不知道中小学教学原理和过程，不知道如何进行课堂教学，甚至连基本的教学程序都不清楚，更谈不上运用理论去解决教学中的实际问题了。

学科教学论和教材教法案例分析倒是直接为中小学教学服务的，但课时太少，要学习中小学学科教学的理念、基本过程、课程标准、教学设计、教材分析、课堂教学、教学评价等这么多内容，根本不够。多媒体教学则侧重于教学技术。

此外，教育实习、模拟课堂教学（多数学校未安排）等教学实践未得到足够的重视，流于形式。

因此，学生毕业时基本上不具备中小学学科教学的能力。

（4）缺乏民族文化和民族特色的课程

如上所述，民族教育区别于普通教育的主要部分应该在于：教学目标中要包含学习、传承民族文化，使学生具有不同文化接触能力和认同态度；教学内容中要含有民族社会和文化课程，其他学科课程内容中也要有民族特色的内容。这样才能培养学生熟悉民族文化，具备弘扬民族文化的能力。但现有的少数民

族教师教育课程体系中，完全没有这方面的课程和内容，因此，很难说这是真正的民族教育。

3. 教育实践学习非常有限

教育实习是学生唯一接触中小学学科教学的机会。在实习中，学生进课堂听课，参与教学活动，熟悉课程标准，熟悉教材教法，熟悉学生，然后备课上课。但是，如前所述，中小学的指导教师本身教学能力不强，素质不高，也就不可能正确指导实习生体验教学，获得科学、完整的教学方法。此外，实习时间短，上课实践的时间少，这些都会影响实习的质量和效果。

4. 教育教学机制封闭隔绝

包括师范院校在内的新疆高等院校都分为民语系教育和汉语系教育两个体系，民汉教学标准不一样，计划不一样，要求也不一样。学生进校时的成绩差别较大，因此民语系的教学目标、要求低，学习内容偏少，考试偏简单。虽然在专业上同属一个学院、一个系，但无法统一要求，实际上形成了两种教学模式，分开管理。两种体系的教学计划、课程结构、教学目标、授课教师、教材、考试评价等都不完全相同，形成学院中的学院、系中系。

这种彼此隔绝的教育体制，也使得汉语系的毕业生很难进入少数民族中小学。语言上、心理上的差距使得这些新任教师很难和学生交流，完不成教学任务。

传统的少数民族教师教育存在不足，而现代的双语教师培养机制也没有建立起来。到目前为止，我国的高等师范教育还没有设立双语教育专业，没有构建起双语教师的培养机制。所有少数民族师范院校都是按照普通中小学教学模式的需要来培养教师，既缺乏民族特色，更没有专门针对双语教育而设计的教学目标、课程、教材、教学模式体系。

双语教师要承担双语教育任务，特别是要用汉语授课，要熟悉民汉两种语言、两种文化，要熟悉少数民族学生和学习环境，能够有针对性地实施有效教学。从这个意义上来说，双语教师不同于一般少数民族教师，也不同于一般汉族教师。他应该接受专门的双语教育，除学科教学以外，还应该接受两种语言、两种文化的教育，才能够胜任双语教学。

此外，现有的双语教师数量不足，质量不高，也是双语教师培养的一个大问题。新疆实施双语教育以后，教师主要来源于原来用本民族语授课的教师和近几年新招聘的双语教师。双语教师总量不足，素质不高，成为制约双语教育发展的瓶颈。表现为：①教师双语能力差。少数民族教师的汉语发音不准，表达困难，很难解释清楚学科问题；汉族教师不懂少数民族语言，很难接近学生，解决疑难问题。②专业知识不足。2002年8月自治区教育厅在全疆范围内对中小学教师进行了专业基础知识普查测试，虽然整个测试题只相当于所教学段的毕业生水平，但多数教师的成绩只在中等或中上等，有30%左右的教师不及格，优秀率极低。[①] 在我们的调查、听课中，讲课讲错的、无法判断学生回答对错的教师较为常见。③教学能力差。表现为教师没有能力分析教材、选择教法，教学观念落后，方法很少变化，多数人就是照本宣科，不能生动、灵活地讲解，更谈不上科学地设计组织教学，教学无实际效果者较多。

当然，双语教师素质偏低，除了教师个人因素以外，最终还是要归结到教师教育上来。传统的师范教育造成学生出校门时就是不合格的教师，他们还需要接受再培训才能够上岗。

---

① 新疆教科所．新疆基础教育发展战略研究，2006．（注：研究报告，非正式出版物。）

三、双语教师教育的培养目标

双语教师职前培养的目标和任务包括以下几方面的内容：双语教师的基本素质、双语双文化能力、学科基础知识和分析解决问题的方法策略、学科教学能力。具体如下：

（1）基本掌握汉语和少数民族语。双语教师不同于一般教师，他必须具有双语、双文化能力。由于新疆双语教育实施以汉语教育为主的模式，因而对少数民族双语教师的汉语交际能力要求更高一些。对汉族双语教师的少数民族语要求可以低一些，达到能和学生、家长交流的水平，满足教学需要就可以了。

（2）掌握学科知识和学习方法、与其他学科的联系和应用于日常生活的经验，并形成相应的科学的态度。

（3）实现学科内容知识与教学知识的有机融合，并形成学科教学法知识，未来教师要能够利用学科内容知识和教育学知识协助学生掌握学科的其他相关知识；能够创造学习经验，使学科内容知识对学生具有意义。

（4）能用两种语言准确地以多种解释方式呈现知识。双语教师对学科知识和教学法知识能进行深度理解，并转化为个体的语言。能够运用两种语言，以多种解释方式呈现内容，以适应和促进不同思维的学生的知识建构和发展。

（5）要理解终身学习的意义，形成终身学习的观念和习惯，成为学习共同体的一员。特别要强调的是，几乎所有的建构主义教师教育方案，都把教师的反思能力作为培养的基本目标。因此，在教学过程中，双语教师要养成反思的习惯，对自己的教学设计、学生的学习活动和表现进行反思，总结成功的经验，查找不足，以利于提高。

四、双语教师培养模式

依据教师教育的理论和实践要求，根据双语教育的需要，我们认为双语教师的培养要在培养目标、课程设置、教学内容和教育方式等方面进行改革。

首先，在培养目标上，双语教师培养的目标是特定的，即培养合格的、能够胜任双语教学的双语教师。双语教师教育要从双语教师能力标准和学科教学的需要出发来设计培养目标。

其次，要强化语言教学。和一般的教师培养不同，双语教师必须是熟悉两种语言、两种文化的双语人，尤其要具备汉语交际能力，了解中华文化。因此双语教师培养必须安排适当的语言强化训练课程。双语教师由少数民族教师和汉族教师组成，其语言强化训练的侧重点不一样。少数民族学生应该强化汉语，达到完全胜任用汉语授课，用汉语发展自己；汉族和民考汉学生则要进行少数民族语强化学习，在短时间内达到能够用少数民族语和学生交流，了解少数民族文化，特别是学习心理和习惯等文化。

再次，要针对中小学学科体系和教学内容，打牢学科专业知识基础，掌握学科分析方法。作为特定的中小学学科教师，双语教师应该基本掌握学科的系统知识，熟悉中小学学科内容，能够灵活理解运用。同时，还要具备对学科知识的分析、阐述能力，能够深入浅出地分析解释学科知识。

最后，双语教师要掌握教育教学和教学管理理论、学科教学理论和方法、中小学教材教法，熟悉中小学学科教学程序，能够运用现代教育技术组织实施学科教学。

双语教师教育应该培养掌握学科教学理论和过程方法的实践型教师。因此，要精选教学理论，理论学习要针对中小学学科教学实践；加强中小学课程的教学实践学习，采用微格教学、教育实习、顶岗支教等形式，确保学生毕业时就是合格的双语教师，进入工作岗位就能胜任学科专业教学。

根据培养目标，借鉴前面介绍的教师教育培养模式，我们设计出以下几种双语教师培养模式。①

1. 本科层次双语教师培养模式

（1）“3+1”培养模式

“3+1”双语教师教育培养模式是在沈阳师范大学教师教育模式的基础上修改而成。进入本模式学习的学生，必须是双语人，即能够用双语，特别是能用汉语学习和发展自己。

教学的前3年主要学习学科基础课程和通识课程，其中，民族社会与文化课程用少数民族语授课，其余课程全部用汉语授课。最后一年学习教育原理、学习理论、教材教法、模拟课堂教学等教育理论和教学技能课程，修满教学计划规定的学分，取得教师资格证书，然后去基层少数民族学校实习支教半年。前三年的课程在专业学院学习，最后一年的课程可以在教育科学学院进行，也可以在专业学院进行。

本模式的教师教育课程结构为：通识教育课程、学科专业教育课程（含专业必修课、专业选修课和跨学科选修课）和教师专业教育课程（含教育基本理论课程、教师职业技能课程和教师专业实践课程）。通识教育课程占20%，学科专业教育课程占40%，教育基本理论课和教师职业技能课占20%，教师专业实践课占20%。在通识课模块中，侧重安排培养学生世界观、人生观、国家观的课程以思想道德、艺术欣赏和体育健康类课程，同时还要安排中国社会与文化课程、少数民族社会与文化

① 方晓华．试论双语教师培养模式[J]．新疆师范大学学报，2012（5）．

课程；在学科专业基础模块中，按照新课改后中小学的课程设置设计专业课程，即数学、汉语文、民族语文、科学（生物、物理、化学和自然地理）、历史与社会（思想品德、历史、人文地理、社会实践活动）、艺术（音乐与美术）、技术（信息技术和通用技术）等，着力体现厚基础、宽口径，以培养具有广博的知识与专业素养的高水平双语教师为目标，切实保证学生的学科素养达到大学水平；在教育学科模块里，按照教师教育专业化的发展趋势，重组教育学科课程和内容，加强实践培养，使学生熟悉少数民族中小学学科教学，为学生今后终身学习和可持续发展打下坚实的专业基础和教育基础。

（2）“1+2+1”培养模式

“1+2+1”双语教师教育培养模式，是上述“3+1”教师教育模式的变式，适用于汉语能力未达标的少数民族学生和不懂少数民族语言的汉族学生。第一年，强化汉语或少数民族语学习，达到设定的标准。然后用两年时间学习专业。最后一年学习教育原理、学习理论、教材教法、模拟课堂教学等教育理论和教学技能课程，修满教学计划规定的学分，取得教师资格证书，然后去基层少数民族学校（幼儿园）实习支教半年。对汉族学生，除了民族社会与文化课程用少数民族语授课外，部分教育教学课程也可以用少数民族语授课，增强汉族学生与少数民族学生的交往能力。

本模式适合专业要求较低的小学、学前双语教师教育。

（3）“1+3+1”培养模式

“1+3+1”双语教师教育培养模式，是上述“3+1”教师教育模式的变式，适用于汉语能力未达标的少数民族学生和不懂少数民族语言的汉族学生。第一年，强化汉语（少数民族语）学习，达到标准。然后再按“3+1”培养模式实施教育教学。前三年主要学习学科基础课程和通识课程，民族社会与文化课程用少数民族语授课，其余课程用汉语授课；汉族学生还可以用少数民族语开设少量教育教学课程。最后一年学习教育原理、学习理论、教材教法、模拟课堂教学等教育理论和教学技能课程，修满教学计划规定的学分，取得教师资格证书，然后去基层少数民族学校实习支教半年。

本模式适用于初中双语教师教育。

2. 硕士研究生层次双语教师培养模式

（1）“3+1+2”培养模式（本硕连读）

本模式参照上述“3+1”教师教育模式设计，设定的培养目标是：具有较强的双语能力，扎实的专业功底，宽厚的理论基础，较强的教育教学实践和研究能力，熟悉现代教育技术的高素质研究型教师。

进入本模式学习的学生必须是双语人，能用两种语言特别是能用汉语学习、授课和发展自己。前三年学生在各专业学院学习专业基础课程和专业课程。第三学期末，由学生自主选择并经过筛选，品学兼优的学生进入本模式培养。第四学年，在学习教育原理、学习理论、教材教法、模拟课堂教学等教育理论和教学技能课程后，去基层少数民族学校实习支教半年。成绩合格者，获得学士学位。后两年进入研究生阶段学习，以课程教学论为主要专业，学习教育类课程，并完成规定的教育教学实践环节。研究生要结合自己的硕士论文写作，在实习学校进行半年研究性实习，修满规定的课程学分，教学实践成绩合格，通过硕士学位论文答辩者，获得教育学硕士学位。后两年的研究生学习可以在教育科学学院进行，也可以在相关专业学院学习，除学科课程教学类（如教学设计、教材分析）外，一般教育类课程应由教育科学学院承担。

课程设置方面，本科三年的专业课程设置遵循“通识教育基础上的宽口径专业教育”的思想。在各类专业课程的设计中，注重学生的科学研究意识的养成以及现代信息技术和汉语能力的培养，使学生打下坚实的学科专业基础，形成研究型教师的基本素质，增强自身发展的能动性和对社会需求的适应性。后两年研究生阶段的课程设置除了加大教育学、教育心理学、课程论在整个教师教育课程体系中所占的比重外，还应增加与少数民族基础教育改革相关的发展课程，以专题报告的形式介绍中小学双语教育的发展形势，鼓励学生参与相关的课题研究等，帮助学生及时了解并且思考新疆双语教育发展的前沿和动态。此外，本模式还加强教育实践的力度，学生除了在第四年参加半年教育实习外，在研究生阶段的第二年，还要去中学实习半年，主要是为了提高研究生的教学设计能力、评价能力和研究能力，使其成为合格的研究型双语教师。

“3+1+2”教师教育模式最后的学位论文，要求以教育教学实践为导向，研究新疆中小学双语教学和课程改革中有价值的课题。

本模式主要培养高中双语教师和中小学学科教研员。

（2）“1+3+1+2”培养模式

“1+3+1+2”培养模式是对上述“3+1+2”教师培养模式的修改，主要针对非双语人，即汉语交际能力差的少数民族学生和不懂少数民族语言的汉族学生。第一年强化汉语或少数民族语学习，达到设定的标准，然后再按“3+1+2”教师培养模式实施。汉族学生除了民族社会与文化用少数民族语授课外，还应该有少数课程用少数民族语授课。

本模式的培养目标同“3+1+2”教师教育模式，主要培养研究型双语教师。

（3）“4+1+2”培养模式

这是在华东师范大学“4+1+2”培养模式的基础上修改而成的，即“4年本科教育+1年中学实践+2年硕士培养”的模式。其培养目标为：培养既有扎实的理论基础，又掌握先进教育理念，既具有教学实践技能，又能适应社会需要的研究型教师。

和“3+1+2”教师教育模式不一样，在四年大学本科学习课程体系中，包括语言课程、专业课程、通识课程、教育教学理论和实践课程。语言课程方面，少数民族学生以学习汉语为主，具备较强的汉语交际能力者，可以安排学习外语；汉族学生要学习少数民族语，达到基本能够与少数民族口头交际的水平，有能力者还可以学一门外语。教育实践课程方面，可以在最后一个学期安排去中学观摩见习、校内微格教学、模拟课堂教学等教学实践课。专业课程和教育教学类课程与上述“3+1+2”教师教育模式一样。

本科学习完成后，从优秀本科生中，选拔一批有志于从事中小学双语教育事业、综合素质好、具有教师专业发展潜质的学生，纳入新型的“4+1+2”教育硕士培养体系。采取学生自愿报名，专家和用人学校对候选学生进行面试的方式，双向选择后学生与聘用学校签正式劳动合同，以正式在编教师身份进入学校工作一年，享受在职教师相关待遇。在学校教育实践期间，所在学校安排老教师进行教师入职指导；所属高校派出专家小组，听取反馈意见，建立实践档案，并给予相应的指导。正式签约学生到所在学校从事一年教学工作期满后，经所在学校考核合格者，再回到高校完成教育硕士学业。

课程学习阶段，在拓宽专业知识面的同时，注重职业精神、教育理念、综合素养、课堂教学技能和组织能力的培养，强化教学实践和案例教学，将理论和实践有机结合起来。完成教育硕士学业后，学生回签约学校工作。

正式签约学生在工作一年后，经双方协商决定不再续约的，原签约学校可以不再与学生续签劳动合同，学生可以自行寻找签约单位或以自由身份返回高校完成硕士学业，毕业后自行落实工作单位。硕士期间学习费用由学生本人和高校共同承担。

（4）“3+3”培养模式

“3+3”教师培养模式主要为基础教育特别是中等教育培养高学历、高水平的双语教师和教育管理人才。

前三年按照综合性大学的培养模式对学生进行专业教育。第3学年根据既定标准对各学院本科专业中志愿从事双语教师工作的学生进行筛选，择优选拔学生进入教育科学学院攻读教育学硕士学位。

第四学年，学生进入各种教育机构进行为期一年的教育实践、教职体验，完成一篇教育实践调研考察报告，结束时授予学士学位。通过一年的职业体验，学生完成教师职业的心理准备，确定自身的职业取向，同时还可以选择与教育实践密切相关的课题，作为今后两年攻读硕士的研究方向。

在这期间，汉族学生和民考汉学生还要学习少数民族语，达到能够和少数民族学生交际的水平，除民族社会与文化课程外，还可以安排部分课程用少数民族语授课。

第五学年学生回到教育科学学院正式攻读教育学硕士学位，课程包括：政治与外语公共课、现代教育技术课、教师教育的核心课程、其他选修课程等。第六学年撰写学位论文。

本模式主要培养少数民族高中双语教师和教学管理人员。

五、构建双语教师教育的课程体系

双语教师培养要构建两种语言、学科专业知识、教育教学能力、中华文化和少数民族文化四位一体的课程结构。

1. 语言课程

对少数民族学生应该加强汉语教学，培养学生的汉语交际能力和汉语授课能力。语言课程可以分为听说、读写和汉语文化三门课，根据学生汉语水平分别安排。在大一、大二每周安排听说课2节，读写课4节，汉语文化课2节；也可以只安排汉语综合课，每周4节。

对语言课程的考核，可以让学生参加MHK（中国少数民族汉语水平等级考试），获得三级以上（含三级）的证书；参加普通话测试，达到三甲以上水平；但更重要的是结合日常生活和学习以及教学实践，使学生能够用汉语自由交际，完成课程学习，并能流利地运用汉语授课。

汉族学生（包括民考汉学生）应该学习维吾尔语（哈萨克语）口语，大一、大二每周安排2～4节民族语言课，使学生能够讲有关课堂教学、日常生活和学习的常用语，能够和少数民族学生做简单的沟通，解释授课中的疑难点。语言课程可占总课时数的20%左右，以此培养学生双语能力和双语授课能力。

2. 专业课程

专业必修课应该安排中小学专业教师所必需的专业基础课、专业课和学科方法论课程。

专业选修课应该安排拓展中小学专业教师所应具备的素质、能力的课程。

专业课程约占总课时的40%，教授学生专业基础知识，培养专业素质。

3. 教育教学课程

理论课程针对一般教育原理和中小学教学所需要的基础教

育理论、学习理论和教育心理学理论。

教育教学实践课程可以安排学科教学法、课程标准与教材、案例教学（模拟课堂教学）等课程，教学实习半年。

教育教学课程约占总课时数的30%，主要培养中小学专业教师所需要的教育教学能力，使其熟悉中小学教学、教材、教法，具备基本的专业课堂教学操作能力。

4. 文化课程

开设两门综合文化通识课，即中国社会与文化课和少数民族社会与文化课，包括社会概况、思想哲学、宗教、教育、科学技术、文学、艺术、生活习俗等内容。文化通识课宜安排在学生实习之前，每周2节课。中国社会与文化课只用汉语授课，少数民族社会与文化课用少数民族语授课，也可以开成讲座课。文化课程约占5%。

5. 其他政治思想文化课

指一般高校需开设的政治思想文化课，约占5%。

开办双语教师教育专业，设计双语教师教育课程体系是头一次，肯定会有不完善的地方，需要通过实践，逐步修改完善，使其尽快成为培养双语教师的主要形式。

第五章　双语教师培训

第一节　新疆双语教师培训的发展

随着双语教育的发展，双语教师培训作为解决双语教师数量缺、质量偏低问题的主要形式迅速发展起来，成为推动双语教育发展的重要举措。

双语教师培训主要指对从事双语教学或即将从事双语教学的学前和中小学学科教师的培训，提高他们的汉语能力、专业知识水平和用汉语授课的能力，使他们成为合格的双语教师。

一、新疆双语教师培训的基本情况

1. 双语教师培训的形式

目前，新疆的双语教师培训主要分为职前培训和在职培训两类。

（1）职前培训

职前培训指对新招聘的双语教师的入职培训。为了解决学前和中小学双语教师紧缺问题，自治区采取了临时聘用学前双语教师计划、学前双语教师招聘计划、中小学双语教师临时编制计划、农村义务教育阶段特设岗位教师暨人才储备编制计划、新疆双语教师特设岗位计划等多项双语教师补充计划，每年向全国招聘。新招聘的双语教师、特岗教师等，都要集中在新疆师范大学、新疆教育学院等院校进行短期岗前培训，然后再去南疆农村学校教学。

培训对象：通过多项双语教师补充计划招聘的学前和中小学双语教师。

培训时间：10 ～ 15 天。

培训内容和目标：

为了适应在少数民族农村工作的需要，新聘中小学双语教师的培训内容包括民族理论和民族政策、教育法规、教师职业道德、基础教育课程改革等专题，同时进一步强化教育学、教育心理学、教育教学技能的学习和训练，使新聘中小学双语教师进一步学习掌握从教必备的教育基础理论、知识和技能，增强执行党的教育方针和民族政策的自觉性和责任感，确立争当合格人民教师的目标，为尽快适应中小学教育教学工作奠定思想、工作基础。

新聘学前双语教师岗前培训的内容包括幼儿教育理论、政策法规，幼儿教师专业发展与素养，双语教学工作与实践探究，幼儿心理学，幼儿教育学，幼儿园活动设计及班级管理，幼儿教育基础知识及教学技能；幼儿教育改革与发展的形势和任务，政治思想和师德教育；新编学前双语教材；民族理论和民族政策；等等。

培训采用专题讲座、案例分析、任务驱动、示范教学等方式，提高培训的针对性和实效性。

培训考核要求：

培训结束时，由自治区中小学教师继续教育中心颁发中小学双语特岗教师岗前培训合格证书。培训期间未取得教师资格人员可以参加教育学、教育心理学和普通话水平测试，合格者颁发教育学、教育心理学成绩合格证明和普通话水平测试合格证书，由招考地州颁发教师资格证书。

（2）职后培训

主要指对各地少数民族学校40岁以下、不具备汉语授课能力的少数民族教师进行的培训。分为内地高校、自治区高校和各地区教育学院（教师培训学校）三级培训。自治区级培训按照自治区教育厅下达的指标和条件，由培训院校赴各地进行考核选拔，通过考核者集中到新疆师范大学、新疆教育学院、乌鲁木齐职业大学和新疆幼儿师范学校等院校进行培训。

培训对象：

双语幼儿园和少数民族中小学的双语教师，年龄在40岁以下，不能用汉语授课者。

培训时间：

内地高校和各地区教育学院（教师培训学校）的培训为一年，自治区级培训为2年。

培训内容和目标：

培训课程分为汉语知识和能力、学科专业知识、学科教学设计组织能力、教学实践四部分。

汉语知识和能力课的目标是，通过汉语课程的学习掌握汉语知识，获得汉语交际能力，为用汉语授课打下语言基础；学科专业知识课的目标是，系统学习各学科专业知识，特别是中小学的学科知识，为从事学科教学打下扎实的专业基础；学科教学设计组织能力课的目标是，针对具体的学科教材，从教材分析、教学设计、教学组织和评价等方面帮助教师掌握中小学学科教学的方法和策略，获得较高的教学能力；教学实践课的目标是，在校内进行模拟课堂教学实践，去乌鲁木齐汉族中小学进行教育实习半年。

培训考核要求：

培训期间参加MHK，获得三级及以上证书；学习各门课程后通过学校组织的考试；结业前，教育厅组织相关专家对每一个学员进行汉语授课面试。

培训结束时，由自治区中小学教师继续教育中心颁发中小学双语特岗教师岗前培训合格证书。培训期间未取得教师资格人员可以参加教育学、教育心理学和普通话水平测试，合格者颁发教育学、教育心理学成绩合格证明和普通话水平测试合格证书，由招考地州颁发教师资格证书。

2. 双语教师培训的实施

（1）国家级培训

迄今已经实施了两期《国家支援新疆汉语教师工作方案》，第一期投资 7 600 万元，人均 12 666 元 / 年，培养、培训新疆中小学少数民族汉语和双语骨干教师 6 000 余人。第二期投入资金 4 560 万元，人均 13 330 元 / 年，计划为新疆培训汉语教师 3 300 名，内地选派援疆教师 400 名，接受挂职新疆中小学校长 240 名。

2012 年 7 月，北京教育学院、天津师范大学、上海师范大学、南京师范大学等院校完成 500 名少数民族双语教师培训任务，结业率 100%。9 月起实施第二期培训任务，新疆选派 500 名少数民族双语教师赴上述 4 院校参加培训。至此，二期《方案》确定的支援项目实施完毕。2009—2012 年，上述 4 所院校共为自治区培训少数民族双语教师 2 000 人。

2010—2011 年，中央财政提供专项资金 3 600 万元实施“国培计划”，以“国培”质量建设为核心，采取健全完善“国培”网站、强化培训团队建设、加强学员遴选、实名制管理学员等十项措施，抓好培训方案研制、邀投标遴选培训院校、过程管理等关键环节，由教育部、财政部牵头，自治区教育厅组织实施，依托 15 所区内外院校和培训机构，采取置换脱产研修、短期集中培训、网络远程培训三种形式，已为自治区培训农村教师约 2.9 万人。2012 年以后，国家将继续支持自治区实施“国培计划”，并第一次将少数民族母语学科教师培训、少数民族双语教师普通话培训和双语教师教材培训纳入“国培计划”，共培训 833 人。

（2）自治区级培训

①实施了新疆中小学少数民族“双语”教师培训工程。为切实解决新疆中小学少数民族双语教师短缺问题，推进双语教育快速发展，自治区从 2004 年起实施新疆中小学少数民族“双语”教师培训工程，包括南北疆贫困地区学前双语教师中短期培训计划和专项双语师资培训项目，初为一年脱产培训，2006 年以后调整为两年制。截至 2011 年 12 月，国家、自治区累计投入专项资金 21 156 万元（国家 15 120 万元，自治区 6 036 万元），共安排 12 570 名教师参加自治区的培训（其中一年制 3 516 人，两年制 9 054 人），其中已完成培训任务的有 10 293 人。同时，还培训各地州中短期学前双语教师 6 119 人，完成对 43 888 名双语教师的专项培训。

培训期间，参加培训的学前双语教师和中小学双语教师的全部费用（包括食宿、教材、实习、往返交通费用等）由自治区承担。为激励两年制参训学员学习的积极性，提高双语教师培训质量，提升双语教师队伍的综合素质和学历水平，自治区在两年制参训学员中采取与自学考试相挂钩的办法提升参训学员的学历。参训学员在完成培训任务的同时，在自愿的基础上，参加自治区高等教育自学考试办公室统一组织的面向两年制参训学员的双语教育专业高等教育自学考试，成绩合格者，其学历可在原有层次上得到提升和认可。据统计，参训学员在结业时，学历提升者占参训学员的 65% 以上。

该培训工程实施以来，已形成以两年制培训为主体、以中短期培训配套项目为补充，覆盖面广、受益面大的“国家、自治区、对口支援省市、地区县（市）、学校”五级联动的培训工作格局。

从2013年秋季起开始实施第二期新疆中小学少数民族双语教师培训工程。

②区培项目方面，以“国培”为引领，促进“区培”项目向专业化发展。将集中脱产培训、网络远程培训以及送教培训有机结合，实施中青年骨干教师培训、班主任培训、教育技术能力培训、特殊教育教师培训、高中新课程教师培训、中小学心理健康辅导教师培训、培训者和管理干部培训、双语教学学科教材送教培训、少数民族母语授课学科骨干教师培训以及母语为汉语的双语教师民语言强化培训等培训项目。集中培训14 836人，网络培训11 000人，直播课堂培训24 411人，全年共计培训50 247人次，其中双语教学学科教材送教培训3 000人。

③加强对新聘和临聘双语教师的培训。实施了自治区新聘双语教师岗前培训计划。对“自治区农村义务教育阶段学校教师特设岗位计划”(2010年后称为“新疆双语教师特设岗位计划”)和“自治区学前双语教师招聘计划”中新聘教师进行岗前培训，帮助新聘教师树立从教信念，掌握从教基本知识和技能，以胜任双语教学岗位。2006年—2011年，共有约2.8万名新聘中小学双语特岗教师参加了岗前培训；2010年—2012年，自治区投资5 000多万元，对约1.4万名新聘学前双语教师进行岗前培训。

实施了“自治区临聘学前双语教师培训计划”。为稳定学前双语教师队伍，提高学前双语教师专业化水平，在2011至2015年期间，由自治区财政提供3 040万元，对尚未纳入编制的

4 477名临聘学前双语教师实施“自治区临时聘用学前双语教师培训计划”，培训期为一年。

组织母语为汉语的新聘学前双语教师进行为期46天的少数民族语言强化培训。

④送教下乡活动。自治区教育厅每年春秋两季组织学科专家和一线优秀教师带课送教下乡，实施面对面的双语教师培训。

送教下乡活动由教育厅师资处、双语办组织，由学前、数学、汉语文、民语文等学科的专家和一线优秀教师组成专家组，分组下到各地区或州，然后分片在某一两个县集中进行面对面培训。

培训分为专家讲座、观摩示范研讨课和在专家指导下的学员授课三项活动。专家讲座主要是解读学科课程标准、分析教材教法、安排教学设计和教学活动等内容，针对基层双语教师所需，解决他们教学中的实际问题，同时和基层学科教师座谈交流，解难答疑。观摩示范研讨课活动，由专家组的一线教师现场给学员上研讨课，体现科学的教学设计和组织，起示范引导作用；课后，专家和学员一起评课，对研讨课的成功之处和值得改进之处进行评说；最后，专家指导全体学员进行教学设计，运用所学的学科教学的理念、方法和课堂教学的要领，设计好教案，上研讨课。学员授课活动，是从学员中挑选几名代表，在专家的具体指导下，修改完善教学设计，现场上研讨课；课后，专家、学员共同评价这堂课，特别是不足的地方；学员代表依据大家的意见，对教学设计进行修改完善，然后再次上课，以获得较好的教学效果为目标，不断打磨课程，在这一过程中达到培训双语教师的目标；最后专家进行总结。

送教下乡活动具有较强的实践性和针对性，体现专家和受训学员的互动，因而取得较好的培训效果，受到双语教师的欢迎。

⑤各地区及县级双语教师培训。除了自治区级的集中培训以外，各地区也充分利用当地的教学资源，组织双语教师的入职培训和在职培训。喀什地区在喀什师范学院成立了双语教师培训中心，专门承担各县的骨干教师培训。从2007年起，吐鲁番市教育局就开办双语教师培训班，从新疆大学、新疆师范大学等高校聘请双语教学经验丰富的教师授课，指导学员教学。在培训中，采取学员边学习听课、边自己授课的方式，取得了好的培训效果。2007年培训班培训137名学员，一年后，受训教师基本可以在实际教学中实现双语授课。

各地的一些短期教师培训均有自己的特点。总体上看，优点在于可以根据需要灵活组织，充分利用本地教学资源，组织有经验、上课较好的教师上示范课，大家观摩讨论、规范教学、交流经验、研讨教法，借以提高教师的素质，改进授课方法。

⑥校本研修培训。为了方便双语教师的交流与研讨，各双语学校都成立了专门的双语教研组。由于在同一所学校内，面对同样的学生，所遇到的双语教学问题也相似，成立双语教研组可以有针对性地帮助双语教师解决双语教学中出现的具体问题。民汉合校的双语教研组是按专业划分的，各民族教师在一起备课、探讨课程教学、互相观摩课堂，有利于提高教师的教学能力和水平。

各地各学校都根据双语教学发展的需要，定期组织教研组活动。活动的形式多样，有检查教案、听课、说课、评课等；本地有汉族学校的，还组织少数民族教师去汉校听课，对口援助。有的少数民族教师先听汉族教师上课，然后再回来模仿上课。这些活动，虽然不系统，但目标都是为了提高汉语授课的教学质量，也间接提高了教师的教学水平和能力。

但是总体来说，校本研修培训仍是一个薄弱环节。教育部门缺乏对校本研修培训的安排、检查和指导，而学校也无暇顾及，全凭教研组长安排，如果教研组长有责任心，那么还可以见到一些校本研修培训的痕迹，否则就流于形式，甚至连痕迹也没有。同时，由于学校领导和教师的理论功底不足，缺乏有效的专业引领，双语教师在开展教研活动时也面临一些困境，不知道该如何做，如何提高教学效果，如何提升自己的专业素养。各种教研活动的成效不明显。

（3）援疆教师培训

从 2002 年起，国家启动了《支援新疆汉语教师工作方案》，培训新疆的少数民族双语教师，选派内地优秀教师援疆，以改善新疆少数民族双语教师短缺的现状，提高双语教学质量，促进新疆基础教育事业改革与发展。

第一期于 2003 年至 2006 年实施，总投资 7 600 万元，人均 12 666 元 / 年，包括中小学少数民族教师赴内地高等院校培训项目、中小学少数民族教师赴内地高校培养项目、“双语”骨干教师培训项目、少数民族教师赴内地学习进修项目、志愿者赴基层支教项目、内地优秀教师来新疆讲学项目、新疆新增国家级骨干教师培训项目等 17 个子项目，依托区内外院校，共计培养、培训新疆中小学少数民族汉语和双语骨干教师 6 000 余人。

第二期于 2009 年至 2012 年实施，投入资金 4 560 万元，人均 13 330 元 / 年，采取“对口定点、包干负责”的方式和“定项目、定任务”的办法，委托北京、天津、上海、江苏 4 省（市）和北京师范大学、华东师范大学、北京语言大学、北京大学、中国农业大学、天津大学、西安交通大学、西南大学 8 所部属院校实施“新疆中学少数民族‘双语’骨干教师赴内地参训项目”“内地优秀中学教师赴新疆支教项目”“新疆中小学校长赴内地挂职项目”“新疆中学汉语骨干教师赴内地参训项目”和

“新疆高等职业院校汉语骨干教师赴内地高校参训项目”5个子项目，计划为新疆培训汉语教师3 300名，内地选派援疆教师400名，内地接受挂职新疆中小学校长240名。

经过培训，参训双语教师的汉语水平、专业知识水平和双语授课能力显著提高，教育观念也发生了深刻的变化，成为当地推进双语教学的骨干力量。

除此之外，援疆省市的对口援疆双语教师培训工作也如火如荼。中央新疆工作座谈会召开以后，实施了新一轮援疆工作，其中教育援疆是重头戏。19个对口援疆省市积极开展双语教师培训，和对口支援的地区、县签订了合同，对口培训双语教师。2012年共集中和远程培训教师2.3万人次。比如2010年10月开始，浙江省19名教师对阿克苏地区首批300名少数民族教师进行汉语培训。按照“到2015年阿克苏地区基本实现双语教育全覆盖”的目标要求，浙江省计划在5年内，帮助阿克苏地区35岁以下少数民族中小学教师进行学制为2年的双语教育能力培训，使他们具备熟练使用国家通用语言文字开展课堂教学的能力。

2011年起新疆生产建设兵团实施中小学少数民族“双语”教师提高培训工程，其中，每年为自治区培训双语教师50人，由自治区选派到农六师、农七师、农八师等中小学跟班驻校培训。

3. 双语教师培训制度建设

自治区教育厅从健全制度、科学设计课程入手，做了大量基础性工作：一是制定了双语教师培训的严格选拔条件和选拔程序，从学历、年龄、教龄、汉语水平等方面对参训教师提出了限定标准。二是制定了统一的培训教学计划和管理办法，合理安排教学内容，增强教学的针对性和实效性。三是编写了双语教学培训的专用教材，包括语言类、教师职业教育类和各专业类教材。四是制定了双语教师《培训结业考核办法（暂行）》，对培训学员进行政治、汉语、课堂教学实践等7个方面的考核，其中对结业时的汉语水平考试成绩做出了硬性规定。五是下发了搞好少数民族双语教师培训后教学安置工作的《通知》，要求各地教育行政部门将参训后教师安置在双语教学岗位，或安排到汉语言学校进行教学实习。为了保证质量，承担任务的培训院校克服各种困难，选拔高水平教师担任双语班的任课教师，不断建立健全各项管理制度，形成了一整套科学、规范的教学运行机制，使培训工作有条不紊地进行。

在自治区加强双语教师集中培训的同时，各地区和县的教育部门也制定了双语教师培训计划，积极组织当地双语教师的初级培训工作，充分利用本地教育学院、师范学校、电大等教育教学资源，全方位培训双语教师。各地还积极筹措资金，保障基层汉语培训和双语教师初级培训工作顺利开展，为自治区的集中培训奠定了坚实的基础。

除了上述各项教师培训以外，更多的双语教师是在用汉语授课的实践中茁壮成长的。由于用汉语授课，教材同汉语系学校，教师除了充分利用汉文版的教学参考材料之外，还可以从网上搜集教学参考材料和教学课件，这对他们转变教学理念、提高教学水平、完善教学手段有极大的帮助。双语教师的汉语交际能力、授课水平大大提高，和汉语系学校、教师的交流学习机会大大增加。实施双语教学后，各学校都加强了对教师教学的指导，集体备课，讨论交流，互相听课评课；一些双语教师先去汉语系学校听课学习，回来以后再模仿上课。这在前文讲“校本研修培训”时已经提到。还有的学校搞民汉学校结对子，汉族教师负责指导少数民族双语教师，手把手地教，提高了少数民族双语教师的口语表达能力和教学水平。所以，双语教师在教学实践中学习提高也是双语教师培训的主要方法。

和传统的只用母语教学相比，双语教师接受培训后的最大收获是学会了收集信息，能够参考汉语系学校的先进教学设计和教学方法，结合少数民族学生和本地的实际来组织实施教学，大大改进了教学，提高了民族教育的质量。

二、新疆双语教师培训工作的发展

从2003年起，自治区相继启动了《国家支援新疆汉语教师工作方案》、新疆中小学少数民族“双语”教师培训工程，预计在2004—2011年，将全疆40岁以下的4.5万名少数民族理科教师送到内地高校、自治区高校培训1～2年，使他们能够顺利转岗，实现用汉语授课。

1. 初始阶段（2003年—2006年）

2004年自治区正式启动新疆中小学少数民族“双语”教师培训工程。同时，借助《国家支援新疆汉语教师工作方案》，计划从2003年至2006年培训双语骨干教师和国家级骨干教师3 762人，培训期限为1年，其中新疆境内培训2 962人，内地培训800人。该项工作进展顺利，2003—2005年，新疆已经选拔了600名少数民族教师到江苏、北京、上海等地培训实习，选拔了1 416名双语骨干教师和130名国家级骨干教师在新疆的高等院校进行培训。①

教育厅加强对双语教师培训的领导，组织人员在认真调研和科学论证的基础之上，制定了统一的《中小学少数民族双语教师培训教学计划》，合理安排教学内容，增强教学的针对性和实效性。学员培训一年，共计1 120个课时，全部使用汉语授课，

① 马文华．新疆中小学少数民族双语教师培训工作调查研究[J]．新疆大学学报，2006（5）．

其中汉语780课时，政治理论和职业道德20课时，教育理论与实践80课时，基础教育新课程80课时，学科专业课140课时，讲座12课时，教学观摩8课时。同时规定，学员结业后要在当地汉语系学校实习3个月。在课程的设置上，既保证了汉语学习的主体地位，又兼顾了学科专业学习的重要作用，为双语教师综合素质的提高奠定了良好的基础。

承担培训任务的共有12所高校，由自治区教育厅统一制定培训计划、培训课程，使用统一教材。培训具体情况如下：

培训目标：通过集中培训，使少数民族中小学数学、物理、化学、汉语等学科教师的汉语水平、教学教研能力和综合素质得到明显提高，基本能够胜任使用汉语授课的工作。

培训方式：双语教师培训采用集中培训的方式，在教育厅指定的培训院校接受1年培训，期间一律使用汉语授课，培训期满返回原地后，由县级教育行政部门安排到汉语系学校实习3个月。

培训规模：2004年春、秋两季共培训1 836名教师（春季836人，秋季1 000人），2005年春、秋两季共培训2 516名教师（春季1 055人、秋季1 461人）。另外，在北京、上海、南京、天津每地培训200人，合计培训800人。截至2006年底，总计培训5 270人。

培训教师选派条件：

（1）具有较高的思想政治觉悟和马克思主义国家观、民族观、宗教观，忠诚于党的教育事业，遵纪守法，品行端正，爱岗敬业，学习刻苦，身体健康。

（2）小学教师具有中专以上学历，初中教师具有专科以上学历，高中教师具有本科以上学历；有3年以上教龄，年龄在35岁以下，具有一定的运用汉语听课、备课水平（小学教师汉语水平必须达到 HSK3 级以上、初中教师汉语水平必须达到 HSK4 级以上、高中教师汉语水平必须达到 HSK5 级以上）的普通中小学现任教师。

（3）2004 年，全区中小学教师专业基础水平测试成绩达到 B 等及以上。

课程设置及教学计划：培训内容以汉语为主，并结合专业知识、基础教育新课程、教材教法、政治理论与职业道德、教育理论与实践、计算机技术等进行。教材由教育厅指定。课程设置、教学计划见下表。

表 16　2004 年少数民族双语教师培训教学指导计划（脱产一年制）

课程类型		总学时	序号	学时	课程、专题名称	开课学期		考核	
						第一学期	第二学期	考试	考查
公共必修课	政治理论与职业道德	20	1	8	“三个代表”的理论与实践	√			√
			2	8	民族理论与民族政策		√		√
			3	4	教师的职业道德与修养	√			√
	教育理论与实践	80	4	20	教育政策与法规		√		√
			5	30	教育学、心理学讲座	√		√	
			6	30	教育改革发展概况		√		√
	信息技术	80	7	80	计算机文化基础	√	√		
专业必修课	基础教育新课程	80	8	20	基础教育新课程概论	√			√
			9	30	课标解读	√	√		√
			10	30	教材教法		√		√
	汉语课	780	11	240	汉语精读	√	√	√	

续表

课程类型		总学时	序号	学时	课程、专题名称	开课学期		考核	
						第一学期	第二学期	考试	考查
专业必修课	汉语课	780	12	160	汉语阅读	√	√	√	
			13	160	汉语听说	√	√	√	
			14	80	汉语写作		√	√	
			15	60	HSK 考试指南	√	√		
			16	80	普通话训练	√	√	√	
	学科专业课程	140	17	80	学科新知识	√	√		
			18	60	专业汉语翻译	√	√		√
教学实践	讲座教学观摩	20	19	4	HSK 知识讲座				
			20	4	MHK 知识讲座				
			21	4	考试辅导				
			22	8	新课程教学观摩与探讨				
总学时	1 200	公共必修课总学时	180	专业必修课总学时	1 000	教学实践总学时	20		

为了保证培训的正常进行和培训效果，教育厅和各培训院校还做了以下工作：

第一，建章立制，严格管理，维护良好的教育教学秩序。新疆教育厅制定了《新疆维吾尔自治区中小学少数民族双语教师培训管理暂行办法》，对学员的学习和生活提出了严格要求。许多培训院校制定了《双语骨干教师培训班教学管理暂行办法》《班主任工作职责》，对学员的报名与注册、学籍管理、成绩考核做了明确的规定，同时，还制定了《管理人员检查制度》《任课教师管理制度》《课堂日志制度》《授课教师教学信息反馈制度》，教学管理制度科学、规范，保证了教学工作和各项集体活动的开展。

此外，还制定了考核制度，促进学员学习，确保培训质量。新疆教育厅制定了《新疆维吾尔自治区中小学少数民族双语教师考核结业办法（暂行）》，要求对培训学员进行政治理论与职业道德、教育理论与实践、基础教育新课程、汉语基础知识、计算机基础知识、课堂教学实践、中国汉语水平考试（HSK）、中小学教师计算机技术水平考核、政治思想表现和校纪校规等9个方面的考核。对结业时的中国汉语水平考试成绩做出了硬性规定，即：非汉语学科小学教师必须达到5级，初中教师达到6级，高中教师达到7级；汉语学科小学教师必须达到6级，初中教师达到7级，高中教师达到8级。

第二，各培训院校成立专门的培训机构，选拔政治强、业务精、责任心强、汉语水平高的教师担任任课教师和班主任。精心设计教学，严格考勤管理，取得较好的教学效果。在自治区教育厅调研组进行的双语教师问卷调查中，对任课教师的教学工作，学员满意和基本满意的占93.3%，不太满意的仅占到6.7%；学员对培训院校教学管理和后勤服务满意和基本满意的占75.7%。[①]

按照新疆教育厅统一的质量标准，承担培训任务的各学校基本完成了任务。2005年1月结业的首期双语骨干教师培训班共829人，结业合格率达到78.79%（小学84.97%，初中82.37%，高中67.66%）。2005年7月结业的首期普通双语教师培训班共945人，结业合格率达到78.92%（小学86.29%，初中78.34%，高中74.84%）。参加培训后双语教师对自己使用汉语

① 马文华．新疆中小学少数民族双语教师培训工作调查研究[J]．新疆大学学报，2006（5）．

授课的自信心很强。在对2005年7月结业的647名在校培训双语教师进行的问卷调查中，问及“你认为在一年的培训时间里你的汉语水平”时，回答“明显提高”和“有一些提高”的占93.93%，回答“没有提高”的仅占5.1%；问及“你认为毕业时是否具备使用汉语授课的能力”时，回答“具备”和“基本具备”的占到82.53%，回答“不具备”的只占到17%。在对419名接受过培训的双语教师问卷调查中，在问及“你认为毕业时是否具备使用汉语授课的能力”时，回答具备和基本具备的占到89.4%，回答不具备的只占到10.6%；问及“你认为毕业后，经过3个月的实习，你是否具备使用汉语授课的能力”时，回答“具备”和“基本具备”的占到88.3%，回答“不具备”的只占11%；问及“你认为毕业后，经过3个月的实习，经过3年的岗位锻炼，你是否具备使用汉语授课的能力”时，回答“具备”和“基本具备”的占到93.8%，回答“不具备”的只占到6%。①

应该来说，经过一年培训，大多数教师回去以后能够胜任用汉语授课，阿克苏、喀什、和田地区的双语教学工作主要由培训归来的双语教师承担。我们在2006年对全疆农牧区双语教学进行调研时，发现上课好的少数民族双语教师，都是通过培训回来的。

当然，由于大规模的双语教师培训是第一次实施，因此在教学计划、课程、教学方式等方面还存在以下不足：

（1）总设计中突出了语言培训，要求提高汉语水平，要求达到HSK的相应级别，而对专业水平和授课能力的要求不明确。对汉语水平的测试不是以用汉语授课能力为标准，而是以考试成绩为目标，就容易造成为考试过级而学习。

---

① 马文华．新疆中小学少数民族双语教师培训工作调查研究[J]．新疆大学学报，2006（5）．

（2）培训课程中理论课程偏多，实践课特别是教育实习安排太少，不利于学员实地观摩体验教学。

（3）培训时间太短。由于多数教师的基础较差，汉语能力不高，仅靠一年时间来提高汉语水平、专业知识和授课水平太困难。培训院校只以提高汉语水平，特别是以HSK达标作为主要目标。尽管如此，培训后仍然有近20%的学员因达不到要求，不能结业，结业的教师也只是具备了基本的汉语表达水平和汉语教学能力，普遍对教材的理解缺乏深度，不太掌握教法，对新课程改革还不熟悉。

（4）没有结合双语教育推进的实际安排教师培训，小学、初中、高中教师培训全面启动，与基层学校双语教学从小学低年级起步的实际不符，造成小学双语教师相对不足，中学双语教师相对有余。

（5）培训后教师的教学实习工作没有落到实处，监管力度不够，各地多将培训归来的教师搁置不管，任其仍回原学校教学，或直接安排到双语班授课，实习工作形同虚设。

（6）部分培训后的学员没有安排到双语教学岗位。新疆教育厅专门下发《关于做好少数民族双语教师培训后教学安置工作的通知》，但是各地对培训后的双语教师缺乏全局性的统一调配，基本上是各回各校，而原学校往往双语班少，双语教师需求不足，经过培训的双语教师无用武之地。在教育厅调研组对419名培训后双语教师的问卷调查中，自称仍使用母语授课的教师占到了42.1%，这不能不说是极大的浪费。

2. 改革阶段（2007年—2012年）

新疆教育厅总结了第一期教师培训的经验，在调查研究的基础上，本着“培训一个、管用一个”的原则，确定了“以提高汉语水平为基础，以强化专业知识为关键，以培养汉语授课能力为目标”的总方针，全面提高双语教师培训工作的针对性和实效性。双语教师培训的最终目标是培养“汉语授课能力”，而“汉语授课能力”又是建立在“汉语水平”和“专业知识”的基础上的。本着这一方针，新疆教育厅对双语教师培训做了重大调整。

（1）缩小规模，放慢速度，延长时间，调整重心。将原计划培训4.5万名教师调整为2.5万名教师，每两年培训2 500人；降低培训对象年龄，将原计划规定的40岁以下调整为35岁以下；延长培训时间，将培训时间改为2年；培训重心下移，先解决学前、小学双语教师的培训问题，然后再解决初中教师的培训问题，与双语教育工作的推进相适应；将少数民族双语教师培训与成人学历教育有机结合，提高少数民族教师参加培训的积极性。

（2）严把培训入口关，提高生源质量。严格审查制度，杜绝汉语水平不达标的教师参加培训。合理分配双语教师培训名额，重点向少数民族比较集中、汉语言学习条件比较差的地方倾斜。

（3）调整培训内容，增加学科专业课程和教学实践课程。教育厅专门下达《关于加强自治区中小学少数民族双语教师培训教学实习工作的意见》，规定学员在第四学期去实习学校实习3个月，参与听课、评课、说课、讲课，讲课不得少于20节，并指定了具体的实习学校。

（4）缩小培训院校规模，培训任务基本上由新疆师范大学、新疆教育学院等四所院校承担。

调整后的教学计划如下：

表 17　2007 年少数民族双语教师培训教学指导计划（脱产二年制）

课程类型		总学时	序号	学时	课程、专题名称	开课学期				考核	
						第一学年		第二学年		考试	考查
						第一学期	第二学期	第三学期	第四学期		
公共必修课	政治理论与职业道德	20	1	8	“三个代表”的理论与实践		√				√
			2	8	民族理论与民族政策		√				√
			3	4	教师的职业道德与修养		√				√
	教育理论与实践	32	4	8	教育政策与法规			√			√
			5	12	教育学、心理学讲座			√		√	
			6	12	教育改革发展概况			√			√
	信息技术	80	7	80	计算机文化基础			√		√	
汉语课	汉语言课	1 080	8	360	汉语精读	√	√	√		√	
			9	200	汉语阅读	√	√	√		√	
			10	160	汉语听力	√	√	√		√	
			11	80	汉语写作		√	√		√	
			12	160	汉语口语	√	√			√	
			13	40	HSK 考试指南			√			
			14	40	普通话训练	√				√	
			15	40	汉语视听	√	√				√

续表

<table>
<tr><th colspan="2" rowspan="3">课程类型</th><th rowspan="3">总学时</th><th rowspan="3">序号</th><th rowspan="3">学时</th><th rowspan="3">课程、专题名称</th><th colspan="4">开课学期</th><th colspan="2">考核</th></tr>
<tr><th colspan="2">第一学年</th><th colspan="2">第二学年</th><th rowspan="2">考试</th><th rowspan="2">考查</th></tr>
<tr><th>第一学期</th><th>第二学期</th><th>第三学期</th><th>第四学期</th></tr>
<tr><td rowspan="5">专业必修课</td><td rowspan="3">基础教育新课程</td><td rowspan="3">40</td><td>16</td><td>8</td><td>基础教育新课程概论</td><td></td><td></td><td></td><td>√</td><td></td><td>√</td></tr>
<tr><td>17</td><td>12</td><td>课标解读</td><td></td><td></td><td></td><td>√</td><td></td><td>√</td></tr>
<tr><td>18</td><td>20</td><td>教材教法</td><td></td><td></td><td></td><td>√</td><td></td><td>√</td></tr>
<tr><td rowspan="2">学科专业课程</td><td rowspan="2">530</td><td>19</td><td>480</td><td>学科知识及专业汉语</td><td>√</td><td>√</td><td>√</td><td></td><td>√</td><td></td></tr>
<tr><td>20</td><td>50</td><td>教师基本功训练、班主任培训</td><td></td><td></td><td>√</td><td></td><td></td><td>√</td></tr>
<tr><td rowspan="3">教学实践</td><td rowspan="3">教学观摩、实习</td><td rowspan="3">580</td><td>21</td><td>240</td><td>教学实习</td><td></td><td></td><td></td><td>√</td><td></td><td></td></tr>
<tr><td>22</td><td>2学时/人</td><td>模拟课堂训练</td><td></td><td></td><td></td><td>√</td><td></td><td></td></tr>
<tr><td>23</td><td>1学时/2人</td><td>教学能力测试</td><td></td><td></td><td></td><td>√</td><td>√</td><td></td></tr>
<tr><td>总学时</td><td>2 362</td><td>公共必修课总学时</td><td>132</td><td>汉语课总学时</td><td>1 080</td><td>专业必修课总学时</td><td>570</td><td colspan="2">教学实践总学时</td><td colspan="2">580</td></tr>
</table>

调整后的《双语教师培训教学指导计划》，在以下几个方面做了调整：

（1）压缩理论课，增加实践课和教学实习。教育学、心理学课程从 80 节压缩到 32 节；增加了教学实习和模拟课堂训练两门实践课，侧重训练学生的课堂教学能力和技巧。

（2）汉语课增加到三个学期，课时增到 1 080 节；增加了口语课，侧重训练学生的口语交际能力。

（3）增加一个学期的教育实习，有利于学员观摩乌鲁木齐地区的优秀教学资源，学习教学管理经验；有利于学员和乌鲁木齐教师之间的交流；同时，在实习单位指导教师的指导下进行教学实践，加上在学校的模拟课堂教学，足以训练学员成为一个用汉语授课的合格教师。

在自治区《教学指导计划》的指导下，新疆师范大学根据各学科专业特点，进行具体化，设计培训计划如下（以小学数学专业为例）：

表 18 少数民族双语教师培训教学计划（小学数学专业）

课程类型		总学时	序号	课程名称	学时数	周学时分配				考核	
						第一学年		第二学年			
						第一学期	第二学期	第三学期	第四学期	考试	考查
公共必修课	政治理论与职业道德	56	1	思想政治教育	36	2					√
			2	教师的职业道德与修养	20	2					√
	教育理论与实践	40	3	教育理论选讲	20			2			√
			4	教育心理学	20			2			√
	信息技术	80	5	计算机文化基础及课件制作	80			4		√	
汉语课	汉语言课	1 040	6	汉语精读	360	6	6	6		√	
			7	汉语阅读	200	4	4	2		√	
			8	汉语听说	160	4	4	2		√	

续表

课程类型		总学时	序号	课程名称	学时数	周学时分配				考核	
						第一学年		第二学年		考试	考查
						第一学期	第二学期	第三学期	第四学期		
汉语课	汉语言课	1 040	9	汉语写作	80		2	2		√	
			10	汉语口语	160	4	4			√	
			11	HSK 考试指南	40			2			√
			12	普通话训练	40		2			√	
专业课		480	13	专业汉语	80	4					
			14	小学数学教育概论	160		4	4		√	
			15	小学数学研究	80		4			√	
			16	数学方法论	80			4		√	
			17	教师教学技能训练	80	4					√
教学实践	教学观摩、实习	580	18	教学实习	360					√	√
			19	模拟课堂教学	180			4			√
			20	教学能力测试与反馈	40					√	
总学时	2 276	公共必修课总学时	176	汉语课总学时	1 040	专业必修课总学时	480	教学实践总学时	580		

从上表可以看出，新疆师范大学在设计培训计划时，充分考虑各个学科的特点，增加了学科专业课，比如“小学数学研究”“数学方法论”等课程，以提高学员的专业素质，使其掌握专业学习方法。

培训计划调整以后，培训效果明显好于调整以前。各培训院校把培训的重点放在教师的素质和汉语授课能力的培养上，所以，大多数教师不仅达到了各学段双语教师培训的HSK标准，而且在专业知识、教材教法和汉语授课方面也有不同程度的提高。我自己承担过一个小学语文班的教材教法培训课，先精讲课标、教材教法，然后指导全班28个学员具体分析教材、设计教学、模拟上课实践。通过一个学期的实践，大多数教师获得了教材分析、教学设计和组织能力，达到一个小学汉语教师的基本要求。2010年我参加了新疆大学、新疆师范大学和新疆教育学院的小学汉语专业培训学员结业考核工作，整体来说各学校培训后的学员素质得到较大的提高，汉语水平、学科专业知识和汉语授课能力都达到了要求。这几个班的学员（包括少数非汉语教师）的汉语水平和用汉语授课能力都没有问题，不足的仍是上课艺术，对每节课的教学设计和教学组织仍需要提高，以便获得更好的教学效果。但这些不是靠培训能完全解决的，要靠教师在今后的教学实践中不断学习、探索，逐步提高，最终提高上课艺术，成为优秀教师。

3. 成熟阶段（2013年至今）

双语教师培训工作已经进行了十年，这期间不断完善双语教师培训的管理制度，积累了丰富的培训经验，锻炼了一批双语教师培训者和管理人员，大大提高了培训效果，从而确保达到培训目标。

为了完成既定的培训计划，培训更多合格的双语教师，从2013年秋季起，自治区实施第二期新疆中小学少数民族“双语”教师培训工程，以建设一支政治过硬、素质优良、业务精湛的中小学少数民族双语教师队伍为目标，坚持“培训一个、管用一个”的原则，牢固树立“增强质量意识、提升管理水平”的培训理念，坚持“强化政治素质是前提、提高汉语水平是基础、夯实专业基础知识是核心、提升汉语授课能力是目标”的“四维培训”宗旨，努力使参训教师经过两年科学系统的强化培训，用国家通用语言授课能力得到明显提高，能够胜任学前及中小学双语教学工作。2013 年计划培训双语教师 1 070 人（秋季 554 人，2014 年春季 516 人）。

新的培训方案对培训计划又做了调整，增加了培训经费，要求小班教学，每个班不超过 25 人。学员培训期满，需通过自治区教育厅和培训院校组织的双重考核。培训院校负责采取不同形式对参训教师所修所有课程进行考核评价。自治区教育厅负责组织专家采取面试、笔试等方式对参训教师的汉语授课能力、汉语水平、学科专业知识进行综合考核。参训教师达到培训考核标准后，准予结业，颁发结业证书。

表 19　2013 年少数民族双语教师培训教学指导计划

课程类型	总学时	序号	学时	课程名称	周学时分配				考核	
					第一学年		第二学年			
					第一学期	第二学期	第三学期	第四学期	考试	考查
公共课	180	1	40	政治理论与职业道德			2		√	
		2	5	教育政策法规						√
		3	5	班主任理论与实践			1			√
		4	10	现代教育理论：理念与应用					√	
		5	60	教学基本功训练	1	1	1			√
		6	60	计算机文化基础	3				√	
小计			180		4	1	4	0		

续表

课程类型	总学时	序号	学时	课程名称	周学时分配				考核	
					第一学年		第二学年		考试	考查
					第一学期	第二学期	第三学期	第四学期		
汉语课	1 080	7	320	汉语精读	6	6	4		√	
		8	160	汉语阅读	4	4			√	
		9	120	汉语听力	4	2			√	
		10	120	汉语写作	2	2	2		√	
		11	240	汉语口语	4	4	4		√	
		12	40	普通话训练	2				√	
		13	80	MHK 考试指南		4				
	小 计		1 080		22	22	10	0		
学科专业课	900	14	200	专业汉语与教材教法（含课标解读）	4	4	2		√	
		15	200	学科专业知识	4	4	2		√	
		16	500	教材研读与课堂教学模拟训练		4	12	30（6周）	√	
	小 计		900		8	12	16	30		
教学实践	510	17	18	教学实习准备动员				1周		
		18	420	教学实习				12周	√	
		19	30	教学实习总结				1周		
		20	12	教学技能考核						
		21	30	综合实践活动（班会、各类比赛、参观、教学观摩等）				1周		
	小 计		510					15周		
	总 计		2 670							

三、对双语教师的调研活动

从2006年起，我们先后对全疆的双语教学和双语教师做过多次调研，采用问卷调查、访谈、进课堂听课和开座谈会等形式，了解双语教师的结构、素质、教学状况和双语教师培训等情况。2012年4～5月，我带几名研究生在南疆的喀什地区、和田地区和克州的两县一市进行了调研，共调研7所小学（3所县级小学、3所乡级小学、1所村级小学），重点调查双语教师的综合情况、教学组织和教师培训情况，并对参加自治区两年制培训后返岗的双语教师进行跟踪调查。向教师发放问卷528份，其中回收有效问卷516份，有效率为97.7%。由于时间的限制，我们不可能扩大调研范围，但这几所学校的情况具有代表性，可以反映南疆地区双语教师的基本情况。现将调查的基本内容总结如下：

1．双语教师的特点

（1）民族比例

双语教师的民族成分跟双语学校的类型密切相关。汉族双语教师主要集中在汉族中小学和民汉合校中。这次调查的7所学校中，只有一所民汉合校——阿图什市第一小学，该校共有教职工193人，其中少数民族教师63人，仅占32.6%；其他6所学校均为少数民族小学，汉族双语教师总共不到20名，是极少数：这反映了目前全疆双语教师在民族成分上的特点。双语教育是开放式的教育，要打破本民族教本民族的现状，汉族教师过少不利于多元文化教育的实施。这一点也能从学生的愿望中看出来。我们的调查问卷中有这样一个问题：“你希望双语教师是哪一个民族的？”选择“汉族教师”的占30.6%，选择“无所谓，汉族和少数民族都可以”的占22.8%，两项相加达到53.4%，而选择“希望是少数民族”的占46.6%，不到一半。

（2）性别比例

少数民族中小学中，女教师占绝大多数。每一期双语教师培训的学员中，三分之二都是女性。我们这次调研的7所学校，女教师的比例达到93.8%。少数民族女教师固然有其优越性，比如教学细心、有耐心、亲近学生等；但另一方面，少数民族妇女家庭负担重，上要管老，下要管小，还要承担全部家务，每天下课回家，沉重的家务活儿已经把她们压得喘不过气来，哪还有时间去学习提高？这就严重影响到双语教师的专业发展和双语教学质量的提高。

（3）年龄比例

在我们调研的7所学校中，年龄在30岁以下的教师占48.28%，30～35岁的占26.11%，也就是说35岁以下的教师占到74.39%。年轻教师自有他们的优势，但也有他们的弱点，比如：教龄短（1～3年的占41.87%），职称低（初级职称和无职称教师占到55.17%），对学生、教材、教法等不太熟悉，教学经验不足，教学方法有限，等等。这些都会影响双语教学的质量和效果。

（4）学历和专业情况

在所调查的小学双语教师中，本科毕业的占29.06%，专科毕业的占62.56%，两项相加达到91.62%，也就是说南疆小学双语教师的学历基本上全部达到国家的规定。

但双语教师的专业情况却不十分乐观，师范院校毕业的老师仅占60.59%，而所学的学科与所教的学科相符的仅占53.69%。在新疆民族教育史上，由于教师不是热门职业，进入的门槛很低，不少人不是科班出身；近几年招聘的双语教师更是为了解决双语教师急缺的问题，往往强调语言和学历，对专业方面的要求不太高，造成许多非师范生和非小学教育专业的毕业生登上双语教师岗位。他们上岗后，还要继续学习教育学、心理学和学科教学法知识，才能慢慢适应教学生活。

（5）教师工作量

各地双语教师都反映他们的工作量大，平时主要应付上课，根本没有时间去学习提高。据我们的调查统计，这 7 所学校中，只教一个班的教师仅占 6.7%；教两个班的教师占 44.2%，教三个班的占 35.8%，教 4 个班（含以上）的占 13.3%。如前所述，南疆农村学校存在包班制，即一个班的主课都由一个老师上，起码数学课和汉语课由一个老师来上。如果承担两个班的课就明显超课时了，也就是说 93% 以上的双语教师都存在超课时问题。再来看教师每周的课时数，每周 6 ～ 8 节的仅占 5.8%，9 ～ 12 节的占 18.4%，13 ～ 16 节的占 47.5%，17 节以上的占 28.3%，也就是说 75.8% 的教师是超课时的。可见双语教师的负担过重，上课、担任班主任和其他工作使得大多数的双语教师无暇顾及学习、进修。

2. 双语教师对双语培训的认识

我们在新疆师范大学历届双语教师培训学员中都做过对双语教师培训工作的问卷调查，数据反映了他们对培训工作的认识。

94.2% 的培训学员认为有必要和很有必要对双语教师进行培训。关于培训的目的，有 64.2%的学员选择“为了自身发展”，有 16.7% 的学员选择“为了成为合格的双语教师”，但是还有 12.1% 学员不是自愿来学习的，而是学校指派来学习的。

对培训的需求，44.6% 的人选择了“提高汉语交际能力”，22.1% 的人选择“丰富学科专业知识”，31.3% 的人选择“学习学科教材教法，提高汉语授课能力”。这说明较多的人还是认为自己的汉语交际能力不够，希望提高汉语交际能力，达到能用汉语授课。

对新疆师范大学组织的教师培训，50.2% 的学员对授课方式感到满意，47.7% 对模拟课堂教学感到满意，也就是说绝大多数学员对学校的培训方式和课堂教学很满意。而对实习工作多数学员不太满意，特别是对实习中上课机会少不太满意。对双语教师培训工作的意见，45.5% 的人选择了“培训机会太少”，这也是我们调研中广大双语教师的普遍意见，大家都希望能够出来学习，提高汉语水平和授课能力，但每年的培训名额有限，多数教师得不到培训的机会。另一个问题是培训内容与中小学教学实际脱节，26.2% 的人感到培训的内容回去以后用不上，培训更应该解决双语教师目前迫切需要解决的问题。

3. 双语培训学员返岗跟踪调查

我们在上述 7 所学校对培训回来的双语教师进行了跟踪调查，调查分为问卷调查和访谈两部分。我们共发放问卷 210 份，回收 203 份；我们先后对 67 名培训后返岗双语教师进行了访谈和座谈。

绝大多数返岗教师都承担了双语教学的课程，把所学的知识和能力运用到教学实践中。89.6% 的人认为培训效果好，对自己的教学有帮助，特别是汉语水平和汉语授课能力的提高，使自己在双语教学中受益匪浅。在教学方式上，96.5% 的教师完全或部分改变了原有的教学方式，取得好的教学效果。有 87.2% 的人愿意再次参加培训。

当然，我们在调查中也发现，还有 11.6% 的教师培训后没有承担双语班教学任务，仍然在普通班用少数民族语授课。这部分教师很无奈，主要原因是双语教学班太少了。此外，还存在专业不对口的现象，有两位教音乐和美术的教师，培训回来后被安排去教汉语和数学，原因是缺汉语和数学老师。像这样的现象恐怕在其他地方、其他学校也有。如何合理地安排受训返岗教师应该引起教育部门和学校的重视，要按照培训专业全部安排到双语教学岗位，不然就是对双语教师培训的最大不负责任，是对双语教学工作的贻误。

四、双语教师培训的实验研究

钟启泉教授曾经分析过推进教师专业化中的两个对立的“范式”:“技术熟练者”范式与“反思性实践者”范式。他认为，“反思性实践者”范式中的教师的“专业性”是凭借“实践性知识”——运用综合的高度见识所展开的问题意识与问题解决的成熟度来保障的。这种专业成长的特点是在实践性的问题解决中所形成的“实践性知识”的发展。对于一线工作的教师而言，任何形式的教师培训都必须经由教师在课堂上身体力行的实践才能内化为教师的专业素质。且新课程将随着课改的推进和时代的发展而不断发展，要想做到与新课程同行，教师就必须努力成为反思性实践者。[①] 遵循这一思路，我们为提高全疆汉语教师素质和教学能力，促进汉语教师专业发展，探索双语教师培训的途径，应克拉玛依市教育局邀请，决定在克拉玛依市进行双语教师培训实验。之所以选择克拉玛依市，一是教育局领导支持，亲自打电话请我们过去培训双语教师；二是该市的汉语教师只有150名，可以进行全员培训，获得所需的结果；三是全市汉语教师的汉语能力很强，不存在发音不准、交流困难的现象，不需要进行语言培训。

2006年12月，我们和自治区教科所汉语教研室部分教研员一起组成专家组，先赴克拉玛依市进行汉语教师的调研，摸清全市汉语教师的基本情况，然后制定了汉语教师培训方案，经

① 张维仪．教师教育——改革与发展热点问题透视 [M]．南京：南京师范大学出版社，2000：82.

教育局同意，开始实施汉语教师培训实验。2007年2月开始第一期培训。克拉玛依市汉语教师培训计划和培训过程如下：

1. 培训目标

按照新课改的理念和《汉语课程标准》的要求，确立新的教学理念，熟悉新课改汉语课程的教学目标、教材教法，能够进行创新教学设计并组织教学，能进行反思，成为实践反思型教师。

2. 培训思路

（1）全员培训，分阶段进行

要求克拉玛依市150名中小学汉语教师全部参加第一阶段的学习，然后分为小学组和中学组进行教学实践、研讨学习。

（2）精讲理论，侧重实践指导

改变以往培训重讲课轻实践指导的做法，以教学实践指导为主，适当精讲汉语课程教学所需的教学理念、课程目标、教材分析、教学过程和教法等内容，以利于教师掌握汉语教学的基本理论和方法。理论课程学习结束以后，进行新课程改革知识的考试，并安排实践教学阶段的培训，要求每一位教师准备两节课的教案。

（3）人人参与，精心准备，实践教学

在培训的第二阶段，分小学组和中学组，每期30人左右，进行实践指导培训。通过“观摩—研讨—自己备课、上课—评课，帮助改进不足—再上课”这一流程，指导教师提高教学艺术，达到理想的教学效果。

（4）专家和学员一起评课、研讨，探索教学方法

学员既是受训对象，又是指导者，通过研讨、评价，帮助他人提高教学艺术，同时也在参与中提高自身素质和教学能力。学员可以自己设计教学，体现自己对教材、教法的运用能力，

并在大家的帮助下，改进教学设计和教学方法，使之完善。

（5）反思总结，形成规范，推广落实

每个学员上课都合格以后，专家组进行总结，归纳大家的共同点，形成基本的上课程序和方法，作为一种教学模式和方法推而广之，落实到全市每一个汉语教师的教学中。

3. 培训计划安排

培训分为五个时段，每个时段一周时间，安排一个中心任务。

（1）2007 年 2 月 24 日—28 日

理论学习阶段，全部学员参加。

培训内容：

①《全日制民族中小学汉语课程标准（试行）》（以下简称为《汉语课程标准》）和《新课程汉语教学论》学习辅导：主要安排培训期间汉语教师的理论和实践学习任务，从学习要点和方法要求上指导教师学习两本书。《汉语课程标准》的学习侧重于熟悉小学阶段的教学目标和教学要求；《新课程汉语教学论》的学习侧重于对新课程改革的教学理念、教学过程和教学方法的解读，打下中小学汉语教师应该具备的理论基础，培养其终身学习的习惯。

②摸底考试：针对上述两本书的学习，围绕汉语新课程、汉语知识和新教材教法三个方面出题考试，检测学员的学习效果。

（2）2007 年 4 月 2 日—6 日

实践反思学习阶段。首批小学汉语教师骨干培训，时间为一周，人数为 24 人。

培训内容：

①学习讨论：主题包括少数民族学生学习的特点、汉语教学的情景性和任务性等，明确汉语教学的基本规律和方法。

②观摩示范课：由专家组和克拉玛依市准备 8 节示范课，

包括课文教学、语言知识教学、情景交际教学和游戏教学等课型，学员观摩、讨论、学习。先观摩市上选派的3位老师的研讨课，然后专家示范授课，课后专家和学员一起评课，讨论如何设计和上好课。

③实际教学和评价：每个学员独立准备一课内容的教学，包括词语和语法点的处理、课文教学和真实交际三部分内容，在所在的学校班级上一节课，然后由专家、市教研员和教师代表等组成的评价小组进行评价，合格者可以结业，不合格者根据评价小组的意见重新修改准备，再上课，直至合格。其他参训学员全程参与活动和评价，从中受到启发，改进自己的教学。

④阶段总结：培训结束后，我们开了总结座谈会，请老师们谈参加培训的体会，并对培训的形式和内容提出改进意见。最后专家做培训总结，公布了小学汉语教师课堂教学评价标准和细则，对汉语教师返岗以后的学习和教学提出了要求。

(3)5月28日—6月3日

第二批小学汉语教师骨干培训，时间为一周。培训对象为剩余的全部小学汉语教师。培训内容同第一次，增加了关于小学阶段汉语口语考试、笔试的内容和方式的学习讨论。

(4)9月下旬

第一批中学汉语教师骨干培训，时间为一周。培训程序和过程同小学汉语教师培训。

(5)10月下旬

第二批中学汉语教师骨干培训，时间为一周。培训程序和过程同小学汉语教师培训。

整个培训结束以后，我们撰写了培训工作总结，上交克拉玛依市教育局，并协助克拉玛依市教研室制定了中小学汉语课程的考核验收计划，对全市所有学校的汉语教师不定期进行检查验收，以此保证培训中确立的教学理念、方式能够贯彻落实，真正提高全市的汉语教学水平和效果，保证克拉玛依市在全疆汉语教学中的龙头作用。

4. 培训过程和效果

第一阶段　理论和方法准备阶段

（1）精讲必要的理论，明确要领和学习方法。安排了培训教材《新课程汉语教学论》基本内容的辅导学习，帮助教师梳理了需要学习的十个内容；安排了《汉语课程标准》的解读讲座，帮助大家更好地把握汉语新课标的基本理念和基本内容。讲座都做到了深入浅出，听课教师普遍感到收获很大。

（2）观摩示范课，切身感受新课改的教学理念的运用以及汉语课的教学过程和方法。先后安排了 8 节观摩研讨课，包括专家示范课，以及 4 位参加过自治区教学能手评选活动和自治区新课程改革成果展示会的优秀教师上的示范课，分为小学和中学两个会场。小学和中学汉语教师结合理论学习的感受，进行了热烈的研讨，专家也适时进行了点评。

（3）为了解培训的效果，同时也为下一步工作做好准备，培训小组安排了一次开放式的汉语知识与新课改基本教学理论方面的摸底测试。测试中教师可以翻阅参考资料和笔记，但不能相互抄袭、相互讨论。培训小组对教师的答卷情况进行分析，作为今后测试和教学辅导的参照，不公开测试成绩。

试卷满分为 100 分。参加考试的中小学汉语教师共 125 人，总平均分 43.18 分，其中小学教师的平均分为 42.97 分，中学教师的平均分为 45.02 分。最高分 79 分，最低分 13 分，及格率为 12.8%。

从摸底考试成绩来看，大部分教师的教学理论学习比较薄弱，对新课改的精神、要求、提倡的教学方式了解不多，特别是汉语知识的掌握方面存在缺陷，这必定影响教学设计和组织，影响教学效果。

但大部分教师对组织这样的测试活动还是持欢迎的态度，认为这样可以促进自己的学习。

（4）第一阶段培训结束前，培训小组给全体参训教师布置了三项学习任务：一是以自主学习与教研组学习相结合的形式，学习培训教材中有关新课改的教学理念、方法和汉语教学的性质等内容，并要写出心得体会；二是结合教学工作实际制定自己的学习计划和目标；三是每人动手完成一堂课的创新教学设计。

第二阶段　小学汉语教师教学实践反思阶段

由克拉玛依市教育局指定 24 名小学汉语骨干教师参加本阶段的培训。

本次培训是对教师授课实践反思能力的考查，参加培训的每一位教师都必须经过这一轮授课的考试，合格者再结合书面学习考试，给予综合评价。不合格者，下次继续参加培训。

首先根据第一阶段布置的任务，对参训教师进行检查验收，检查内容包括：四篇读书汇报，一篇创新教学设计，学习《新课程汉语教学论》一书的体会。总体来说老师写得不太认真，特别是教学设计的问题仍然较大。超过三分之二的教师完成的教学设计没有新课程的特点，还是单纯的知识传授和技能训练，稍好一点儿的也只是在教学目标上对新课程的特点有所涉及，但在教学过程的设计上缺乏小组合作学习的组织和引导，也没有把课本知识与生活实际联系起来，缺乏培养和发展学生能力的现代教学意识。这说明在帮助教师真正掌握汉语新课程上仍有大量的工作要做。

其次，培训小组专家上示范课，两节示范课重点展示课堂教学中如何有效地组织小组合作学习，体现以学为主的教学模式。随后参训教师和专家一起进行研讨，进一步理解汉语新课程的特色和基本理念，掌握汉语教学的方法。

最后，专家帮助受训骨干教师修改完善教学设计。示范课后的4天里，先后由来自五小、十五小、十小和六小的15名教师分别在自己所在学校上了研讨课，专家和参加培训的骨干教师参加观摩，在研讨课上进行评课，充分地发表了意见。通过观摩研讨，大家对小学汉语教学的把握越来越准确、熟练，因而教学有明显的提高，这主要表现在以下四个方面：

（1）研讨课都能体现小学不同学段汉语教学的特点，不同程度上重视了新课“导入”的设计，以儿歌或游戏等深受学生喜爱的方式导入新课；教学过程中亦有游戏的设计，调节了课堂学习气氛。

（2）教师在授课过程中不同程度地组织了小组合作学习，有的老师还大胆地打破了传统的“排排坐”的班级布置，采用了四人一组、分组排座的形式。尽管模仿的痕迹还很明显，但毕竟有了探索和实践的意识。

（3）课堂教学形式和手段都有了新的变化，注意利用现有的电化教学设备和课件等教学资源来辅助汉语教学。克拉玛依市教育局给全市所有小学的教室都配备了背投电视、投影仪等电教设备，要求授课教师必须充分运用这些设备组织教学。所以教师不仅会操作，而且有了用多媒体辅助教学的意识。有的教师通过下载的语文课件组织教学；有的教师通过播放音乐片段来调节课堂节奏，减轻学生的学习压力；有的教师自己制作卡片，或用视频等形式来创设情境，改变了过去那种只靠一支粉笔、一块黑板和一本教材来教汉语的枯燥现象。

（4）教师把握、分析课文内容的水平大大提高，课堂上能有效地组织学生学习、会话、讨论、表演，并能结合实际生活进行表达。

第二阶段培训的最大的收获在于，学员对怎样定义一堂好的汉语课有了基本一致的认识。通过4天的观摩研讨，在认真总结的基础上，培训小组提出了汉语课堂教学的基本要求，即“三标准六环节”。“三标准”即：一看教师所采用的教学方法是否符合该学段学生的学习特点；二看教师在课堂教学中是否有效地组织了小组合作学习的方式，突出学生的学习；三看教师在课堂教学中有没有拓展知识，引导学生联系生活实际进行语言交际训练。“六环节”重在看课堂教学的过程与方法，即：①有效的导入；②展示新的教学内容，组织小组合作学习，教师布置学习任务；③检查汇报，交流评价；④强化训练，拓展知识；⑤回归生活，真实交际；⑥课外学习任务的布置、评价与指导。

以上“三标准六环节”基本能反映汉语新课程的特点，操作简便，易于掌握，对克拉玛依市汉语教师真正进入新课程，迅速转变教学观念，改善课堂教学行为，将起到重要的指导作用。

第三阶段　其他小学汉语教师教学实践反思阶段

对剩下的小学汉语教师进行培训，过程和方法同第二阶段。

由于时间的关系，对中学骨干教师的培训我们没有来得及做，交由克拉玛依市教研室实施。

5. 克拉玛依市中小学汉语教师培训的基本模式和方法的探索

我们把克拉玛依市的教师培训模式概括为“主题—参与—反思研讨”。由专家和受训教师共同组成培训小组，在专家引领下，共同参与整个培训活动。每一阶段围绕一个主题开展培训活动，第一阶段的主题是“理论、方法学习研讨”，由专家精讲教学理念和方法、课程标准、教材教法分析，专家和优秀教师进行教学示范。第二、三阶段的主题是“新课程小学汉语教学实践反思”，建立骨干教师队伍群体，以专家指导下的授课和课堂教学评价为主线，集中培训与分散学习相结合，使各位教师在实践反思中提高素质，把握课堂教学的过程和方法，促进教师专业化成长。

（1）培训的成果

①全体参训教师反映，这样的培训能够调动每个人的学习积极性和创造性，大家不再是被动的听课者，而是参与者，能够亲自参与体验和反思，优于以往任何一次培训。

②通过培训，每位教师都有了新课改的意识，能够运用所学理念和方法设计教学，组织教学，掌握了科学的教学模式，提高了教学艺术和教学效果。

③构建了汉语教学模式，确立了汉语课堂教学规范。

④参训教师获得了先进的汉语教学理念和课堂教学评价标准，养成搜集资料、准备和反思教学的习惯。

（2）培训的不足

①这一模式以培养教学理念、提高教学水平为主要目标，只适用于新任教师入职培训和提高教师教学能力的培训。

②每一期培训的人数有限。

③培训中，不少教师刻意模仿的色彩较浓，未真正理解教学模式或方法的真谛，还未形成自己的教学风格。一些教学形式和安排也流于形式。例如，小组合作学习的任务不明确，无实际内容，仅成为一种形式；有的教师没有引导学生之间“互动”，一味地采取“我问你答”，而且“一问到底”，把丰富多彩的课堂教学变成了教师个人展示才艺的场所，学生的主体地位得不到体现。

④培训的考核评价机制有待完善。没有考核评价机制的培训不可能是有效的培训。中小学汉语老师必须要有压力，否则参加培训也只是应付差事，起不到促进教师专业发展的作用。除了研讨评课以外，可考虑建立专门的评价机制，设计“课堂教学评价表”和“学员活动评价表”，落实检查措施，记录每位教师参与培训的全过程，以此来保证培训工作高质量、有实效，促进教师的专业化成长。

（3）今后双语教师培训工作的基本思路和方法

①发挥好培训部门与教科研部门的作用，使培训做到长期稳定化、地方特色化。

②新课程理论学习与课堂教学实践相结合，重在实践，通过实践学习和提高。

③分散学习与集中培训相结合，重在各学段骨干教师队伍的建立和培养，让骨干教师队伍形成核心，带动所在学校的教学改革。

此次培训之后，我们曾经想在南疆地区推广这一培训模式，和阿克苏地区教育局、教研室商定，于 2007 年下半年两次去阿克苏地区培训，一次在阿克苏，一次在库车。但地区没有按我们的要求安排，大规模地组织教师来参加培训，每次培训多达三四百人，导致我们的培训模式无法实行。

五、双语教师培训工作的不足

1. 双语教师培训质量有待提高

虽然双语教师培训取得了较好的成绩，但是还是低标准的。对照《课程标准》的要求，培训后的教师无论在汉语口语交际能力、学科专业知识方面，还是在汉语授课能力方面都还存在一定的差距。这既有学员本身的原因，如基础差、努力程度不够、被家事所干扰等，也有培训院校、培训者的问题，还有培训方式、培训课程安排方面的问题，等等。

由于对双语教师培训的质量和效果缺乏统一的评价标准，因此各地双语教师培训往往只重培训过程的完整，不重培训效果，只重成绩的高低，不重技能的提高。对学员的调查问卷显示：有 56.2% 的教师认为学校只看重教师各项考核结果的优劣，并不十分关注教师的实际授课能力；有 62.5% 的教师认为培训形式较为单一；有 83.6% 的教师认为高校专家、学者要走进双语课堂实地指导双语教学，而不仅仅局限于理论传授。

2. 教师的汉语交际能力提高有限

由于培训学员都是成人，学习语言比较困难，发音、记忆等方面都处于劣势，不下苦功夫是不可能取得成效的。除了上课以外，学员平时都讲母语，每天讲母语的时间大大超过讲汉语的时间。我们在上课中还发现，许多南疆以外地区发音很好的学员，培训期间反受南疆地区教师发音的影响，在课堂上变调的人很多。所以说，大多数学员的口语交际能力提高有限。

3. 培训模式单一，缺乏针对性

目前，双语教师培训以集中脱产培训为主，其他形式的培训很少。虽然各地也搞了一些培训，但是由于缺乏科学的规划设计，培训者的指导能力不强，所以效果不好，多流于形式。集中脱产培训很难有针对性，不能满足双语教师最迫切的需要。同时，由于学员之间的差距很大，也很难统一施教。

4. 培训面较窄，很难适应双语教育推进的需要

如上所述，自治区的双语教师培训以集中脱产培训为主，加上各地区的集中培训，每年也只有几千人，现有的 10 多万少数民族教师什么时候才能培训完？另一方面，目前各地的双语教学主要由新招聘的教师承担，这些教师缺乏经验，对教材、

教法、学生等都不太熟悉，虽然从语言上看他们不存在困难，但要提高教学质量，使他们尽快成为有经验的教师，还应该对他们进行培训。我们在调研时，这些汉族教师、民考汉教师也多次提出，每次培训都轮不到他们，他们强烈要求参加培训。

5. 培训学校、培训者缺乏中小学教学研究和实践经验，影响培训效果

承担培训的院校和教师在知识、能力、管理等方面都不存在问题，但由于高校长期脱离中小学教学，多数培训者没有教过中小学课程，不熟悉教材、教法和教学过程，对中小学教育缺乏研究，更不熟悉中小学的教师和学生，因此，他们上课难免脱离实际，有隔靴搔痒之感。如果学员能主动提问，与授课教师探讨，还能弥补课堂教学的不足，但培训学员多数没有这种学习习惯，这就影响了培训的效果。

第二节　双语教师培训模式

一、双语教师培训模式的多元化

双语教师培训是当前解决双语教师数量不足和质量不高问题的重要方式。双语教师培训也是一项系统工程，应该加以研究，探索科学有效的培训方式。

由于新疆双语教师的素质和能力千差万别，各学段的教学内容、对汉语授课的要求不完全一样，以往用一种模式、一样的内容和方式来培训双语教师不可能取得好的培训效果。双语教师培训模式应该多元化，要有一定的针对性，针对特定的培训对象、培训任务，确定特定的培训内容，采用有效的培训方式，实施长期或短期培训，才能够取得好的培训效果。

综合国内外教师培训的模式，结合新疆双语教学的实践和双语教师的具体情况，我们提出以下几种培训模式。

二、双语教师集中脱产培训模式

新疆双语教师集中脱产培训已经比较成熟，但也有需要改进的地方。要增强培训的针对性，根据教师存在的问题和需要来安排相应的培训。

集中脱产培训改革的总原则是：分类培训，融语言培训于专业知识培训和提高汉语授课能力的培训之中。根据不同学段教师的要求，分类进行培训，分别在汉语交际能力、学科专业知识和汉语授课能力三个方面有不同侧重。

1. 以语言培训为主的培训模式

培训对象：学前双语教师，小学低段汉语文教师和数学教师。

学习汉语口语，儿童是最好的时期。这一时期也是双语教育的起步时期。儿童学习语言需要两个条件：一是语言环境，最好能在实际交际中自然习得语言；二是好的语言教师，教师发音标准，带出来的学生发音就标准。在南疆，我们常常遇到幼儿园、小学教师的发音不准，教出来的学生发音也就不标准，甚至原来发音很标准的孩子，由于授课教师的发音不准，他们的发音也受到了影响。因此，对学前和小学低段的双语教师必须有特殊的要求——汉语口语能力强，发音标准。不具备此条件的教师就不能上岗。

培训目标：达到普通话二级乙等水平，具有较强的汉语口语交际能力，能基本胜任相应学科教学。

培训内容：

（1）普通话训练。加强朗读，纠正错误的发音习惯，逐步达到规定的普通话等级。

（2）汉语话题交际。围绕即将从事的学前教育和学科教学，列话题，组织学习讨论，一边为上课做准备，一边锻炼汉语口语交际能力。

（3）学科教学。以学前各板块教学和中小学学科教学为主要内容，探讨教材和教学内容，把握学科知识，科学地设计教学。在这一过程中，自然运用汉语，提高汉语口语能力和发音准确率。

2. 以学科专业知识培训为主的培训模式

培训对象：语言基本过关，学科专业知识基础差的双语教师。

培训目标：掌握所教学段的学科专业知识，并能够结合实际灵活运用，有效地组织好学科教学。

培训内容：

（1）根据所教学段的学科专业基础知识和教材内容，逐册、逐课地学习讨论，使参训教师完全掌握学科教学内容，能够分析教材，熟练地讲解、运用。

（2）学科学习、研究的方法。通过具体的学科教学内容和教材分析，归纳并掌握学科学习方法；通过学科教学设计和教学组织，掌握学科教学方法。

（3）学科教学。通过模拟课堂教学和教学实习，提高学科教学实践能力。

3. 以学科汉语授课为主的培训模式

培训对象：新入职的教师、其他条件合格仅缺乏教学能力的双语教师。

培训目标：从新入职教师变为熟练型、专家型双语教师；从外行教师变为专家型教师。

培训内容：

（1）教学原理和学习理论（包括新课改理论和实践）。学习先进的教学理论和学习理论，用以指导教学设计和组织。

（2）学科教学方法。熟悉学科知识和所教学段的教材，按照学科课程标准提出的目标和教学要求，运用一定的方法分析教材教法，有效地设计组织教学。

（3）教材教法。针对所教学科的具体教材，逐课分析教学内容、重点和难点，设计教学。

（4）模拟课堂教学和教学实习。把先进的教学理念和教学设计变为具体的教学实践，在实践中进一步完善教学设计，提高实际教学能力。

培训方式：

以专家指导下的实际授课为主要方式，可以采用我们在克拉玛依市中小学做的汉语教师培训实验的方式，分为两步走：先务虚，精学学科教学法；再务实，具体落实学科教学方法，真正提高教学效果，形成教学能力。

三、双语教师校本培训模式

1. 校本培训的概念和内容

“校本”一词源于英语 School-Based，这一概念有三方面的意思：一是为了学校，即要以改进学校实践、解决学校面临的问题为指向；二是学校自身的问题由学校中的人和专业研究者等局外人共同分析、研究、解决；三是基于学校，要从学校实际出发，组织的各种培训、开展的各类研究、设计的各门课程等，都要充分考虑学校的实际，挖掘学校的种种潜力，把学校资源充分地利用起来。[①]“校本”概念已经应用于校本研究、校本课程、校本管理、校本培训等方面。

① 郑金洲．走向“校本”[J]．教育理论与实践，2000（6）．

“校本培训”在国内有不同的提法，如校本教师教育、校本继续教育、校本研修等。关于“校本培训”的概念意义，研究者的表述也不完全一样。郑金洲认为校本培训是指“源于学校发展的需要，由学校发起和规划的，旨在满足学校每个教师工作需要的校内培训活动。它可以在整个学校水平上进行，也可以在部分部门或某个科目上进行，同时还可以是两三所学校间相互合作地进行。”[①]和上述“校本”概念结合，我们把“校本培训”定义为：以学校为培训基地，以教师任职学校的校长或教研负责人为组织者和领导者，由学校管理层面组织实施，立足于本校的教学实践活动的促进教师专业发展的培训活动。

校本培训的实施，是在市、县双语教师培训中心的组织领导下，学校立足于本校实际，充分利用本校的师资、资金、设备、信息等资源，发挥学校的导向、计划、组织、管理、指导、监控、评估、激励等功能，根据学校需要及教师专业发展需求来制订培训计划，通过多途径、多形式的培训来更新教师的教育观念，拓宽教师的知识面，提高教师的教育教学能力，提高教师综合素质，促进教师专业发展。校本培训的基本特点是立足于本校、本岗、本职，以教师素质的“同质转化”原理为依据，以学校最基本的教育教学实践活动为阵地，促进教师的专业性知识、条件性知识和经验性知识的结合，将教师的个人提高、学校目标的实现和社会任务的完成有机统一起来，使之相互促进、相得益彰。

2. 双语教师校本培训的概念和内容

根据以上校本培训的定义，我们将双语教师校本培训定义为：双语教师校本培训是指双语学校根据自己的发展规划，在

① 郑金洲．走向“校本”[J]. 教育理论与实践，2000（6）.

对学校、教师的现状与潜力进行系统评估的基础上，充分利用校内外的各种教育资源，通过自行规划设计或与专业研究机构、研究人员合作等方式开展的，旨在满足学校双语教学发展需要、促进双语教师专业发展的培训活动。这一定义可以从以下三方面来理解：

（1）双语教师校本培训是基于本校双语教学实践的培训

“基于本校”有几层意思，一是主要针对学校的双语教学发展规划和教育教学发展的需要，通过自行规划设计或与专业研究机构、研究人员合作等方式开展的培训；二是培训是为了解决本校双语教学过程中的问题；三是培训要促进本校双语教师的专业发展；四是培训要充分利用本校和校外的资源。

（2）双语教师校本培训是教育培训部门、专家的指导下的双语教师培训

双语教师校本培训不只是由学校领导、教研部门组织实施的培训，培训要接受上级教育培训部门、专家等的指导，或者与其他学校、单位合作开展双语教师培训。

（3）双语教师校本培训是纳入双语教师教育发展规划的有计划的培训

双语教师校本培训不是临时的、无计划的培训，应该纳入学校的规划、年度工作计划中，纳入双语教师专业发展规划中，既要促进学校双语教学的发展，也要促进双语教师的专业发展。

双语教师校本培训的内容包括以下五个方面：

（1）汉语或少数民族语知识和语言能力

培养教师掌握一般语言知识，获得双语运用能力和用双语授课的能力。这是双语教师不同于一般教师的特定知识和能力，它是教师进行双语教学的基础，具备双语能力才能够成为合格的双语教师。

（2）学习、拓展学科知识和教学知识

通过培训，使双语教师了解国家和自治区关于双语教育的方针、政策、法规，增强其政策法规意识；进一步完善教师的专业知识结构，包括学科性知识、专业性知识、条件性知识，即教育学、心理学、学科教学法等方面的知识；获取更多的实践性知识，即教师在面临实际的课堂教学情境时所应具备的课堂背景知识以及与之相关的知识。这三方面知识的复合，不仅体现在其结构组成的多学科和多层次上，还应体现在这三个层次知识的相互支撑、渗透与有机整合上。此外，还应对新课程实施的基本理论与实践有所了解。

（3）探讨、解决双语教学中的问题

结合个人在教学中遇到的问题（教学语言问题、课程和教材中的问题、教学过程中的问题、学生学习问题、考试评价等），通过座谈、交流，统一认识，提高分析、处理问题的能力。

（4）围绕教学环节，检查、研讨教学设计能力、教学能力

教学环节从教学设计、备课、分析教材和学生开始，包括课堂教学、教学评价等内容，体现教师的教学设计和实践教学能力。这些环节是平时教师最关注、最愿意交流的，它直接影响教学效果，因而也是双语教师培训的主要内容。

（5）教师的双语教学实践能力和科研能力

双语教师除了具备基本的教育教学技能外，还应该形成一定的专业能力，包括理解他人和与他人交往的能力、组织管理能力、教学研究能力。在当前正在实施的新课改和双语教学中，双语教师应该作为主力军参与各种双语教学改革实验，培养自己的教学科研能力，逐步向专家型教师过渡。

3. 双语教师校本培训的形式

双语教师校本培训的形式多种多样，对双语教师专业能力

的提升侧重点各有不同。概括地说有以下几种形式：

（1）教研组研修

教研组是学校组织教学和教研活动的基本单位，是学校对某一具体学科进行教学业务管理的基层组织。双语教师校本培训中的教研组指的是一个能支持和帮助各科双语教师进行个人学习和互动交流的教学研究小组，承担着促进双语教师专业发展、改进学校双语教学的职责。在教研组内部，双语教师之间是一种以共同参与和互帮互学为交流基础的关系。通过教研组研修这种方式，可以使双语教师个体内向式的自我学习与双语教师群体外向式的相互切磋结合起来。

教研组研修的内容一般为集体备课、听课评课、观摩课、教学比赛等形式，主要围绕教材分析、课堂教学、教法探讨、课件制作、教学管理等进行。在此基础上，双语教师可以集体承担教学科研课题，分工合作，共同完成某一项教学研究任务，进一步提高双语教师的专业素质和科研能力。

教研组研修有利于营造双语教师合作与学习的氛围。研究结果表明，同事间的合作与学习，是每个教师成长最直接的资源；同事相互了解，有利于扬长避短和共同提高。双语教师虽然所教学科不同，但处在相同的教育环境下，面对同样的受教育者，需要完成同样充满挑战的教育任务。可以说，不同学科的双语教师在双语教学的过程中都会遇到相似的问题，在这种情况下，双语教师群体的共同学习与研讨就具有更大的意义与价值。这种学习与研讨对于每个双语教师而言，所产生的作用不仅仅是学到双语教学理论，更可以学习到其他双语教师的实践经验，这是自主学习无法实现的。

教研组研修有助于双语教师改善知识结构，有针对性地提高双语教师的素质和能力。我们在调查中了解到，各校都成立了双语教研组，有的是不同民族的教师组成，有的是同一年级各科教师组成，也有的是同一学科的教师组成。双语教研组有专门的组长，定期开展双语教研活动，双语教师从这些活动中得到了不同程度的提高。调研中，在问及教研组研修最能提升教师哪方面的知识或能力时，选择“提高双语教学设计能力”的最多，达到 76.2%，其次为“教学反思能力”，有 66.7% 的教师选择了该项。可见，双语教师通过双语教研组展开双语教学的研究活动，更着眼于自身双语教学中出现的具体问题。同时，由于同一组内教师面临的困难与问题较为相似，更易于产生共鸣，达成共识，将“问题”变为“课题”共同进行探讨与研究，从而更有针对性地提高双语教师的教学能力。这一点可以从问题“教研组研修的优点”的答案中得到证实，有 76.2% 的人选择了“教研组研修的针对性强”，有 84.6% 的双语教师认为校本培训最能提升其组织双语课堂活动的能力，此外有双语教师认为校本培训对于其双语教学实践能力的提高也有很大帮助。

教研组研修这种形式还可以改变双语教师在集中培训形式中的被动地位，有利于充分调动教师参与教研的积极性，有利于教师自我反思，改善自己的双语教学实践。

当然，教研组研修形式也有不足。调查结果显示，在被问及“教研组研修的主要不足”时，居于首位的是“专业引领不够”，选择者达 61.9%，居于第二位的则是“研修内容局限性较大”，选择者比例占到 57.1%。因此，要有效促进双语教师的专业发展，加强对双语教研组的建设以及对双语教研活动的专业引领应成为重心所在。

教研组研修的另外一个突出问题是双语教研活动的形式较为单一。在访谈中我们了解到，目前各双语教研组的教研活动一般为组内教师的集体学习和听课评课，缺少学校的组织管理和合理规划，教研部门的介入则更少。理论支撑和上级支持的不够、活动形式的单一导致教研活动对双语教师的吸引力不够、帮助不大，没有起到该形式对教师专业发展应起的提高作用。

此外，教研组研修形式还缺乏有效的成果评价与反馈程序。研修活动效果如何、应该怎样改进，这些都需要我们加快对成果评价与反馈程序的研究，以保证双语教研活动能够收到积极的效果。

（2）师徒传帮带

由于最近几年新入职的教师较多，各学校都采取以老带新的方法，请一些汉语水平较高、教学能力强的双语教师指导新教师，结成师徒关系，老教师积极引领，帮助年轻教师尽快熟悉教学，提高教学能力。老教师在教学理念、学科研究、教学经验、基本技能、情感交流等方面有丰富的经验，可以指导年轻教师，但也要明确“导师”的责、权、利，深入了解年轻教师的学习过程，才能取得很好的培训效果。

（3）校际代培

由于民、汉学校的自然、社会、文化环境和教师结构存在着一定的差异，因此少数民族双语教师也可以采取校际代培的途径来实现其专业发展。所谓校际代培，是指一些有条件的汉语系学校可以帮助少数民族学校培养、培训双语教师。近几年来，汉语系中小学正在积极开展与推广新一轮的课程改革，许多崭新的教学理念和教学方法走进了课堂。少数民族教师在这样一个大环境中，与汉族教师同教一门课，使用同一种教材，都使用汉语授课，可以从汉语系学校和教师身上学到不少知识和技能。例如，通过和汉族教师一起备课、说课、评课，可以很好地了解当前各学科教学的基本动态，把握各学科教学发展的脉络；因为这些活动全部是用汉语进行的，自然有助于少数民族双语教师提高汉语能力和汉语授课能力。

在调研中，我们了解到，一些学校组织少数民族教师去汉语系学校学习、听课，然后回来模仿教学；还有的学校和汉语系学校结对子，按专业实施校际教研活动，共同备课、听课交流。泽普县教育局把全县乡镇学校的少数民族教师分期分批送到县城汉族学校住校跟班培训一年，培训期间作为县城学校的一员，参加学校的全部活动，特别是教学、教研活动。学校给每位受训学员配备专门的指导教师，手把手地指导学员从备课、上课到评课的全部教学程序和教学方法，并进行教学实践。培训结束时，教育局和县城学校组织语言能力和教学能力考试，合格者才能返回自己的学校从事教学，不合格者继续留在学校培训。

（4）课题研究

个别学校组织双语教师开展课题研究，探讨教学中的具体问题，总结实践经验，具有较强的针对性，有利于解决教师在日常教学中的实际问题。

乌鲁木齐市教育局教研中心每年向中小学公布招标课题，由中小学教师申报，教师在规定的时间内完成课题研究，然后中心再组织专家评审，通过后给予资金资助。这一方式提高了广大一线教师的科研意识，有利于通过科研来促进教师发展，使双语教师成为专家型教师。

4．双语教师校本培训的实施

我国目前的校本培训仍处于实验阶段，在新疆少数民族双语教育中，还没有广泛地开展双语教师校本培训，特别是至今各学校还没有把它作为双语教师培训的主要形式。

根据我们调查和访谈所获得的信息，绝大多数教师认为教师培训就是指集中脱产培训模式，而对校本培训毫无认识，不认为校内教研组研修等形式是一种教师培训。此外，目前校本培训还没有纳入教师培训的范畴。由于教研组研修等形式偏重传统，缺乏科学的理论指导和有效的反思，因而这些形式在教师的观念中只是一种“工作形式”，而没有上升成为科学的、具有理论指导和有效机制保障的教师专业发展模式或教师培训模式。

从根本上来说，增强学校领导和广大双语教师对双语教师校本培训的认识和重视，使校本培训成为双语教师培训的重要形式，积极发挥其在双语教师培训和双语教师成长中的作用，是当前双语教师培训改革的主要内容之一。双语教师校本培训可以按以下要求实施：

（1）校本培训是以校内教师为主导，内容依据教师和学校内部需要而设计。而且培训活动多在校内进行，教师无须离开工作岗位，亦可即时实习，要用学到的理论指导实际工作，提高教学质量，改进教学。

（2）校本培训是为本校的双语教师各方面的发展需要而策划的，所以，设计的活动应该实践性极强，可以随时总结调整，并根据需求改进。

（3）培训要纳入学校全年发展方案和工作计划，年年实施，得到行政人员的全力支持，并由专人负责策划、执行及评估。

（4）培训要有系统地进行，能适应各方面的发展需要，而且内容连贯，除了提供所需的知识、技术外，亦兼顾教师认知与情意等发展需要。

（5）培训要兼顾个体、小组、全校的需要。它的最终目标是为了改善个体、小组及学校三者的效能，有利于学校整体发展。

（6）培训的讲课者、指导者可以来自校内外。讲题要切合参加者的实际需要，并能引用真实个案，有利于实践应用。

（7）培训的策划和管理要由教师主动参与，使其有较强的动机和投入感。

（8）培训的形式要多元化，如研讨会、课堂研究、教师及学校评价等。

（9）培训活动切合教师的需要，对他们的工作有实际帮助，参加者重视内在报酬，把握专业成长机会，所以无须以外在报酬来激发他们的参加动机。①

5. 双语教师校本培训的优势和不足

（1）双语教师校本培训的优势

双语教师校本培训以教师所在学校的资源为依托，以实际的双语教学情境中经常出现的问题和教学经验为内容，可以实现对传统"以大学或师资培训机构为基地"的培训模式的扬弃，其优越性突出表现在以下几方面：

①由于双语教师校本培训以教师任职的中小学为中心，以解决双语教学活动中的问题为目的，直接利用任职学校提供的各种信息来做培训的决策，因此更有针对性，更加适合学校、教师的教育教学实际。

②双语教师校本培训活动的效益好。通过任职学校的有效组织，受训教师积极参与，并密切联系本校的双语教学实践，针对教学中的典型问题进行研究，将培训所得及时地用于实践，同时能使各种教育资源得到充分的利用，有效解决了教师的工作和学习之间的矛盾。

③双语教师校本培训活动涉及面广。培训的内容涉及双语教学的方方面面，形式灵活多样，使得全体教师经常处于学习氛围之中，从而使教师甚至校内的职工受益。

④双语教师校本培训使教育理论对教育实践更具指导性。

① 郑燕祥、谭伟明.校本教师发展的理念：发展矩阵[J].教育学报，1994(2).

校本培训在实施过程中亦要得到大学或其他师资培训机构在人员、资源等方面的支持与帮助，这就使得专家的理论知识与教师的实践经验得以结合，有利于教育理论在新视角下的重建，也有利于教育实践在新理论指导下的发展。

⑤校本培训是全员化、经常化、长期化的培训，能使每个教师的教育教学能力、思维能力乃至职业道德修养得到不断提高，发展具有持续性。它还是比较经济的培训方式，免去了教师外出的差旅费、生活费、住宿费等费用，而且工作、学习和家庭三不误。这对农牧区学校少数民族教师在职进修教育的开展具有特别重要的意义。

⑥双语教师校本培训模式还有利于增强学校领导人对双语教师在职培训的责任感，它能将培训工作的管理与学校评先选优等挂钩，有利于双语教师培训工作责任制度的落实。同时，校本培训将双语教师参与培训的过程和结果与教师的评优、评职、晋级等待遇相结合，有利于调动双语教师参加培训的积极性。

（2）双语教师校本培训的不足

①认识不足。听课、评课、师徒传帮带等形式，目前在双语教师的观念中仅仅是一种日常工作形式，并没有作为教师培训得到教师的普遍认可。在座谈、访谈中，多数教师认为由教育部门组织的县级、地区级、自治区级的培训才叫教师培训，本校的各种培训不是教师培训。

②校本培训资源匮乏。我们在调研中征求对校本培训的看法时，92.3% 的教师认为，校本培训的不足主要在于培训资源较为匮乏。校本培训主要以教研组活动为主，缺乏强有力的理论做指导，缺乏专业人员和专家型教师的参与、指导、监控，活动的内容主要是检查教案、听课、评课，无法提高教师的教学

能力和素质，因此很难吸引教师参与。

③组织松散，效果不明显。校本培训多数处于无计划、无组织状态，有的学校只是为了应付检查、评比，没有培训计划、组织安排、培训内容，随意性很大，因而培训的效果不明显。

总之，目前的双语教师培训模式中，校本培训有着特殊的意义，只要解决好了专家指导引领、学校规划组织，双语教师校本培训就可以取得比集中脱产培训好得多的效果。所以，结合各校实际情况，同高师院校展开更广泛的合作，建设更为有效的双语教师校本培训模式，是双语教师培训发展的大趋势。

四、教师个人研修和教师个人研修学习共同体

1. 教师个人研修

建构主义学习心理学揭示人类学习的本质是“建构”，即在旧知的基础上，通过同化和顺应，不断建构新认知系统。因此，学习提高是教师个人的事，需要教师个人的学习积极性和主动性，不能靠外界强制灌输。任何形式的培训，如果没有教师积极的自我认知、主动学习，是不会取得好的学习效果的。

现代社会是学习型社会，要求人人具备终身学习的能力。教师要培养学生终身学习，首先自己必须终身学习；新课改要求学生自主学习，首先教师要有自主学习的习惯。这就是说，教师终身学习必须走在全民之前。双语教育是一个新鲜事物，许多规律尚未揭示出来，需要双语教师不断地探索；双语教学面临着许多问题，也需要双语教师研究解决。因此在教师终身学习的大潮中，双语教师尤其要善于学习，不断联系工作实际，进行专业学习，养成学习和思考的习惯，才能够胜任双语教学

的任务。从这一意义上来说，教师个人研修是教师专业发展的基础和前提，也是教师培训的最好形式。

自从实施双语教育以来，国家和自治区投入了大量资金用于双语教师培训，但依然无法满足十几万中小学教师的全面培训和进修的需要。近几年，教育部启动“以校为本”的教研制度以及其他教师教育行动计划，希望通过大学教师、地方教研员和中小学一线教师的教研合作，在教师在岗工作的前提下促进教师专业成长。① 因此，在大部分教师离校进修机会很少的前提下，实施教师个人研修学习，促进教师专业发展有着重要的实践意义。

所谓教师个人研修，就是教师以学生的身份，立足于学校，为提高自身素质、促进教师专业发展而进行的学习。在这个过程中，教师根据自身学习、工作的特点和需要，选择学习的内容，其目的是为了促进自身的可持续、高质量发展。

长期以来，由于繁重的教学任务，很多教师忘了学习，不能研修提高，变成了一个只会照本宣科的教书匠。在少数民族双语教师中，能够主动进行个人研修学习的更是凤毛麟角。但是，双语教师的成长和专业发展主要要靠教师个人研修学习的自觉性，随着终身学习、学习型社会成为全社会的共识，教师个人研修学习将成为未来在职教师专业发展的主要方式，因此，我们认为，应该把教师个人研修学习作为双语教师培训的主要方式提出来，加以研究推行。

（1）教师个人研修的要求

在当前绝大多数教师没有主动学习研修的情况下，学校领导、教研部门采取严格要求、重点检查、进行考试等方式，把

① 朱慕菊.改进和加强教学研究工作，深入推进新课程实验[J].人民教育，2003（5）.

个人研修与教师的绩效、职称晋升挂钩，迫使教师养成自主学习的习惯。

但仅仅这样还不够，还应该有更具体的指导措施。比如，学校领导、教研部门应该向双语教师提出要求、布置任务、规定期限，同时提供学习指导和一些学习资料。

双语教师要明确自己的切实需要，结合自己的专业发展前景，选择学习内容，制订学习计划；选择学习形式，并进行自我调控、检查、测试，自觉做好学习笔记；可以利用自主学习成果，把握各种机会来提高自己的学习水平和学历层次。

学校要对照教师自己制订的学习计划，对双语教师的个人研修学习定期进行检查。年终考核应该把专业学习作为一项主要内容列入考核目标。必要时，可以安排考试。

（2）教师个人研修的特点

①教师个人研修是对教师所教的学科知识与教学知识的管理和工程化过程，最终为了教师专业发展和教育教学素养的形成。

②教师个人研修以问题学习为本，通过学习解决实际教学中遇到的问题，在研修过程中提高自己的学习能力和教学水平。

③教师个人研修是一个具有终身学习性质的持久过程。

④教师个人研修常常表现为教师之间对话式的交流或商讨式的沟通，按照“学习—交流—提高”的模式实施。

⑤教师个人研修是带有成人学习特点的学习。

⑥教师个人研修能够给作为学生的教师带来充实感和愉快感。

⑦教师个人研修往往在学习共同体式学习、同伴互助学习、独立学习等多种方式的学习中显露其学习效果。

（3）教师个人研修的主要目标

①教师基本教学素养的发展。包括新的教学理论知识和实践知识的获得与理解、多样化教学技艺的了解与掌握、教学思

维的发展与成熟、课堂管理机智与责任感的形成。

②教师角色的变化。具体体现为：从教材的解读者到求知引领者和资源的开发者，从答案的提供者到专家式的提问者，从单打独斗的教师到教学共同体的参与者，从课堂的控制者到伙伴式的知识分享者，从课本内容的灌输者到课堂活动的设计者。教师要扮演多种角色：学生情感的关怀者、课堂的决策者、思想的交流者、学习共同体的引领者、学习的管理者。

③教师专业的可持续发展。具体包括：实现"四个学会"——学会教学、学会反思、学会研究、学会为师；教学知识工程化，促进专家知能的发展和成熟；形成终身学习的意识、习惯和能力。

（4）教师个人研修的主要内容

双语能力的提高。针对自身的双语能力（听说读写能力和教学能力）的不足，制订学习计划，有步骤地进行突破性学习，提高双语能力。

专业基本素养的提高。包括掌握教学所需的专业知识，提高专业能力和其他素质；掌握专业知识的发展历史、动态及其与其他学科的联系；能够以学科概念为中介进行教学；建立对所教专业的积极态度。

积累丰富的教学知识。包括教学理论知识（新的教学理论及其与自己教学的联系，对自己教学实践的认识、设想，预测自己课堂教学改革的效果并进行调整）；教学技能知识（提问、课堂管理、教学设计等基本教学技巧，灵活多样地运用教学方法的能力，把新的技能和方法应用到新情境的能力）；教材知识（理解学科性质及其知识的运用，理解学科学习的特点，熟悉本专业课程的开发及其验证，课程资源开发的方法）；教学思维知识（对教学现象敏锐地感受、正确地判断、科学地推理、果断地决策，能够分析各种教学问题，拓展各种教学方略，能把学科教学、学习理论与实践情境的课堂活动联系起来）；情境或背景知识（理解学科专业的背景知识，把握情境因素，采用灵活多样的教学方式）。

完善教学实践经验。每个双语教师都有丰富的实践经验，但没有系统地归纳总结，无法客观看待自己的成就和不足。教师自我总结，对实践经验进行分析归类，使其科学化、系统化，有利于教师发扬优势，克服不足。

（5）教师个人研修的主要方式

刘良华在《“问题”还是“方法”？——走出校本教研的“方法中心”》一文中指出，在做校本教学研究时，第一阶段的主要活动就是教师学习，在这个阶段，教师以各种“方法”讨论，理解“有效教学”的“问题”。前期以“听报告”“看录像”“教师读书活动”等方法为主，后期以“参与式研讨”为主。刘良华把这种活动称之为“教师学习”，其主要目的是促使教师“观念转变”。其后才是转向“案例研究”和“反思教学”，解决一系列课堂教学行为问题，将“问题课题化”。①

教师个人研修的方式有两种：

一是从自己的实践中学习。教师在自己的教学实践中，根据教育学上的推理模式来判断或归纳好的教学，并对自己的实践进行监控、调节或分析。通过这种发生在现场的、具有实验性质的专业实践，教师从中获得了关于学生、学校、课程以及教学方法等的新知识和新认识。此外，通过不同的研究形式，如写日记、写故事和小论文、课堂研究、讲述自己的探究过程等，教师也可以从自己的实践中学到知识。

① 刘良华．“问题”还是“方法”？——走出校本教研的“方法中心”[J]．教育发展研究，2004 (9).

二是向其他教师学习。这类学习包括：①校内师徒式学习，这种正式或非正式指定指导教师的师徒式学习在许多学校都很普遍。正式指导性学习主要发生在老教师指导新教师的实践中，老教师不断传授经验，对新教师的教学行为给予启发和建议，有时还可以通过参与课题研究引领他们。非正式指导性学习主要指在走廊、教师工作室、校园等不同场合的对话和交谈。新教师还可以在教研组长、校长和其他导师的指导下进行学习。②正式的在职教育。近年来，教育行政人员开始意识到，在教师互相学习中，学校和地方的专家知能是非常有价值的知识，应该让更多的教师分享这种知识。在美国的一些州，如马萨诸塞州等，已经把这类知识纳入教师在职专业学习计划当中，以讲座演示和讨论交流的方式进行学习。国内也有类似尝试。③校内外的专业学习。许多专业会议和活动是教师互相学习的机会，尤其是教师工作坊、教师公开课。还有各学科教师自己召开的研讨会、教材与教学方法研讨会等，也是教师向其他同事学习的重要途径。

教师个人研修的形式多样，如：讲座或专题报告，小组研讨与交流（问题式讨论、案例分析、教师工作坊等），课题研究、行动研究及课堂问题解决，教学反思与叙事研究，观摩课与微格教学。下面着重介绍三种研修形式：

范例一：情境式教师个人研修

教师结合自己教学实践中的课题研究，通过观摩上课、课后反思、行动研究、同行交流以及写作提炼等方式，为自己的专业可持续发展奠定基础，并通过专家的理论引导或教研员的专业引领，在意识上从关注教学知识转变为培养教学能力。教师从写反思日记，到写教学随笔，再到写教学研究论文，是教学信念不断提升的过程，也是教师专家知能逐步发展和成熟的过程。而最能够提高他们教学水平的，就是把提升了的教学信念转化为挑战自己、改变自己和超越自己的教学行动。

情境式教师个人研修的思路是，以专题学习为主，逐步在学会反思中学会研究。主要目标包括以下几个方面：

①澄清教师对学校研究课题的基本认识；②让教师学会如何选择和形成可研究的子课题；③让教师理解教学信念与自我反思对学会研究的作用；④让教师学会如何做校本行动研究；⑤让教师学会如何撰写教学反思和研究报告。

范例二：方案式（课题式）教师个人研修

从双语教学实践中选择关键问题，设计解决问题的方案，进行研究。其过程如下：

首先，围绕学校所承担的课题，寻找具体研究的问题，逐渐形成子课题。其次，设计研究方案。可以把子课题的研究与新课程实施、双语教学的实施等结合起来，开展研究；也可以把子课题的研究与教师专业发展结合起来，开展研究。最后，整理资料，深入研究，撰写调研报告、研究报告、研究论文等，形成研究成果。

范例三：案例式教师个人研修

案例教学是一种常见的教学形式。案例是包含问题或者疑难情境在内的真实发生的典型事件。一个案例就是对一个实际情境的描述，在这个情境中包含有一个或多个疑难问题，同时也有可能包含解决问题的方法。[①] 案例式教师个人研修就是以一个案例作为双语教师个人研修学习的主要内容。比如，以中小学语文的一篇课文教学作为案例，学习从教学设计到课堂教学再到教学反思的全过程，借以提高自己的专业知识和教学能力。

① 郑金洲．案例教学：教师专业发展的新途径 [J]. 教育理论与实践，2002（7）.

案例式教师个人研修可以分为三个步骤：

①课前的准备：确定教学目标；选择一个有教育价值的、能够起到举一反三作用的案例；撰写简单教案。

②教学活动的展开：案例导入；实施案例教学，检查思考问题；确定问题，进行多角度的分析；讨论解决问题的备选方案；讨论方案的实施步骤和效果检测的措施。

③教学活动的总结：对整个案例教学进行反思，总结成功之处，找到不足和改进措施。

2．教师个人研修学习共同体

现代社会的学习要求以合作学习为主，通过学习者的交流、研讨、辩论等形式，取长补短，共同提高。所以，为了更好地促进双语教师个人研修，有必要建立教师个人研修学习共同体。正如新课改提倡小组合作学习一样，教师也要组织小组学习，互相交流，合作研讨，共同进步。

教师个人研修学习共同体是一种有目的地促进学习并使学习效果达到最佳的共同体。在这个学习共同体中，每个人既是老师，又是学生；共同体中的所有资源对所有人来说都是有效的；每个人定期反思自己的学习，对自己的学习负责，并珍惜这个群体学习的机会。在共同体学习中，更关注学生的收获和感受，鼓励学习者把潜能转化为思想和实践。通过参加共同体的学习，学生能达到更高的自信，自我概念得以健康发展。

教师个人研修学习共同体是在自觉自愿的基础上组成的，是在校内建立的教师学习的社群组织。其成员平等交流、相互学习，从而促进教师的教学知识从获得、流动，到交换、更新、使用、生成，实现教学知识工程化，并使教师的专家知能逐渐发展成熟。学习共同体要营造一个彼此接纳的环境，学生在其中以诚相待，共享思想，分享权力，分担责任。

（1）教师个人研修学习共同体的学习方式

①建立以文化凝聚力为核心、以教师专业发展为取向、自主参加的教师个人研修学习共同体，逐步把学校改造成学习型组织；

②建立定期举行学习活动制度，实行学习登记制度，以更灵活的方式带着问题学习；

③把教师个人研修学习活动与共同体的群体学习活动相结合，在个人研修学习活动的基础上实施群体学习活动；

④提倡在轻松、愉快、民主的气氛下进行学习，采用的方式可以是沙龙式的、研讨式的、讲座式的、案例式的，尤其鼓励教师阅读教育文献、在网络上学习；主张建立共同愿景，改善教师的心智思维，等等；

⑤学校可以给共同体拨一定的学习经费，专门用于教师的购书、活动、研究等，并提供学习场地，优化学习条件。

（2）教师个人研修学习共同体的学习内容

从关注学科知识学习逐步向广义的文化理论和教学知识的学习发展，形成学习内容变化的梯度，使教师在个人研修学习中学会教学、学会思考、学会研究、学会为师；启发教师通过个人研修学习从局部的专业学习提升为对教育的整体思考，根据自己或团体的实际情况，找准学习的切入点，使学习的内容虚实结合，理论与实践统一。

（3）教师个人研修学习共同体的活动过程

先要建立共同体。通过介绍和交流，认识个人研修学习的价值，建立教师个人研修学习共同体。

在学习过程中，营造良好的群体学习氛围。倡导教师主动积极地学习：通过制度保证学习有效、有质量地进行，如保证教师学习的时间、场所，建立学习管理制度、奖励制度、考核与评价制度等；提倡平等民主和认真务实的学习风气，避免形式主义。

积极开展各种形式的群体学习活动。可以是传统的听课、说课、评课，也可以是“教师沙龙”，交流个人研修学习与校外进修的学习感悟。

此外，还应通过纵向引领和横向交流，设计学习共同体要开展的教学研究活动，促进以解决校内问题为核心的教学科研。

关于教师个人研修学习共同体如何开展活动，有以下一些可借鉴的原则：

①通过多样化的方式，利用多层次和多学科的教师群体，增加教师之间知识交流的汇聚点，促进他们之间的教学知识和专业知识的流动和交换；

②把教师的学习愿望与学生需要和学校目标要求融为一体，实现共同的追求；

③激发教师加入学习共同体的兴趣，使之愿意花时间和精力实现共同提高；

④利用外部力量（如新课程改革等）和内部力量（如校长的领导和教师的意愿等）支持教师个人研修学习共同体的形成和发展；

⑤把促进教师专业发展与促进学生成长结合起来，以取得正面的激励；

⑥教师个人研修学习共同体应关注、关心师生希望实现的目标；

⑦在教师个体学习的同时，更加重视共同的、丰富多彩的教师集体学习，为共同体成员创造更多的在互动中学习的机会；

⑧鼓励教师在学习共同体中分享各自的实践经验和理论观点，使贡献者得到适合的反馈，使分享者有所收益，并对每个

教师的学习和发展有所促进；

⑨教师个人研修学习应该以师生学习需要和情感关怀为动力，推动教师个人研修学习共同体的健康发育和不断成长。

（4）教师个人研修学习共同体的学习效果评价

可采用四个层面的评价：①知识性评价——了解教师对有关知识的理解和掌握程度，可以采用汇报、展示、考试等方式；②技术性评价——了解教师是否懂得如何应用所学知识，可以采用检查教案、实际听课等方式；③演示性评价——了解教师能否设计行动方案并演示教学或研究过程，可以采用定期举行公开课、观摩课等方式；④实践性评价——观看教师在真实课堂或真实研究中的表现情况。

此外，可以从以下几个方面来衡量双语学校是否真正建立了有效的教师个人研修学习共同体：第一，共同体是否有组织，成员是否相互支持；第二，共同体是否能够做到集体学习，学以致用；第三，共同体有没有共同的价值观和一致努力的远景；第四，共同体能否做到一起分享每个人的实践经验、理论学习的成果，分担群体教师专业成长的责任。

参考文献

[1] James D.Klein等 . 教师能力标准——面对面、在线及混合情境[M]. 上海：华东师范大学出版社，2007.

[2] 叶澜等 . 教师角色与教师发展新探 [M]. 北京：教育科学出版社，2001.

[3] 陈永明等 . 教师教育研究 [M]. 上海：华东师范大学出版社，2003.

[4] 张华 . 课程与教学论 [M]. 上海：上海教育出版社，2000.

[5] 钟启泉 . 现代课程论（新版）[M]. 上海：上海教育出版社，2003.

[6] 钟启泉 . 教育方法概论 [M]. 上海：华东师范大学出版社，2002.

[7] 周南照等 . 教师教育改革与教师专业发展：国际视野与本土实践 [M]. 上海：华东师范大学出版社，2007.

[8] 朱仁宝 . 现代教师素质论 [M]. 杭州：浙江大学出版社，2004.

[9] 傅建明 . 教师专业发展——途径与方法 [M]. 上海：华东师范大学出版社，2007.

[10] 黄崴 . 教师教育体制——国际比较研究 [M]. 广州：广东高等教育出版社，2003 .

[11] 靳希斌 . 教师教育模式研究 [M]. 北京：北京师范大学出版社，2009.

[12] 吴卫东 . 教师专业发展与培训 [M]. 杭州：浙江大学出版社，2005.

[13] 王洁，顾泠沅 . 行动教育——教师在职学习的范式革新 [M]. 上海：华东师范大学出版社，2007.

[14] 刘竑波 . 多元智能与教师 [M]. 上海：上海教育出版社，2005.

[15] 李瑾瑜 . 新课程与教师专业发展 [M]. 北京：首都师范大学出版社，2003.

[16] 肖川 . 教师：与新课程共同成长 [M]. 上海：上海教育出版社，2004.

[17] 杨翠蓉 . 教师专业发展：专长的视野 [M]. 北京：教育科学出版社，2009.

[18] 王少非 . 新课程背景下的教师专业发展 [M]. 上海：华东师范大学出版社，2005.

[19] 哈经雄，滕星 . 民族教育学通论 [M]. 北京：教育科学出版社，2001.

[20] 王锡宏 . 中国少数民族教育本体论研究 [M]. 北京：民族出版社，1998.

[21] 郭福昌 . 中国少数民族教育重大理论问题研究 [M]. 昆明：云南人民出版社，1997.

[22] 国家汉语国际推广领导小组办公室 . 国际汉语能力标准 [C]. 北京：外语教学与研究出版社，2007.

[23] 张和生 . 对外汉语教师素质与教师培训研究 [M]. 北京：商务印书馆，2006.

[24] 方晓华 . 少数民族双语教育的理论与实践 [M]. 北京：学苑出版社，2010.

[25] 方晓华 . 新课程汉语教学论 [M]. 北京：中央民族大学出版社，2006.

[26] 梁云等 . 新疆少数民族中小学双语教师培训研究 [M]. 乌鲁木齐：新疆教育出版社，2007.

[27] 王永刚 . 新疆"双语"教育教学文集 [C]. 乌鲁木齐：新疆科学技术出版社，2008.

[28] 张燚等 . 新疆双语师资培训研究 [M]. 乌鲁木齐：新疆人民出版社，2006.

[29] 陈立鹏，李娜 . 我国少数民族教育 60 年：回顾与思考 [J]. 民族教育研究，2010（1）.

[30]《教师教育课程标准》专家组等 . 关于我国教师教育课程现状的研究 [J]. 全球教育展望，2008（9）.

[31] 钟启泉，胡惠闵 . 我国教师教育课程标准的建构 [J] . 全球教育展望，2005（1）.

[32] 胡乐乐 .《联合国教科文组织信息和传播技术教师能力标准》解读 [J]. 现代教学，2008（4）.

[33] 马兰，唐玉霞 .《信息与传播技术教师能力标准》概览——政策框架、能力标准模块和执行指南 [J]. 远程教育杂志，2009（2）.

[34] 王强 . 国外教师专业标准体系构建的经验与启示 [J]. 全球教育展望，2008（7）.

[35] 熊梅，王敏，李广 . 现代教师教学质量评估标准的调查研究报告——现代教师素质评价标准 [J]. 现代中小学教育，1999（5）.

[36] 本科学历小学教师的培养模式与专业建设课题组 . 新型小学教师素质结构探析 [J]. 教育发展研究，1999（10）.

[37] 郦妍 . 建构主义视野下的教师能力构成与师资培养 [J]. 安徽教育，2003（10）.

[38] 张建伟等 . 中小学教师的教育信息技术绩效标准研究（上）[J]. 中国电化教育，2003（2）.

[39] 王艳玲 . 教师专业发展：教师教育的核心理念 [J]. 全球教育展望，2008（10）.

[40] 陈永明 . 主要国家教师进修的比较及其启示 [J]. 外国教育资料，1998（6）.

[41] 陈永明 . 师资培养教育的国际比较 [J]. 外国教育资料，1998（2）.

[42] 陈笃彬 . 国际师范教育发展的趋势及对我国师范教育的启示 [J]. 教育评论，2000（5）.

[43]袁锐锷.世界师范教育的过去和未来[J].高等师范教育研究,1997(1).

[44]兰英.英国师资培训新动向及几点启示[J].比较教育研究,1998(1).

[45] 范兆雄 . 欧洲师范教育的新趋势 [J]. 比较教育研究，1999（3）.

[46] 朱旭东 . 试论师范教育体制改革的国际趋势 [J]. 比较教育研究，2000（4）.

[47] 王长纯 . 简论当代教师教育发展的基本特征 [J]. 外国教育研究，1996（6）.

[48] 上海师资培训中心课题组 . 面向 21 世纪中小学教师继续教育的比较研究（上、下）[J]. 外国中小学教育，1998（5，6）.

[49] 辛涛，申继亮，林崇德 . 从教师的知识结构看师范教育的改革 [J]. 高等师范教育研究，1999（6）.

[50] 陈桂生 . 世界各国小学教师培养制度的启示 [J]. 课程·教材·教法，1997（8）.

[51] 王宽信 . 德国的教师培养 [J]. 外国教育研究，1993（1）.

[52] 饶从满，满晶 . 德国教师教育的演进 [J]. 外国教育研究，1994（5）.

[53] 李瑾瑜 . 发达国家中小学教师继续教育的经验与启示 [J]. 高等师

范教育研究，1996（3）.

[54] 曾红．亚太地区普通教育师资培养体制的探讨 [J]. 比较教育研究，1996（5）.

[55] 易长发．外国中学教师继续教育培训模式例析 [J]. 比较教育研究，1999（3）.

[56] 赵慧．从专业发展学校看美国教师教育改革 [J]. 全球教育展望，2001（7）.

[57] 徐琳．浅谈国外中小学教师在职培训发展及对我国师范教育改革的启示 [J]. 外国教育研究，1996（5）.

[58] 钱民辉．民族教育三疑三议 [J]. 西北民族研究，2004（3）.

[59] 马文华．新疆中小学少数民族双语教师培训工作调查研究 [J]. 新疆大学学报，2006（5）.

[60] 方晓华．新疆少数民族双语教学：现状、特点及其反思 [J]. 新疆师范大学学报，2009（4）.

[61] 方晓华．新疆双语教育问题探索 [J]. 新疆师范大学学报,2011（2）.

[62] 方晓华．试论双语教师培养模式 [J]. 新疆师范大学学报,2012（5）.

[63]方晓华."民汉兼通" 的内涵及目标定位[J].新疆社会科学,2012(3）.

[64] 付东明，方晓华．双语教育课程体系建构 [J]. 新疆师范大学学报，2013（4）.

[65] 陈金龙．西北贫困地区小学校本师资培训研究与实验 [D]. 兰州：西北师范大学教育学院，2001.

[66] 李志厚．教师校本学习研究 [D]. 兰州：西北师范大学教育学院，2005.

[67] 卢巍．中学双语教学师资培训途径有效性的研究——基于上海市某区中学的调查 [D]. 上海：华东师范大学教育管理学院，2006.

[68] 王立国．基于教师专业发展的教师素质标准研究 [D]. 兰州：西北师范大学教育学院，2007.

[69] 王宪平．课程改革视野下教师教学能力发展研究 [D]. 上海：华东师范大学教育科学学院，2006.

[70] 张奎明．建构主义视野下的教师素质及其培养研究 [D]. 上海：华东师范大学教育科学学院，2005.